Kohlhammer

Soziale Arbeit in der Gesellschaft

Die Reihe »Soziale Arbeit in der Gesellschaft« macht es sich zur Aufgabe, die gesellschaftlichen Themen aufzubereiten, die eine besondere Bedeutung für die Soziale Arbeit haben – vom Recht auf Unterstützung über Teilhabe bis hin zu sozialen Problemlagen wie Armut. Die einzelnen Bände liefern das Grund- und Orientierungswissen, das Studierende und Sozialarbeiter*innen benötigen, um eine professionelle Haltung zu entwickeln und ihren Adressat*innen auf Augenhöhe zu begegnen.

Eine Übersicht aller lieferbaren und im Buchhandel angekündigten Bände der Reihe finden Sie unter:

https://shop.kohlhammer.de/soziale-arbeit-in-der-gesellschaft.html

Die Autorin und der Autor

Prof. Dr. habil. Monika Alisch ist Stadt- und Raumsoziologin und vertritt das Fachgebiet Sozialplanung, Sozialraum- und Gemeinwesenarbeit an der Hochschule Fulda. Sie leitet den Masterstudiengang »Soziale Arbeit im Schwerpunkt Sozialraumentwicklung und -organisation« und ist Sprecherin des Promotionszentrums Soziale Arbeit Hessen. Ihre Themenschwerpunkte sind Sozialraum, Wohnen und Partizipation.

Prof. Dr. Stefan Weidmann ist Diplom-Sozialarbeiter und MA Soziale Arbeit. Er war viele Jahre als Fachberater für Jugendarbeit in der Jugendhilfe in Nordrhein-Westfalen tätig und ist Vorstandmitglied der LAG Jungenarbeit NRW e. V. Er lehrt und forscht an der Hochschule Fulda zu den Themen Sozialraumentwicklung und -organisation sowie soziologische Perspektiven in der Sozialen Arbeit.

Monika Alisch
Stefan Weidmann

Wohnen als soziale Frage

Sozialräumliche Ungleichheit als
Herausforderung Sozialer Arbeit

Verlag W. Kohlhammer

Dieses Werk einschließlich aller seiner Teile ist urheberrechtlich geschützt. Jede Verwendung außerhalb der engen Grenzen des Urheberrechts ist ohne Zustimmung des Verlags unzulässig und strafbar. Das gilt insbesondere für Vervielfältigungen, Übersetzungen, Mikroverfilmungen und für die Einspeicherung und Verarbeitung in elektronischen Systemen.

Die Wiedergabe von Warenbezeichnungen, Handelsnamen und sonstigen Kennzeichen in diesem Buch berechtigt nicht zu der Annahme, dass diese von jedermann frei benutzt werden dürfen. Vielmehr kann es sich auch dann um eingetragene Warenzeichen oder sonstige geschützte Kennzeichen handeln, wenn sie nicht eigens als solche gekennzeichnet sind.

Es konnten nicht alle Rechtsinhaber von Abbildungen ermittelt werden. Sollte dem Verlag gegenüber der Nachweis der Rechtsinhaberschaft geführt werden, wird das branchenübliche Honorar nachträglich gezahlt.

Dieses Werk enthält Hinweise/Links zu externen Websites Dritter, auf deren Inhalt der Verlag keinen Einfluss hat und die der Haftung der jeweiligen Seitenanbieter oder -betreiber unterliegen. Zum Zeitpunkt der Verlinkung wurden die externen Websites auf mögliche Rechtsverstöße überprüft und dabei keine Rechtsverletzung festgestellt. Ohne konkrete Hinweise auf eine solche Rechtsverletzung ist eine permanente inhaltliche Kontrolle der verlinkten Seiten nicht zumutbar. Sollten jedoch Rechtsverletzungen bekannt werden, werden die betroffenen externen Links soweit möglich unverzüglich entfernt.

1. Auflage 2024

Alle Rechte vorbehalten
© W. Kohlhammer GmbH, Stuttgart
Gesamtherstellung: W. Kohlhammer GmbH, Stuttgart

Print:
ISBN 978-3-17-038002-8

E-Book-Formate:
pdf: ISBN 978-3-17-038003-5
epub: ISBN 978-3-17-038004-2

Zur Reihe »Soziale Arbeit in der Gesellschaft«

Unsere Gesellschaft wird immer mehr von inneren Spannungen geprägt: Armut, eingeschränkte Teilhabe, soziale Ungleichheit oder auch Rassismus und Gewalt sind nur einige Themen, die immer wieder hitzig diskutiert werden. In diesem Debattenklima ist es schwierig, zu einer faktenbasierten Bewertung dieser Problemlagen zu kommen, die einer sorgfältigen und nachprüfbaren theoretischen Begründung nicht entbehren. Gerade Sozialarbeitende sind auf solche wissenschaftliche Analysen angewiesen – schließlich sind sie es, die täglich in ihrer Arbeitspraxis mit diesen Problemen und Debatten konfrontiert werden.

Solche Analysen bietet die Reihe »Soziale Arbeit in der Gesellschaft«. In klarer, verständlicher Sprache beantworten die einzelnen Bände für die Soziale Arbeit grundlegende Fragen: Welche Bedeutung haben die Problemlagen für die Gesellschaft und welche Herausforderungen sind damit für die Soziale Arbeit verbunden? In welchen Arbeitsfeldern der Sozialen Arbeit spielen sie eine Rolle? Welche Kompetenzen benötigen Sozialarbeiterinnen und Sozialarbeiter und wie können sie diese entwickeln? Und: Wie kann die Soziale Arbeit unterstützen, welche gesellschaftlichen Ziele verfolgt sie dabei und welche Handlungsansätze haben sich dafür bewährt oder müssen noch erarbeitet werden?

Die einzelnen Bände basieren auf einem breiten sozialwissenschaftlichen Fundament. Sie wollen dazu beitragen, Studierende und Fachkräfte der Sozialen Arbeit zu einer kritischen Auseinandersetzung mit einschlägigen Handlungsfeldern und Arbeitsansätzen einschließlich ihrer professionellen Haltung anzuregen.

Inhalt

Zur Reihe »Soziale Arbeit in der Gesellschaft« 5

Einleitung 11

1 **Wohnen und sozial-räumliche Ungleichheiten** 19
   1.1 Was ist modernes Wohnen? 20
   1.2 Wohnen als sozialräumliche Praxis 24
        1.2.1 Wohnen in Gemeinschaft: Nachbarschaft, Quartier und Gemeinwesen 24
        1.2.2 Gemeinschaftlich Wohnen 28
   1.3 Ungleiches Wohnen: Residentielle Segregation 31
        1.3.1 Ursachen von Segregation 32
        1.3.2 Folgen und Effekte von Segregation 38
   1.4 Politiken des Wohnens 43
        1.4.1 Stadtentwicklungspolitik: Warum sozial gemischtes Wohnen nicht die Antwort auf Segregation ist 44
        1.4.2 Wohnen als Ware oder was man über Wohnungspolitik wissen sollte 49
        1.4.3 Schöner Wohnen im Quartier: Raumpolitiken 55
        1.4.4 Die Machtverhältnisse ändern: Die Idee des Community Organizing 59
   1.5 Zusammenfassung 63

2	**Wohnen als Auftrag Sozialer Arbeit**	**66**
2.1	Die frühe Verbindung von Wohnen und Sozialer Arbeit: Die Settlement-Bewegung	67
2.2	Wohnungslosigkeit und Wohnungslosenhilfe	72
	2.2.1 Wohnungslosigkeit	72
	2.2.2 Wohnungslosenhilfe	74
2.3	Wohnen in Institutionen	78
	2.3.1 Wohnen in der Jugendhilfe	81
	2.3.2 Wohnen im Alter und in der Altenhilfe	83
	2.3.3 (Nicht-)Wohnen von geflüchteten Menschen	86
2.4	Wohnen in der Nachbarschaft: Gemeinwesenarbeit als Akteurin kommunaler Entwicklung	88
2.5	Zusammenfassung: Wohnen und Soziale Arbeit ...	97

3	**Handlungsansätze: Wohnen als soziale Frage gestalten**	**100**
3.1	An Wohnorten handeln: Konzepte sozialraumbezogener Sozialer Arbeit	103
3.2	Bedürfnisse und Interesse des Wohnens: Das Konzept Sozialraumentwicklung und Sozialraumorganisation	108
3.3	Die Wohnverhältnisse in die Hand nehmen: Prinzipien und Vorgehen im Community Organizing	114
3.4	Wohnen im öffentlichen Raum: Niedrigschwellige Soziale Arbeit	120
3.5	Zusammenfassung	128

4	**Herausforderungen für die Soziale Arbeit: Eine Position zum Wohnen finden**	**132**
4.1	Soziale Arbeit und wohnungspolitische Bewegungen	133
4.2	Soziale Arbeit und gemeinschaftliches Wohnen	140
4.3	Soziale Arbeit und die Klimafolgen im segregierten Raum	146

4.4	Soziale Arbeit und digitalisiert wohnen	153
4.5	Zusammenfassung	159

Schlussbemerkungen **163**

Literatur **165**

Einleitung

Wohnen ist ein fundamentales Menschenrecht, das in der *Allgemeinen Erklärung der Menschenrechte* (A/RES/217, UN-Doc. 217/A-(III)) der Vereinten Nationen als *Right to Housing* festgehalten ist. Dort wird es zusammen mit dem Recht auf Nahrung und ärztliche Versorgung als Recht auf Unterkunft benannt (§ 25). Zu wohnen ist immer mit einem Schutzgedanken verbunden, insbesondere dem Schutz vor Kälte und Unwettern, aber auch dem Schutz der Privatsphäre. Auch das ist in der Erklärung der Menschenrechte erwähnt, wenn dort das »Recht auf ein Privatleben« (Art. 12) und das »Recht auf soziale Sicherheit« (Art. 22) benannt werden. Der Politikwissenschaftler Michael Krennerich (2019) hat für das Grund- und Menschenrecht auf Wohnen gefordert:

1. Es muss hinreichend Wohnraum, inklusive der notwendigen Infrastrukturen wie Strom und Wasser zur Verfügung stehen.
2. Allen Menschen – unabhängig von der Art und Form der Unterkunft – ist der »rechtliche wie faktische Schutz vor staatlichen und privaten Eingriffen in ihren Wohnraum« zu gewähren (ebd., S. 24).
3. Der Zugang zu Wohnraum muss »prinzipiell allen offenstehen und darf nicht bestimmten Gruppen in diskriminierender Weise vorenthalten werden« (ebd., S. 25).
4. Wohnraum sollte »Mindestbedingungen an Bewohnbarkeit, Gesundheit und Sicherheit erfüllen und der kulturell bedingten Vielfalt des Wohnens Rechnung tragen« (ebd., S. 25).

Im Grundgesetz der Bundesrepublik Deutschland ist ein ausdrückliches Recht auf Wohnen nicht verankert, lediglich der Schutz der Unverletzbarkeit der Wohnung. In verschiedenen Landesverfassungen (Bremen,

Bayern, Brandenburg, Mecklenburg-Vorpommern, Sachsen-Anhalt, Sachsen) wird der jeweiligen Landesregierung die Aufgabe zugewiesen, für angemessenen Wohnraum zu sorgen, wenngleich dieses Recht nicht einklagbar ist (ebd., S. 22).

Der Sozialarbeitswissenschaftler Günther Rausch sieht im Wohnen eine »elementare Seinsweise des Menschen« (Rausch 2013, S. 280) und erinnert daran, dass die Übersetzung für Wohnen im Englischen schlicht »to live«, also leben ist und folglich einleuchtet: »Mensch kann nicht Nichtwohnen« (Rausch 2011, S. 235). Tatsächlich ist beim Wohnen mehr zu bedenken als der Zugriff auf eine Wohnung – auch wenn die Schutzfunktion des Wohnens schnell den Zusammenhang zur Behausung und zur Wohnung herstellen und andere ebenso wichtige Bedeutungen des Wohnens wie Sicherheit, Geborgenheit, Kontakt, Kommunikation und Selbstdarstellung (Hannemann 2014, S. 3) in den Hintergrund treten lässt. Ein Mensch wohnt erst, »wenn er einen Raum – es muss nicht *ein* Ort sein – bewohnt, ihn als etwas ihm Zugehöriges empfindet, in das er eingelassen ist«, hat der Wohnforscher Jürgen Hasse versucht, Wohnen zu definieren (2009, S. 27). Wohnen bedeutet demnach auch »auf eine am Leben der Stadt teilhabende Weise zur Stadt« (ebd.) zu gehören.

Der Philosoph Otto Friedrich Bollnow, dessen Ausführungen zur Bedeutung des Wohnens aus der Mitte des 20. Jahrhunderts bis heute oft zitiert werden, ging davon aus, dass der Mensch einen Wohnort als Mitte brauche, »in der er im Raum verwurzelt ist und auf die alle seine Verhältnisse im Raum bezogen sind« (Bollnow 1963, S. 125). Das Bild der »Verräumlichung des eigenen Lebens« greift auch die Sozialpädagogin Sylvia Beck auf und fasst zusammen, dass es im Wohnen darum gehe, »sich einen emotional sicheren, stabilen Ausgangspunkt zu schaffen, worüber sich der Mensch gelingend ins Verhältnis zur Welt setzt« (Beck 2017, S. 22).

Dies unterstreicht zwar eindrücklich die grundlegende Bedeutung von Wohnen für den*die Einzelne*n und für das soziale Zusammenleben, steht jedoch in einem unauflöslichen Widerspruch zur Funktion des Wohnens und einer Wohnung als Ware, die auf Wohnungsmärkten angeboten und nachgefragt wird, die Spekulationsobjekt ist, mit dem jemand Gewinne erwirtschaften möchte.

> Dieses permanente Spannungsverhältnis zwischen dem Wohnen als Grundrecht und Zuhause auf der einen sowie der Wohnung als Ware und Immobilie auf der anderen Seite wird als Kern der *Wohnungsfrage* beschrieben.

Diese hatte bereits Friedrich Engels angesichts der katastrophalen Wohnverhältnisse der durch die Industrialisierung neu entstehenden Arbeiterklasse insbesondere in England um 1872 problematisiert (Engels 2020):

> »Was man heute unter Wohnungsnot versteht, ist die eigentümliche Verschärfung, die die schlechten Wohnverhältnisse der Arbeiter durch den plötzlichen Andrang der Bevölkerung nach den großen Städten erlitten haben; eine kolossale Steigerung der Mietpreise, eine noch verstärkte Zusammendrängung der Bewohner in den einzelnen Häusern, für einige die Unmöglichkeit, überhaupt ein Unterkommen zu finden. Und *diese* Wohnungsnot macht nur so viel von sich Reden, weil sie sich nicht auf die Arbeiterklasse beschränkt, sondern auch das Kleinbürgertum mit betroffen hat« (Engels 2020, S. 197 f.; zuerst 1872, S. 213 f.).

Spätestens seit den 2010er Jahren wird vielfach die »Rückkehr der Wohnungsfrage« (insb. Holm 2014; 2019) als Ergebnis wohnungspolitischer und gesellschaftlicher Prozesse skandalisiert: Der Soziologe Christoph Butterwegge sieht den »Mietenwahnsinn« und Wohnungsnot in Deutschland als Resultat einer neoliberalen Politik, die zu mehr sozialer und sozialräumlicher Ungleichheit geführt hat (2023, S. 3). Der Mangel an Wohnraum durch zu geringe Bautätigkeit, steigende Mieten und Bodenpreise, aber insbesondere der Mangel an für weite und wachsende Teile der Bevölkerung noch bezahlbarem Wohnraum markieren die Wohnraumkrise, die in kritischen politischen und wissenschaftlichen Auseinandersetzungen zum Aufwerfen von »alten und neuen Wohnungsfragen« (Bundeszentrale für politische Bildung 2019) oder auch »Wohnungsfrage(n) ohne Ende und überall?« (Schönig und Vollmer 2020, S. 7) geführt haben und für die Antworten gesucht werden.

Die Wohnungsnot oder besser die Wohnungsnöte, die sich ins Zentrum des Alltags von immer mehr Menschen drängen, entstehen durch übermäßige Belastungen durch Wohnkosten – nicht nur, aber insbesondere in den großen Städten und solchen Wohnlagen, die begehrt sind. Dies betrifft die über das Verhältnis von Angebot und Nachfrage entstehenden Mietpreise sowie die Kosten für Immobilien, aber längst auch die Nebenkosten, vor allem die Energieversorgung. Zwangsräumungen aufgrund von Mietrückständen, Mieterverhalten oder Eigenbedarf haben ebenso zugenommen wie Stromsperrungen aufgrund von Zahlungsrückständen bei den Energieversorgungsunternehmen (Krennerich 2019). Insbesondere Haushalte, die von Transferleistungen leben müssen, haben Schwierigkeiten, die Rechnungen für Strom und Heizung zu begleichen, weil die Transferleistungen nicht ausreichen. Dies ist kein Phänomen, das erst mit der Energiekrise und steigenden Preisen seit den Jahren 2022/2023 aufgekommen ist, wie eine Untersuchung der Verbraucherzentrale Nordrhein-Westfalen 2018 gezeigt hat (ebd., S. 30). Der Stadtsoziologe Andrej Holm sieht in der zunehmend repressiven Auslegung der Sozialpolitik – gerade im Bereich der Kosten für die Unterkunft und der Bemessungsgrenzen für Leistungsbeziehende – »einen regelrechten Segregationsmotor« (Holm 2019, S. 104). In den gerade noch finanzierbaren Wohnungen an den groß- und kleinstädtischen Rändern sieht Holm sich etablierende Zonen eines »Discountwohnens«, mit dem sich Entmischungstendenzen nach dem Einkommen in den Städten beschleunigen.

Allerdings ist die Gefahr von Wohnungsnot eben nicht allein ein Problem von marginalisierten Bevölkerungsgruppen, sondern betrifft alle Haushalte, deren Wohnkosten 30 Prozent ihres Einkommens übersteigen. Krennerich (2019, S. 28) weist darauf hin, dass die Hälfte der als arm definierten Haushalte in Deutschland mehr als 40 Prozent ihres verfügbaren Einkommens für das Wohnen aufbringen müssen. Eine »Überlastung durch Wohnkosten und Wohnungsnot treffen vor allem jene, die nicht (mehr) in Arbeitsprozesse eingebunden sind oder im Niedriglohnsektor tätig sind – und zugleich in Ballungsgebieten leben« (ebd., S. 29).

Es ist außerdem davon auszugehen, dass die Wohnungsfrage(n) räumlich differenziert betrachtet werden müssen. Auch wenn es so scheint, als ob sich die Diskurse zur Krise der Wohnraumversorgung, des Wohnungsbaus, der Mietpreise allein um das Wohnen in Großstädten drehen, stellt sich, so Schönig und Vollmer, die Wohnungsfrage überall »in Mittel- und Kleinstädten und im ländlichen Raum genauso wie in den Großstädten« (2020, S. 19). Dennoch stellt sie sich jeweils anders, wenn von schrumpfenden Städten und Regionen oder wachsenden Groß- und Mittelstädten die Rede ist. Es geht in unterschiedlicher Weise um den Umgang mit Leerständen, fehlenden barrierearmen und bezahlbaren Wohnraum, der den jeweiligen Lebenssituationen entspricht.

Dramatische Wohnungsnöte, fasst die Stadtsoziologin Ingrid Breckner (2023, S. 21) zusammen, betreffen insbesondere solche Haushalte, »die ohne rechtliche Absicherung in Unterkünften, temporären Wohnangeboten oder Heimen mit eingeschränkten Nutzungsrechten und Kommunikationsbeschränkungen wohnen müssen«. Dies betrifft viele Adressat*innengruppen der Sozialen Arbeit, nämlich Menschen, die in Einrichtungen »untergebracht« wurden, als alte und pflegebedürftige Menschen in entsprechenden Institutionen leben (müssen), als Menschen auf der Flucht oft sehr lange in mehr oder minder provisorischen Unterkünften den Wohnraum und die Wohninfrastruktur mit anderen teilen müssen oder als wohnungs- und obdachlose Menschen darum bemüht bleiben, sich eine Privatheit des Wohnens in »improvisiert-informellen Notunterkünften« (Hasse 2019, S. 17) im öffentlichen Raum zu organisieren. Damit ist Wohnen vor allem eine soziale Frage und eine Angelegenheit der Profession und der Disziplin der Sozialen Arbeit und dafür wollen wir mit diesem Band argumentieren.

Mit Fragen des Wohnens befassen sich ganz unterschiedliche Fachdisziplinen. Die Wohnungsforscherinnen Barbara Schönig und Lisa Vollmer stellen fest, »je nachdem, ob von dem Wohnen, der Wohnung, der Wohnraumversorgung, dem Wohnungsbau oder dem Wohnungsmarkt« (Schönig und Vollmer 2020, S. 10) die Rede ist, kommen die jeweiligen Expert*innen zu ganz unterschiedlichen Aspekten und Fragestellungen, die sie für relevant halten. Insofern wird immer nur über Teilaspekte des Wohnens geforscht und diskutiert: Mal geht es um Wohnkulturen, um Wohnstile, das Wohnumfeld, die Wohnmobilität, Wohnungsmärkte oder – sehr oft – die Wohnraumversorgung (Schnur 2021, S. 234).

Die Schriftenreihe »Interdisziplinäre Wohnungsforschung« ist bspw. ein Ort für einen wissenschaftlichen und auch politischen Diskurs, in dem – so das Editorial der Reihe – »Beiträge aus Architektur, Geographie, Geschichtswissenschaft, Ökonomie, Planungswissenschaften, Politikwissenschaft und Soziologie« versammelt sind, »die sich in interdisziplinärer Weise mit der Wohnraumversorgung auseinandersetzen« (u. a. Schipper und Vollmer 2020, S. 2) und dabei die Wohnungsfrage ins Zentrum stellen. Eine Perspektive der Sozialen Arbeit fehlt in diesem Zusammenhang.

Wir verstehen den vorliegenden Band als Beitrag dazu, diese Lücke zu verkleinern, und haben dazu die Diskurse zum Wohnen so aufbereitet, dass sie für die Profession der Sozialen Arbeit aufgeschlossen werden können. Wir richten uns mit diesem Buch sowohl an Praktiker*innen der Sozialen Arbeit als auch an Studierende, die sich bisher noch nicht mit den Bezügen des Wohnens in der Sozialen Arbeit befasst haben.

Deshalb beginnen wir in *Kapitel 1* damit, die vor allem sozialwissenschaftliche Diskussion zur Wohnungsfrage zu entfalten und zu erklären, inwiefern Wohnen eine ganze Reihe sozialer Fragen aufwirft. Dazu setzen wir uns mit dem »Idealtypus des modernen Wohnens« auseinander, der die Wohnformen, die Architektur und die Siedlungsstrukturen im Grunde seit der zweiten Hälfte des 19. Jahrhunderts bestimmt. Da das Wohnen eben nicht nur auf die Behausung, die Wohnung und eine entsprechende Wohnraumversorgung begrenzt ist, führen wir in diesem Kapitel (▶ Kap. 1) die sozialräumliche Praxis des Zusammenlebens aus, die mit Konzepten von Nachbarschaft, Quartier und Gemeinwesen den geografischen und geplanten Ort des Wohnens und die sozialen Zusammenhänge des Alltags aufeinander beziehen. Diese Konzepte sind außerdem schon ein wesentlicher Bezugspunkt für die Praxis der Sozialen Arbeit in Kontexten des Wohnens. Gemeinschaftlich Wohnen hat jedoch noch eine andere Facette, die wir anhand von grundsätzlichen Ideen und Konzepten alternativer Wohnformen einführen, welche jenseits des Idealtypus modernen Wohnens und seiner auf die Kleinfamilie gerichteten Wohnstrukturen liegen.

Alte und neue Wohnungsfragen sind vor allem deshalb ein gesellschaftlich hoch relevantes Thema, weil sich darin die Konflikte im keineswegs zufälligen ungleichen Zugang zu Wohnraum entladen. Aus dem in den Raumwissenschaften, aber auch in der Stadtentwicklungspolitik geführten Diskurs zur *residentiellen Segregation*, also der ungleichen Verteilung der Wohnstandorte von sozialen Gruppen, interessieren uns insbesondere die Ursachen, Folgen und Formen solcher Prozesse. Eine wesentliche Rolle spielen hier *Politiken des Wohnens*, als Stadtentwicklungspolitik (soziale Durchmischung, Quartiersansatz, Aufwertung) und als Wohnungspolitik (Wohnung als Ware, Deregulierung der Wohnungsmärkte). Das Konzept des Community Organizing ist historisch ebenso eng mit der Analyse der Prozesse sozialräumlicher Ungleichheit in der Stadt verbunden wie mit der Sozialen Arbeit als Community Work oder auf Deutsch der Gemeinwesenarbeit.

Damit ist der Übergang zum *Kapitel 2* angelegt, das sich mit »Wohnen als Auftrag Sozialer Arbeit« befasst. Hier lässt sich historisch sehr gut nachzeichnen, inwiefern sich Soziale Arbeit in vielerlei Hinsicht mit Fragen des Wohnens nicht nur am Rande beschäftigt, sondern sehr konkret beauftragt ist. Deshalb wird zunächst das Problem von Wohnungslosigkeit und die Wohnungslosenhilfe als Reaktion Sozialer Arbeit darauf, erläutert. Mit dem »Wohnen in Institutionen« setzen wir uns in diesem Kapitel (▶ Kap. 2) auch mit Handlungsfeldern wie der Jugendhilfe, dem institutionellen Wohnen im Alter, betreutem Wohnen für Menschen mit Beeinträchtigungen und der Unterbringung von geflüchteten Menschen auseinander. Tatsächlich begegnen uns die Funktionen des Wohnens – Schutz, Umfriedung, Privatheit und Gestaltungsraum – in diesem Zusammenhang in kritischer Weise. Für die Soziale Arbeit und ihre Zuständigkeit für Formen stationärer Unterbringung im Rahmen der Hilfen zur Erziehung, der sogenannten Behindertenhilfe oder der Wohnungslosenhilfe ergeben sich ungeklärte Fragen zur Vereinbarkeit ihres Auftrags mit dem Grund- und Menschenrecht Wohnen. Das zweite Kapitel versucht im Grunde zu klären, *was* die Soziale Arbeit in Kontexten des Wohnens tut. Insofern haben wir die im ersten Kapitel entwickelte Argumentation für einen weiten Wohnbegriff hier wieder aufgegriffen und zeigen, wie Soziale Arbeit das »Wohnen in der Nachbarschaft« über die *Gemeinwesenarbeit* als Handlungsfeld in Prozesse der kommunalen (Stadt-)Entwicklung einbringt.

In *Kapitel 3* fragen wir nach dem *Wie* des Handelns der Profession Sozialer Arbeit. Entsprechende Handlungsansätze sollen zeigen, wie Wohnen als soziale Frage gestaltet wird und werden kann. (▶ Kap. 3). Hier sehen wir die mehr oder minder in der kommunalen Praxis rezipierten Konzepte *sozialraumbezogener Sozialer Arbeit* verortet. Deren grundsätzliche Gemeinsamkeit ist, dass sie letztlich auf den Wohnort benachteiligter soziale Gruppen gerichtet sind (also auf den Sozialraum als Territorium), aber gleichzeitig Gemeinwesenarbeit als Arbeitsprinzip zu integrieren versuchen. Während wir solche Ansätze noch relativ stark an den Problemdefinitionen und Deutungsmustern der Institutionen (der Sozialen Arbeit, der Verwaltung und der Politik) orientiert sehen, wird mit *Sozialraumentwicklung und Sozialraumorganisation* ein ansatzweise als Gegenentwurf zu lesendes Konzept beschrieben, bei dem die Bedürfnisse und die Interessen der Wohnenden entlang ihrer eigenen Relevanzsetzungen das Handeln Sozialer Arbeit bestimmen sollten. Eine derart partizipative Ausrichtung bildet deshalb die konzeptionelle Klammer für das *Wie* des Handelns Sozialer Arbeit. Die Veränderung der Wohnverhältnisse dann selbst in die Hand zu nehmen, sehen wir in den Prinzipien und Verfahren des *Community Organizing* verankert, das wir entsprechend ausführen, bevor mit der Handlungsweise der *Niedrigschwelligkeit* partizipative Zugänge der Wohnungslosenhilfe und anderer Handlungsfelder zu Menschen im öffentlichen Raum jenseits institutioneller Hilfen skizziert werden.

Im abschließenden *Kapitel 4* haben wir uns noch einmal sehr grundlegend mit den aktuellen, vor allem aber den zukünftigen Herausforderungen der Sozialen Arbeit in Kontexten des Wohnens befasst. Dabei geht es insbesondere darum, die offenbar noch ausstehende Position Sozialer Arbeit zum Wohnen argumentativ zu stärken (▶ Kap. 4). Es soll also keineswegs der ohnehin schon vielfach in Überlast fahrenden Profession Sozialer Arbeit noch mehr an Verantwortung und Aufgaben aus dem sicheren Raum der Wissenschaft zugeschoben werden. Vielmehr haben wir die Diskussionen zu *wohnungspolitischen Bewegungen*, zu alternativen Wohnformen des *gemeinschaftlichen Wohnens*, zum Umgang mit den Folgen des *Klimawandels* und der *Digitalisierung* so aufzubereiten versucht, dass Anregungen für eine auch (fach-)politische Positionierung gegeben werden. Denn bisher erscheint die Soziale Arbeit eher still, wenn es darum geht, aus einer Wohnungspolitik eine umfassendere Wohnpolitik zu machen, die vor allem den Adressat*innengruppen Sozialer Arbeit zugutekäme.

1 Wohnen und sozial-räumliche Ungleichheiten

Aus einer soziologischen Perspektive wird das Wohnen als sozialräumliche und als gesellschaftliche Tätigkeit betrachtet. Aber auch Fragen der Herstellung, Verteilung und des Konsums von Wohnraum im Zusammenhang mit sozialen und regionalen Ungleichheiten sind Themen der sozialwissenschaftlichen Forschung zum Wohnen (Eckard und Meier 2021). Dabei geht es immer auch um den Wandel des Wohnens und die Ausdifferenzierung, also um die Frage, wer eigentlich wo und wie wohnt.

> **Kapitelüberblick**
>
> In diesem Kapitel soll gezeigt werden, wie eine sozialwissenschaftlich geprägte Diskussion sich mit den Fragen des Wohnens auseinandersetzt. Dazu wird im ersten Abschnitt das uns allen alltäglich bekannte Konzept des modernen Wohnens erläutert (▶ Kap. 1.1). Es wird gezeigt, dass das Wohnen, das wir kennen, historisch geprägt und gleichzeitig im Wandel begriffen ist. Uns interessiert vor allem das Wohnen als sozialräumliche Praxis, die eben auch in der Nachbarschaft (als sozialräumliches Konzept des Zusammenlebens), dem Wohnquartier (als geografisch und planerisch gestalteter Ort) und dem Gemeinwesen (als sozialer Zusammenhang, der einen territorialen Bezug hat), Interessen und Zusammenhänge des Alltags und/oder eine Zugehörigkeit über geteilte soziale Merkmale vermittelt (▶ Kap. 1.2). Um die Verknüpfung des Grundbedürfnisses nach Wohnen und den sozialen Beziehungen im Wohnen wird es unter dem Stichwort »gemeinschaftlich Wohnen« gehen. Nach diesen Klärungen des Wohnens als soziale Tätigkeit, wird in Kapitel 1.3 die Ebene der Betrachtung gewechselt und sozialräum-

liche Ungleichheiten, Ausgrenzungsprozesse und Marginalisierungen im Raum werden als sogenannte residentielle Segregation mit ihren Ursachen und Folgen erläutert (▶ Kap. 1.3). Da sich nicht nur verschiedene Fachdisziplinen mit Fragen des Wohnens befassen, sondern auch verschiedene Politikfelder, werden in Kapitel 1.4 die Zusammenhänge von Stadtentwicklungspolitik, Wohnungspolitik, quartiersbezogenen Raumpolitiken und ein Ansatz zur Politisierung der Wohnungsfrage von unten erläutert (▶ Kap. 1.4).

1.1 Was ist modernes Wohnen?

Jede geschichtliche Epoche hatte ihre eigene besondere Wohnweise (Häußermann und Siebel 2020, S. 268). Aber wie lässt sich die aktuelle Wohnweise beschreiben? Und ist das überhaupt möglich, wenn es doch so unterschiedliche Wünsche und Bedürfnisse an das Wohnen gibt – in einer Wohnung, groß oder klein, einem (eigenen) Haus, in der Großstadt, am Stadtrand, auf dem Land in einer Kleinstadt oder einem Dorf, mit einer Familie, allein oder mit einer »Wahlverwandtschaft« wie in der klassischen WG? Diese Aufreihung ließe sich beliebig weiterführen und dennoch unterscheidet sich das moderne Wohnen markant von der Wohnform, die die Vormoderne in Europa prägte. So verstand man im Mittelalter, also über viele Jahrhunderte hinweg, unter einem Haushalt, eine Gemeinschaft, in der zusammen gewirtschaftet, gearbeitet, geschlafen und gekocht, Schutz nach außen organisiert, die nächste Generation geboren und aufgezogen sowie die ältere versorgt wurde. Diese Wohnform wird mit dem Begriff des *»ganzen Hauses«* (*oikos*) als Idealtypus seiner Zeit beschrieben (Richter 2000). Das Wohnen war also ein soziales Konzept, das Alltagsleben zu organisieren und bildete den Kern von Identitätsbildung mit dem oikos als sozialem Beziehungsraum (May 2008, S. 24).

Auch das *moderne Wohnen* kann idealtypisch beschrieben werden. Damit ist »das für eine bestimmte Epoche Typische, das diese Epoche

Kennzeichnende eines sozialen Phänomens« – wie hier das Wohnen – gemeint (Häußermann und Siebel 2020, S. 268). Mit der Urbanisierung, also dem Entstehen und Wachsen von Großstädten und der Industrialisierung seit der Mitte des 19. Jahrhunderts, hat sich dieser Idealtypus des modernen Wohnens herausgebildet, in dem wir im Grunde bis heute leben (Hannemann 2014, S. 37).

Mit der Urbanisierung und der Industrialisierung wurde es notwendig und technisch auch möglich, Wohnungsbau in Massen zu betreiben. Letztlich gilt seitdem das Leitbild eines Wohnungsbaus »mit hierarchisch-funktionell angeordneten Räumen – Wohnzimmer, Schlafzimmer, Kinderzimmer, Küche, Bad, Flur« (ebd., S. 38). Da wir in den meisten (Groß-)Städten größtenteils noch immer in Wohnhäusern und -vierteln leben, die um die vorletzte Jahrhundertwende oder in den 1950er bis 1980er Jahren gebaut wurden, ist uns diese materielle Vorgabe der Wohnweise vertraut.

Aber es geht beim modernen Wohnen nicht nur um die Wohnung und die Baustruktur, sondern auch um die gesamte räumliche Organisation von Städten und Regionen. Der Idealtypus modernen Wohnens umfasst fünf wesentliche Strukturmerkmale, die hier kurz vorgestellt und dann aus den jüngeren gesellschaftlichen Entwicklungen heraus kritisch betrachtet werden.

> **Die fünf Strukturmerkmale modernen Wohnens**
>
> - Die Trennung von Arbeiten und Wohnen: Der Ort des Wohnens ist – im Gegensatz zum Konzept des ganzen Hauses (oikos) – als Ort der »Nichtarbeit« konzipiert, zum Arbeitsplatz fährt man in die entsprechenden Viertel.
> - Die Begrenzung von Personen, die in einer Wohnung oder einem Haus zusammenleben: Das moderne Wohnen ist angelegt für die Lebensform der Zweigenerationenfamilie.
> - Das Auseinandertreten von Öffentlichkeit und Privatheit: Wohnen ist vor allem der Ort der Intimität, des Rückzugs und der geschützten Privatsphäre.
> - Die Entstehung des Wohnungsmarkts: Wohnungen sind eine Ware, die von Bauträger*innen, Investor*innen, Hauseigentümer*innen

gehandelt wird und dem Wohnen einen Marktwert zuweist, der nicht von allen sozialen Gruppen in gleicher Weise bezahlt werden kann (▶ Kap. 1.3 zur sozialräumlichen Segregation).
- Der Einfluss technischer Entwicklungen: Wohnen ist auch ein Ort der Technisierung des Alltags. Elektrizität, Heiz- und Kühlsysteme haben die Verteilung von Funktionen im Wohnraum nachhaltig geprägt.

Zwar ist dieser Idealtypus des modernen Wohnens keineswegs überholt, dennoch weist die neuere Wohnsoziologie darauf hin, dass diese Analyse, die zu Beginn der 2000er Jahre veröffentlicht wurde, zu aktualisieren sei (Eckardt und Meier 2021, S. 18).

So haben schon weit früher, etwa ab den 1970er und 1980er Jahren, die Vertreterinnen der feministischen Stadtforschung darauf aufmerksam gemacht, dass die räumliche Trennung der Funktionen Wohnen und Arbeiten zwar den Städtebau prägt, diese Trennung jedoch für etwa die Hälfte der Bewohnerschaft nie galt: Für Frauen – nach wie vor eher als für Männer – ist die Wohnung auch der Ort von Arbeit, allerdings der unbezahlten Haus- oder Reproduktionsarbeit. Eine Aktualisierung der Sicht auf die Trennung von Arbeit und Wohnen als Strukturmerkmal des modernen Wohnens bedeutet somit, die geschlechtsspezifischen Fragen in der Auseinandersetzung mit dem Wohnen zu stellen und zu beantworten.

Die räumliche Trennung von Wohn- und Arbeitsstätten bedeutet auch, dass ein hohes Maß an Mobilität notwendig ist, um die Arbeit in der Wohnung und die Erwerbsarbeit zu vereinbaren. Schon vor der Covid-19-Pandemie und in den Jahren 2020 bis 2022 war festzustellen, dass sich Erwerbsarbeit verändert hat. Dies wird mit dem Begriff der Entgrenzung von Arbeit beschrieben (Hannemann 2016, S. 32), die zu veränderten Ansprüchen an das Wohnen führt: Flexible Arbeitsmodelle wie das mobile Arbeiten oder das Homeoffice sind keine Erfindungen der Pandemie, wurden unter ihren Bedingungen (verbunden mit einem gewissen Digitalisierungsschub) jedoch auf weitere Bereiche von Erwerbsarbeitsplätzen erweitert. Eine weitere für das Wohnen wichtige Veränderung von Arbeitsstrukturen wird als Deregulierung bezeichnet. Gemeint sind die seit den 1980er Jahren stattfindenden Umstrukturierungen der Wirtschaft und die damit einhergehende stetige Zunahme von prekären Arbeitsverhältnissen (befristet, geringbezahlt, mit Anforderungen an flexible Arbeitszeiten und -orte) und die Abnahme von weniger qualifizierten Arbeitsplätzen für Menschen mit niedrigen Bildungsabschlüssen, die als technisch ersetzbar galten. Für das Wohnen bedeutet dies, dass Menschen räumlich immer flexibler sein müssen und die räumliche Trennung von Arbeiten und Wohnen zumindest für einige Berufsgruppen nicht mehr zutrifft – mit der Pandemie hat sich besonders deutlich gezeigt, dass gerade die Berufsgruppen, die starken Belastungen ausgesetzt sind (z. B. Pflegepersonal) oder die eher geringe Einkommen haben (z. B. Kassierer*innen) zwar als »systemrelevant« galten, jedoch nicht zu jenen gehörten, die flexibel von zuhause aus arbeiten konnten. Die Flexibilität betrifft auch die Bereitschaft, für einen angemessenen Job den Wohnort zu wechseln oder weiter zu pendeln (ebd., S. 32).

Auch Ansprüche an ein selbstbestimmtes Leben im Alter sind eine gesamtgesellschaftliche Herausforderung an das Wohnen, ebenso wie höchst unterschiedliche Raumansprüche z. B. von Einpersonenhaushalten gegenüber klassischen Kleinfamilien, Wohngemeinschaften in einer Lebensphase oder als Wohnform unterschiedlicher Generationen, um nur einige relevante Aspekte aufzurufen. Die sich im Lebensverlauf ändernden Wohnansprüche sind in den charakterisierenden Merkmalen des modernen Wohnens zukünftig deutlich stärker zu berücksichtigen.

Die Wohnsoziolog*innen Frank Eckardt und Sabine Meier (2021, S. 19) haben noch grundsätzlicher darauf hingewiesen, dass die Merkmale modernen Wohnens nicht mehr ausreichen, um die sich vergrößernde soziale und sozialräumliche Ungleichheit, den sozialen Ausschluss – auch aus dem Wohnungsmarkt – die strukturelle Wohnungsnot bis hin zur Wohnungslosigkeit abzubilden. Diese Phänomene sind jedoch ebenso als typischer Ausdruck des Wohnens in dieser Epoche einzubeziehen. Damit ist auch eine Verbindung geschaffen zur Sozialen Arbeit, deren Adressat*innengruppen erst mit einer entsprechenden Erweiterung der Beschreibung und Analyse des modernen Wohnens in ihren Lebens- und Alltagssituationen in den Blick kommen.

Die Wohnsoziologie versteht sich heute dem Grundanliegen sozialer Gerechtigkeit verpflichtet und sieht ihre Aufgabe auch darin, Fragen des

Wohnens gerade unter diesem Gesichtspunkt forschend nachzugehen und sich in den öffentlichen Diskurs zum Wohnen einzubringen (ebd.).

1.2 Wohnen als sozialräumliche Praxis

Im Wohnen drückt sich »vor allem die Situation eigenen Lebens aus« (Hasse 2009, S. 21). Dazu gehört ebenso die Möglichkeit des Rückzugs in das Private und Intime wie die Verbindung zum öffentlichen Raum und in das Gemeinwesen hinein, in dem man seine sozialen Beziehungen aufbaut und pflegt. Für das Wohnen sind deshalb die sozialen Bezüge jenseits der Wohnungstür besonders wichtig, denn sie sind entscheidend für gesellschaftliche Teilhabe. Deshalb interessieren hier zwei Aspekte: Zunächst wird über die Konzepte von Nachbarschaft, Quartier und Gemeinwesen das Wohnen in lokaler Gemeinschaft entfaltet. Anschließend wird die Perspektive geweitet und das Grundbedürfnis Wohnen auf der Ebene der Subjekte verbunden mit dem Bedürfnis danach, gemeinschaftlich zu wohnen.

1.2.1 Wohnen in Gemeinschaft: Nachbarschaft, Quartier und Gemeinwesen

Hasse hat angelehnt an die eher philosophischen Konzepte zum Wohnen und ausgehend vom Menschen als handelndes Subjekt Maßstabsdimensionen oder Ringe des Wohnens beschrieben: in der Wohnung, dem Haus, der Umgebung bis hin zum Land und der Erde (Hasse 2009, S. 21–24). Es wird später noch deutlich werden, dass diese Aufzählung nicht differenziert genug ist, um auch die strukturellen Ebenen des Wohnens – sozialräumliche Ungleichheiten, soziale Ungerechtigkeiten oder Wohnpolitiken – angemessen abzubilden.

Für das Wohnen als soziale Frage, auf die auch die Soziale Arbeit Antworten anzubieten hat, sind zunächst besonders die »Ringe« der Wohnung

1.2 Wohnen als sozialräumliche Praxis

sowie der Umgebung relevant: In der Wohnung werden die Dinge arrangiert, die symbolisch für das eigene Leben stehen (ebd.). Man kann an der Einrichtung einer Wohnung gut erkennen, was den Bewohner*innen im Alltag wichtig ist, aber auch, welche Möglichkeiten sie haben, ihre Bedürfnisse und Wünsche bezogen auf die Gestaltung des eigenen Lebens und des Wohnens zu befriedigen. Diese Dimension des Wohnens markiert die Privatheit, einen Ort des Rückzugs, der Selbstbestimmung, Vertrautheit und der Persönlichkeit (Rössler 2001; Alisch und Ritter 2021, S. 72). Die Wohnung bedeutet also auch »den Alltag von Familien, die individuellen Entfaltungsmöglichkeiten, die Sozialisationschancen von Kindern, Gesundheit und Wohlbefinden« (Hannemann 2014, S. 37). Insofern bestätigt sich, dass eine Wohnung mehr als nur eine Unterkunft ist, sondern »sie ist auch Ort und Medium der Selbstdarstellung und der Repräsentation. Im Wohnen manifestiert sich der soziale Status« (ebd.).

Der zweite Ring des Wohnens in Hasses Ansatz ist die (Wohn-)Umgebung. Damit ist der Raum gemeint, in dem sich ein Großteil des Alltags jenseits der Wohnung abspielt und der geprägt wird von der Vertrautheit alltäglicher Abläufe, den Wegen dorthin, zum Einkaufen, zum Erholen oder zum Pflegen beiläufiger sozialer Kontakte. Hier werden also öffentliche Räume Teil des Wohnens. Sie sind wichtig, damit Orte sich zu »lebensbedeutsamen Gegenden verwandeln« (Hasse 2009, S. 22), in denen man ›zuhause‹ ist (Alisch und Ritter 2021, S. 72).

Dieser Zusammenhang wird auch mit dem Konzept der Nachbarschaft behandelt. Hier wird sowohl auf die sozialen Beziehungen der Personen, die in der Nachbarschaft zusammenleben, verwiesen als auch auf den geografischen Ort des Wohnens. Nachbarschaft ist die soziale Gruppe, die primär wegen des gemeinsamen Wohnorts interagiert (Hamm 1973, S. 18).

Die Bedingungen, welche die Beziehungen in der räumlichen Nähe der Nachbarschaft beeinflussen, sind *erstens* die Zusammensetzung der Bevölkerung nach ihren sozio-ökonomischen (Einkommen, Bildung, Beruf) und demografischen (Herkunft, Alters- und Geschlechtsverteilung) Merkmalen und die Kompetenz und Bereitschaft, sich auf Nachbar*innen, die nach solchen Merkmalen anders sind, einzulassen. *Zweitens* die Struktur des Wohnungsbestandes: Das Leben im Hochhaus eröffnet andere Möglichkeiten, nachbarschaftliche Kontakte aufzunehmen und im öffentlichen Raum präsent zu sein als ein innerstädtisches Altbauquartier mit ruhigen Straßen und kleinteiligen Ladenstrukturen oder eine dörfliche Siedlung, um nur einige Beispiele zu nennen. *Drittens* kann es von Bedeutung sein, ob und wie bereits durch Projekte der Stadtteilentwicklung oder der Sozialen Arbeit daran gearbeitet wird, nachbarschaftliche Kontakte zu intensivieren, den sozialen Zusammenhalt und soziale Teilhabe auf dieser Ebene zu stärken (Schnur 2021, S. 236).

Auch wenn sich die Wohnformen seit den 1970er Jahren relativ wenig verändert haben, zumal das Wohnen vorwiegend in Häusern stattfindet, die in Zeiten erbaut wurden, als man idealtypisch in der Kleinfamilie gelebt hat, haben sich die Wohnbedingungen und damit auch die Bedeutung der Nachbarschaft verändert (u. a. ebd., S. 238).

- *Der soziodemografische und der soziale Wandel:* Gemeint sind zum einen die Alterung der Gesellschaft und die Zunahme von Einpersonenhaushalten. Zum anderen sind die Lebensentwürfe in der Gesellschaft vielfältiger geworden. Beides bedeutet einen Zuwachs in der Bedeutung der Nachbarschaft für soziale Kontakte oder auch die gegenseitige Unterstützung im Alltag.
- *Der technologische Wandel:* Hier geht es um die Digitalisierung des Wohnens als »smart«, d. h. als Möglichkeit eines technikgestützten Alltags, in dem die Versorgung mit Nahrung, Unterhaltung, Energie ebenso smart ist wie die Sorge um Gesundheit (insb. in der Diskussion um das Wohnen im Alter ist dies relevant).
- *Die Neuaushandlung von Individualität und Gemeinschaft:* Es sind Wohnformen entstanden, die als gemeinschaftliches Wohnen bezeichnet werden und seit den 1990er Jahren ein wachsendes Phänomen darstellen. Dies sind verschiedene Formen von Hausgemeinschaften, Wohnprojekten, Baugemeinschaften, Themenwohnen u. Ä. (Beck 2012, S. 33), die auf Nachbarschaftlichkeit setzen. Sie sind sowohl Ausdruck von Individualität jenseits einer »Normalbiografie« in einem Haushalt als Kleinfamilie als auch Ausdruck eines Interesses an gemeinschaftlichen Aktivitäten im Zusammenwohnen.
- *Die Veränderung der (Erwerbs-)Arbeitswelt:* Verbunden mit dem Entstehen der Wissensgesellschaft, in der zunehmend die Organisation und Sammlung individuellen und kollektiven Wissens zur Grundlage des Wirtschaftens, aber auch des sozialen Zusammenlebens wird, kommt es

zu einer zeitlichen und räumlichen Entgrenzung, wie es oben bezogen auf den Idealtypus des modernen Wohnens schon erwähnt wurde (u. a. Homeoffice, Co-Working-Spaces, also flexibel eingerichtete Räume, die schnell und vorübergehend genutzt werden). Dadurch hat sich das Verhältnis von Arbeitsräumen und Räumen des Wohnens für einige Bevölkerungsgruppen verschoben und ihre Anwesenheit in der Nachbarschaft verändert (Schnur 2021; Hannemann 2016).

- *Geografische Mobilität:* Auch hier spielen technologische Entwicklungen eine Rolle, die es möglich werden lassen, »multilokal« oder »polytopisch« zu wohnen (Stock 2009). Wohnen wird nicht mehr grundsätzlich als dauerhaft und fix, sondern auch als vorübergehend organisiert. Mit polytopisch ist gemeint, dass Individuen sich nicht mehr unbedingt geografisch an einen Ort gebunden sehen (sesshaft werden, in einer Im*mobilie*), sondern dazu fähig sind, fremde Orte in vertraute zu verwandeln, sich ebenso als Bewohner*in einer bestimmten Stadt zu verstehen, als auch als Europäer*in oder als Weltbürger*in, sich mehrere Orte, die einem Unterschiedliches bedeuten, anzueignen und sich auch wieder von ihnen zu lösen (Stock 2009, S. 114).

Schnur sieht das Konzept der Nachbarschaft eng verbunden mit dem Begriff des (Wohn-)Quartiers, das er als »Mittelpunkt-Ort alltäglicher Lebenswelten und individueller sozialer Sphären« (Schnur 2014, S. 43) beschrieben hat, der im sozialen Handeln hergestellt wird und sich in einem überschaubaren Wohnumfeld zeigt.

Für die Soziale Arbeit ist das *Gemeinwesen* ein weiterer hochrelevanter Begriff, der die Verbindung von Raum und sozialer Teilhabe ausdrückt. Im allgemeinen Sprachgebrauch werden als Gemeinwesen »alle Organisationsformen des menschlichen Zusammenlebens bezeichnet, die über den Familienverband hinausgehen« (Gebert 2023, S. 10). In der Sozialen Arbeit wird meist auf den Begriff Gemeinwesen verwiesen, wie der Sozialpädagoge Wolf Reiner Wendt ihn formuliert hat, und der »erstens Menschen meint, zweitens das Gebiet wohin sie gehören, und drittens das Geschehen des Zusammenlebens am Ort – das lebendige Gemeinwesen im kleinen und im großen« (1989, S. 1). Wie in den Begriffen Kommune und Gemeinde kommt im Gemeinwesen das Territoriale mit interaktiver Gemeinschaftlichkeit derer, die beteiligt sind am Geschehen und Gestalten des Gemeinwesens, zusammen (Richter 2000; May 2008, S. 23).

> **Gemeinwesen (Definition)**
>
> Sabine Stövesand und Christof Stoik definieren das Gemeinwesen als »einen sozialen Zusammenhang von Menschen, der über einen territorialen Bezug (Stadtteil, Nachbarschaft), Interessen und funktionale Zusammenhänge (Organisationen, Wohnen, Arbeit, Freizeit) oder kategoriale Zugehörigkeit (Geschlecht, Ethnie, Alter) vermittelt ist bzw. darüber definiert wird« (Stövesand und Stoik 2013, S. 16).

Das Gemeinwesen meint darüber hinaus auch die öffentlichen Räume des politischen Handelns in Entscheidungsprozessen und deren Ergebnisse. Sowohl das Gemeinwesen in diesem Sinne als auch das Quartier sind Ausgangspunkte für unterschiedliche fachliche und politische Handlungsansätze, um Fragen des Wohnens als soziale Praxis zu bearbeiten, wie noch gezeigt werden wird (▶ Kap. 1.4.3 und ▶ Kap. 2.4).

1.2.2 Gemeinschaftlich Wohnen

In diesem Abschnitt lenken wir den Blick auf die Verknüpfung des Grundbedürfnisses nach Wohnen mit den sozialen Beziehungen im Wohnen in Räumen der Nachbarschaft, des Quartiers, des öffentlichen Raums und somit des Gemeinwesens. Auch wenn das Wohnen, wie gezeigt, eben nicht allein die Privatheit der eigenen Wohnung meint, deutet die Idee *gemeinschaftlichen Wohnens* an, dass es eine Einbindung des Privaten »in bewusst gelebte und selbstgewählte und -gestaltete Nachbarschaft« geben kann. Diese »will/soll/kann über ›normale Nachbarschaften‹ hinausgehen, sich also nicht nur über den gemeinsamen (territorialen) Wohnort konstituieren und die Beziehungsgestaltung nicht dem Zufall überlassen« (Beck 2012, S. 32).

Das *gemeinschaftliche Wohnen* ist insbesondere in Diskussionen über die Zukunft des Wohnens ein aktuelles Thema. Die Sozialpädagogin Sylvia

Beck sieht in Projekten des gemeinsamen Wohnens, Ansätze dazu, Wohnen grundsätzlicher zu verstehen. Sie fasst zusammen:

> **Gemeinschaftliches Wohnen (Definition)**
>
> »In diesen Projekten finden sich Menschen zusammen, die der gemeinsamen Gestaltung von Lebenszusammenhängen in Wohnkontexten besondere Bedeutung beimessen und damit soziale Zusammenhänge, aber auch entsprechende strukturell-räumliche Rahmungen unterschiedlich weitgehend selbstorganisiert gestalten. Sie wollen neben ihrer privaten Wohnsphäre im Zusammenschluss mit anderen und dem hierfür geschaffenen Projektrahmen in einer lebendigen und verlässlichen Nachbarschaft gemeinsam aktiv leben, oft auch darüber hinaus wirken« (Beck 2021, S. 11).

Die Einschätzung der Bedeutung solcher Projekte gemeinschaftlichen Wohnens fällt unterschiedlich aus. Während die einen darin tatsächlich eine Lösung von Problemen der Wohnraumunterversorgung und auch der wechselseitigen Sorge z. B. generationenübergreifend sehen, halten andere die Strahlkraft von Ansätzen gemeinschaftlichen Wohnens für überbewertet (Pätzold 2019). Wichtig erscheint, dass gemeinschaftliche Wohnformen eigentlich nicht neu sind. Mit der Industrialisierung im 19. Jahrhundert wurde es nicht nur notwendig, möglichst schnell und viel Wohnraum für die in die Städte drängende neue Arbeiterschaft zu schaffen, es wurde damit überhaupt erst notwendig, »die Frage nach geeigneten Wohnformen, Organisationsweisen und sozialen Beziehungen im Wohnen« zu stellen (Beck 2021, S. 4 mit Verweis auf Fedrowitz und Gailing 2003). Konzepte von Selbstversorgersiedlungen, sogenannten Kollektivhäusern oder alltagspraktischer sowie kultureller Infrastruktur, die von mehreren Wohneinheiten genutzt wurden, entstanden ebenso in der Zeit wie erste Genossenschaftsgründungen (ebd.). Beck stellt fest:

> »Letztendlich dominierten jedoch bürgerliche Sichtweisen die weiteren Wohnentwicklungen in den jeweiligen Nachkriegsjahren und führten (bis heute) dazu, dass sich Wohnen als ›Modernes Wohnen‹ marktorientiert, bürgerlich und damit auch fokussiert auf (Klein)Familien standardisierte« (ebd.).

In den 1960er und 1970er Jahren prägten Wohngemeinschaften oder Kommunen das Bild gemeinschaftlichen Wohnens. Sie verstanden sich stark als politisches Statement gegen das bürgerliche Wohnen und Zusammenleben und wollten grundlegende gesellschaftliche Veränderungen markieren (ebd.). Dies gilt erstrecht für die Gruppen von Hausbesetzer*innen insbesondere in den Großstädten, die mit ihrem Wohnen in leerstehenden Wohnhäusern gegen Wohnraumknappheit und die Wohnung als Ware protestierten: »Sie formten sich in basisdemokratischen Strukturen und gründeten auch Kultur- und Kommunikationszentren nach den Prinzipien der 1970er Jahre, welche Wohnen, Arbeiten, Kultur und Politik zu vereinen suchten« (ebd., S. 5).

Beck verweist auf eine ganze Reihe von Konzepten gemeinschaftlichen Wohnens, die z. B. als Kommune-Projekte eines hierarchiefreien Zusammenlebens, Ökodörfer oder Siedlungen, die seit den 1980er Jahren entstanden sind, oder Wohnprojekte von Frauen, die im Wohnen Lebensvorstellungen von Gleichberechtigung zu verwirklichen versuchen, oder Projekte für ein angemessenes Leben im Alter, die über eine generationenübergreifende Wohngemeinschaft Selbstbestimmtheit und Teilhabe erhalten bzw. ermöglichen sollen.

International sind solche Wohnformen als »Collective Housing« oder »Collaborative Housing« im englischsprachigen Raum, als »Centraal Wonen« in den Niederlanden oder als »Kollektivhus« in Schweden schon sehr lange bekannt (Beck 2021, S. 5 mit Verweis auf Philippsen 2014). Grundsätzlich lässt sich gemeinschaftliches Wohnen im Spannungsverhältnis von im Wesentlichen drei Perspektiven verstehen: Gemeinschaftliches Wohnen

- »als gelebte Sozialutopie, die eine Gegenwelt zu den gesellschaftlichen Verhältnissen der Spätmoderne markiert,
- als pragmatische alltägliche Lebensführung, die eine Form der aktiven Gestaltung und Bewältigung biographisierter gesellschaftlicher Herausforderungen der Spätmoderne ausdrückt,
- als instrumentalisierte Vergemeinschaftung im Nahraum, die als gezielte Form der Aktivierung zur Lösung gesellschaftlicher Probleme beitragen soll« (Beck 2012, S. 39).

Interessant ist, dass sich für die Beteiligten an den vielfältig vorhandenen Projekten und Initiativen gemeinschaftlichen Wohnens Beck folgend feststellen lässt, dass sie

> »schon immer den Anspruch [hatten], auch über den eigenen Wohnkontext hinaus an der Gestaltung von Lebens- und Wohnzusammenhängen mitzuwirken. Viele öffnen bildlich ihre Türen bewusst nach außen – qua Hauscafé, öffentlich nutzbaren Räumen, Ateliers, Veranstaltungen u. a. – und nehmen dadurch eine aktive Rolle im Gemeinwesen ein« (ebd.).

Dennoch dürfte klar sein, dass die Verwirklichungschancen bzw. Ressourcen, um sich in dieser Weise ein Wohnen nach den eigenen Vorstellungen zu entwerfen, höchst ungleich verteilt sind. Dies gilt auch für die Möglichkeiten und Herausforderungen, sich in Nachbarschaft und Gemeinwesen zu bewegen, sich als Teil davon zu verstehen (▶ Kap. 4.2). Deshalb werden wir im nächsten Abschnitt auf die großräumige Perspektive wechseln und die fachliche Diskussion der Stadt- und Raumforschung und -planung zur ungleichen Verteilung von Wohnraum nachzeichnen.

1.3 Ungleiches Wohnen: Residentielle Segregation

Mit dem Begriff der Segregation wird in der Stadt- und Raumsoziologie die ungleiche Verteilung der Wohnstandorte von sozialen Gruppen in einer Stadt oder einer Region beschrieben.

Residentielle Segregation (Definition)

Von *residentieller* Segregation spricht man, weil die Analyse der Muster der ungleichen Verteilung der Wohn- und Lebensorte unterschiedlicher soziaIer Gruppen sich auf deren statistische Erfassung bezieht (residentiell = auf den Wohnort bezogen) (Dangschat 2014, S. 65).

Setzt man sich mit Wohnen als soziale Frage auseinander, ist nicht nur die ungleiche sozialräumliche Verteilung sozialer Gruppen relevant, sondern auch das Ergebnis, also die räumliche Konzentration bestimmter sozialer Gruppen in bestimmten Teilgebieten, z. B. Stadtteilen, Wohnquartieren oder Siedlungen. In der Stadtforschung wird untersucht, wie das Zusammenleben oder das Wohnen in der Nachbarschaft konkret aussieht, insbesondere wenn es sich um Wohnquartiere handelt, in denen die Wohnbedingungen schwierig sind, die Zusammensetzung der Bewohnerschaft geprägt ist von hohen Anteilen von Arbeitslosigkeit, niedriger Schulbildung oder weiteren Merkmalen, die auf eine eingeschränkte gesellschaftliche Teilhabe hinweisen. Solche Wohnstandorte stehen nicht zufällig im Fokus stadtplanerischer, aber auch sozialarbeiterischer Interventionen. Um zu verstehen, inwiefern residentielle Segregation ein Problem ist und für wen eigentlich, werden in diesem Abschnitt die grundlegenden stadtsoziologischen Ansätze zur Untersuchung von Segregation, ihren Ursachen und Folgen erläutert.

1.3.1 Ursachen von Segregation

Um die Ursachen für Prozesse der Segregation und der Konzentration nachzuvollziehen, ist das Zusammenwirken der folgenden Faktoren entscheidend (Dangschat 2014, S. 64):

- die zunehmende *soziale Ungleichheit* in der Wohnbevölkerung nach Merkmalen wie Einkommen, Schulbildung, berufliche Qualifikation (Merkmale vertikaler soziale Ungleichheit) sowie Alter, ethnische Zugehörigkeit, Geschlecht, soziales Milieu und Lebensstile (Merkmale horizontaler Ungleichheit) und deren Überschneidungen (*Intersektionalität*);
- die *Ungleichheit städtischer Teilgebiete* – dies können ebenso städtische Wohnquartiere oder Stadtteile sein wie Siedlungen und Quartiere in kleinen Städten oder ländlichen Gemeinden – nach den Merkmalen des

1.3 Ungleiches Wohnen: Residentielle Segregation

Wohnraums (Größe, Baualter, Ausstattung), der Infrastruktur des Wohnorts, seiner Erreichbarkeit, Lage und darüber vermittelt Zuschreibungen von Attraktivität als Lebensort (ebd.);
- die *Zuweisungsprozesse sozialer Gruppen zu den Segmenten des Wohnungsmarkts* durch Wohnungsmarktprozesse (Wohnung als Ware), »administrative Zuweisungen, soziale Schließungen in den Verhältnissen Makler*in – Käufer*in, Eigentümer*innen – Mieter*innen und unter Nachbar*innen« (ebd.);
- neben diesen strukturellen Ursachen sind auch die Präferenzen derer, die sich aufgrund ihrer sozialen Lage den Wohnort aussuchen können, von Bedeutung. Daraus ergibt sich vor allem das *Interesse am Zusammenleben ›Gleicher‹*, das sich in der räumlichen Konzentration sozialer Gruppen abbildet. Damit sind sowohl die Herausbildung sogenannter »ethnic communities« gemeint, also Wohnquartiere, in denen Zugewanderten und deren Nachkommen aus dem gleichen Herkunftsland eine große Bevölkerungsgruppe darstellen – als auch die freiwillige Segregation derer, die über die Verbundenheit gemeinsamer Werte den Wohnort teilen und gegen Andere sichern wollen (»gated communities«).

Damit ist die Analyse von residentieller Segregation auch eine Analyse von Stadtentwicklungs- und Wohnungspolitiken und der sich meist überkreuzenden Merkmale sozialer Ungleichheiten in der Wohnbevölkerung. Der Stadtsoziologe Andreas Farwick (2012, S. 381) hat auf die Anfänge der deutschen Segregationsforschung (Friedrichs 1983) hingewiesen und benennt drei Aussageebenen, die in der wissenschaftlichen Diskussion um Segregation eine Rolle spielen: Erstens beschreibt *Segregation* »das Ausmaß der ungleichen Verteilung von Bevölkerungsgruppen über städtische Teilgebiete eines Gebietes (Ebene *Gebiet*)« (Farwick 2012, S. 281). Zweitens ist damit die *Konzentration*, d. h. der »Anteil einer Bevölkerungsgruppe in einem Teilgebiet an der Gesamtbevölkerung des Teilgebietes (Ebene *Teilgebiet*)« zu verstehen. Drittens geht es um die *Räumliche Distanz*, als der »physische Abstand von Personen unterschiedlicher sozialer Gruppen in einem Teilgebiet (Ebene *Individuum*)« (Friedrichs 1983, S. 217).

Auf der »Ebene des Gebietes« (einer Stadt oder einer Region) geht es um Ansätze, die mit Hilfe von sogenannten Segregationsindices, die aus verfügbaren Statistiken abgeleitet werden, Aussagen dazu treffen, wie sich die Wohnstandorte unterschiedlicher Gruppen im Gebiet verteilen. Eine Segregationsforschung der sozialräumlichen Konzentration bestimmter Bevölkerungsgruppen versucht tiefer in die segregierten Wohngebiete hineinzuschauen: Der von dem frühen Stadtsoziologen Robert E. Park (2010 [1925]) und später Roderick D. McKenzie (1974) in den 1920er und 1930er Jahren entwickelte Ansatz der humanökologischen Chicagoer Schule interessierte sich zunächst dafür, wie sich Gruppen von Menschen, die in bestimmten Quartieren einer Stadt konzentriert wohnten, im Alltag selbst organisieren. Dabei ging es um die Ebene des segregierten Wohnquartiers und die Ebene der Personen bzw. der sozialen Gruppen. Farwick sieht diese Ebenen miteinander vermittelt, denn:

> »Da das Ausmaß der Segregation innerhalb einer Stadt auf eine bestimmte Ausprägung der Konzentration von Gruppen in Teilgebieten zurückzuführen ist, muss diese bei einer umfassenden Interpretation des Ausmaßes von Segregation immer mit bewertet werden« (Farwick 2012, S. 281).

Noch wichtiger als die Situation des Zusammenlebens in einem Wohnquartier zu bewerten, wäre es, dieses Zusammenleben und -wohnen zu verstehen, um daraus Schlussfolgerungen für politisches, planerisches oder sozialarbeiterisches Handeln zu ziehen. Zumindest war Robert E. Park mit seinen Studien in den segregierten Quartieren Chicagos am Verstehen des Alltags der Menschen interessiert und hat sich in diesen Wohnquartieren aufgehalten, beobachtet, wie das Wohnen in den Nachbarschaften funktionierte, welche Konflikte entstanden und wie sie gelöst wurden. Die Methode nannte er das »nosing around«, das in jeder Art aufsuchender Sozialer Arbeit durchaus bekannt sein dürfte.

Der Zeit entsprechend ging es bei den Studien der Chicagoer Schule vor allem um die zahlreichen Zugewanderten, die in bestimmten Vierteln der Stadt ankamen und »mit dem Spannungsfeld aus Herkunfts- und Zukunfts-Identifikationen im Alltag zu kämpfen« hatten (Dangschat 2014, S. 66). Interessant ist, dass mit diesem Verständnis von Segregation bereits der Grundstein dafür gelegt wurde, dass bis heute in den USA und Europa vorwiegend eine ethnische Segregation gemeint ist, wenn von Segregation gesprochen wird (die Segregation z. B. nach dem Alter zu analysieren wäre ebenso gesellschaftlich relevant, kommt jedoch seltener vor; Pohl 2012).

1.3 Ungleiches Wohnen: Residentielle Segregation

Methodisch wurde hier allerdings auch die Grundlage für die qualitative, Lebenswelten rekonstruierende und verstehende Sozialforschung und für die Praxis von Sozialraum- und Gemeinwesenarbeit gelegt (▶ Kap. 3.1). In Deutschland hat lange Zeit die quantitative Analyse auf der Aussageebene des Gebietes also zum Ausmaß von Segregation in Großstädten die Diskussion dominiert. Die Erziehungswissenschaftlerin Sandra Landhäuser stellte für den Forschungsstand zur Segregation ernüchtert fest, »wenn Ungleichheit generell auf die Frage nach dem Ausmaß und der Veränderung sozialräumlicher Segregation zugespitzt« werde, kämen unterschiedliche Studien auf ebenso unterschiedliche Antworten – »je nachdem welche Städte zu welcher Zeit in den Blick genommen wurden« (Landhäuser 2009, S. 130) – und sicherlich auch, welchem Segregationsverständnis die Autor*innen gefolgt sind. Diese Form der Erhebung ist bis heute in der Sozialberichterstattung verankert, in der umfangreiche Datenberge entstehen, jedoch die Ebene des Wohnquartiers oder gar der dort lebenden Menschen weitgehend unsichtbar bleiben. In einer Studie zu innerstädtischen Konzentrationen von Migrant*innengruppen stellen die Autorinnen allerdings fest, dass es »nur sehr begrenzt möglich ist, Daten zusammenzustellen, die auf kleinräumiger Ebene Informationen sowohl zum Migrationshintergrund als auch zur sozialen Lage bieten« (Schönwälder und Söhn 2007, S. 6). Umgekehrt ist davon auszugehen, dass Analysen eben auch nur Daten einbeziehen, die kleinräumig, also für Wohnquartiere in Statistiken zur Verfügung stehen, und nicht solche, die aufgrund einer schlüssigen Theorie sozialräumlicher Ungleichheit identifiziert wurden (Alisch 2023, S. 506).

Es ist wesentlich, die strukturellen Ursachen für Segregation – verstanden als die räumliche Konzentration marginalisierter sozialer Gruppen – lokal zu identifizieren und zu analysieren und das in jeder Stadt oder Region

> »spezifische Zusammenwirken wachsender sozialer Ungleichheiten, ungleicher Wohnverhältnisse und den Mechanismen des Wohnungsmarktes, die bestimmten sozialen Gruppen den Zugang zu bestimmten Wohnlagen und -qualitäten zuweisen oder verwehren, herauszuarbeiten« (ebd., S. 508).

Denn Segregation ist nicht nur »ein Abbild sozialer Ungleichheit in den Raum [...], sondern residentielle Segregation ist selbst eine Dimension sozialer Benachteiligung (Dangschat 1998, S. 211).
Diese Benachteiligung zeigt sich konkret in der Teilhabe und am Zugang zu Wohnraum. Eine Zusammenfassung der Wirkmechanismen von Angebot an und Nachfrage nach Wohnungen lieferten Häußermann und Siebel (2004, S. 157 ff.), um die Ursachen für Segregation zu analysieren: Es sind Grundeigentümer*innen, Investor*innen, Kreditinstitute, Stadtplanende, Wohnungspolitiker*innen, Träger des Wohnungsbaus, Vermieter*innen und Maklerfirmen, die darüber entscheiden, wo mittel- und langfristig Wohnraum angeboten wird. Dabei entsteht keineswegs ein einheitlicher Wohnungsmarkt, sondern Wohnungsmarktsegmente, zu denen Menschen unterschiedlich Zugang haben. Die entstehende ungleiche Verteilung des Angebots an Wohnraum führen Häußermann und Siebel auf drei Differenzierungen von Räumen zurück:

Differenzierungen von Räumen

- Die *politische Differenzierung* von Räumen, die mit den Mitteln von Stadtplanung und Wohnungspolitiken »unterschiedliche Wohnqualitäten an verschiedenen Standorten schafft« (ebd.);
- die *ökonomische Differenzierung* über Preisunterschiede zwischen verschiedenen Wohnstandorten und Formen der Ausstattung;
- die *symbolische Differenzierung* »über positive oder negative Etikettierung durch Architektur, städtebauliche Gestaltung, Bebauungsdichte und landschaftliche Qualitäten« (ebd.) und
- die *soziale Differenzierung* von Räumen, welche die Autoren auf die Zusammensetzung der Bewohnerschaft nach ihrem sozio-ökonomischen Status beziehen: »[D]as (hohe oder niedrige) Sozialprestige einer Gegend kann durch gezielte und selektive Preisgestaltung und selektive Wohnungsvergabe (Diskriminierung) modelliert und verfestigt werden« (ebd.).

Die Nachfrageseite der Wohnungsmärkte und ihr Einfluss auf Segregation lässt sich im Grunde schon aus diesen Differenzierungen von Räumen ableiten, setzt doch die Möglichkeit, das Ansehen eines Wohnquartiers über Architektur, Gestaltung, Preis oder Infrastruktur zu steuern, auch immer voraus, dass es Haushalte gibt, die bereit und in der Lage sind, solche Angebote anzunehmen. Insofern sind es also die Ressourcen der wohnraumnachfragenden Haushalte, die es genauer anzuschauen gilt. Ökonomische, kognitive, soziale und politische Ressourcen, wie Häußermann und Siebel es zusammenfassten, sind entscheidend dafür, welche Entscheidungsfreiheiten jemand bei der Wahl des Wohnstandorts hat. Neben einem hohen und sicheren Einkommen (*ökonomische Ressourcen*) fassen die Autoren unter den *kognitiven Ressourcen* die Kenntnisse über den Wohnungsmarkt, das Mietrecht – aber auch über »einschlägige wohlfahrtsstaatliche Bestimmungen« (ebd.) zusammen. Damit rücken auch Haushalte in den Blick, die als Klientel der Sozialen Arbeit zunächst nicht in den Sinn kommen, wenn es um Ressourcen für die Wohnstandortwahl geht.

Einen ähnlichen Hinweis geben sie auch in Bezug auf *politische Ressourcen*, unter die sie ebenso den Zugang zu politischen Eliten der Wohnungs- und Stadtpolitik fassen wie die Kenntnis der Rechtslage zu sozialstaatlichen Ansprüchen, z. B. für Wohngeld oder staatlich geförderte Mietwohnungen. Dies mag aus heutiger Sicht angesichts des massiven Fehlens bezahlbaren Wohnraums insbesondere für Haushalte mit einem geringen Einkommen oder mit Migrationsgeschichte zynisch erscheinen – zumal auch die *sozialen Ressourcen*, hier beschrieben als soziale Netze aus Verwandten, Freund*innen oder Kolleg*innen, die über Informationen verfügen, die bei der Wohnraumsuche helfen könnten, nachweislich schicht- bzw. milieuabhängig sind. Die Frage nach der Wohnstandortwahl beinhaltet auch die Präferenzen der Haushalte. Nun deuten die sozial ungleichen Ressourcen bereits an, dass es für viele Bevölkerungsgruppen angesichts der Wohnraumknappheit kaum eine Rolle spielt, welche Wohnung in welcher Lage und Ausstattung sie bevorzugen. Allerdings leitet sich aus dieser Perspektive ein erstes Kriterium für die stadt(entwicklungs)politischen Diskussionen zu Segregation ab: Häußermann und Siebel haben die Unterscheidung in eine *freiwillige* und *aktive Segregation* gegenüber einer *erzwungenen* oder *passiven Segregation* in die Fachdiskussion eingebracht (Häußermann und Siebel 2004, S. 159). Sie schreiben:

»Das Zusammenspiel von Ressourcen und Präferenzen generiert unterschiedliche Handlungsspielräume bei der Wohnstandortwahl. Wenn vor allem die Präferenzen für Segregation verantwortlich sind, können wir von freiwilliger oder aktiver Segregation sprechen; wenn die Wohnstandortwahl vor allem aufgrund von Restriktionen, also aufgrund der Unmöglichkeit, die eigenen Wünsche zu realisieren, zustande kommt, sprechen wir von erzwungener oder passiver Segregation« (ebd.).

So betrachtet leben also Haushalte mit einem hohen Einkommen, vielen Ressourcen in allen Dimensionen und entsprechend geringen Beschränkungen bei der Realisierung ihres Wohnstandorts »*freiwillig* segregiert, in privilegierter Lage« (Farwick 2012, S. 384) – Haushalte mit geringen Ressourcen leben »gezwungenermaßen« (weiterhin) dort, wo der Mietzins noch gering ist – u. a. deshalb, weil Lage und Ausstattung der Wohnungen und Wohnquartiere unattraktiv für einkommensstärkere Haushalte sind. Diese Unterscheidung führt in der kommunalen Praxis zu einer einseitigen positiven Bewertung freiwilliger Segregation – als sozialräumliche Konzentration von einkommensstarken Gruppen. Dangschat hat an diesem Konzept kritisiert, dass sich Freiwilligkeit und Zwang von Umzügen (in ein bestimmtes Wohnquartier oder aus einem Gebiet heraus) nur schwierig nachweisen lassen. Zudem ist es entscheidend, dass die sozialräumliche Konzentration sozial benachteiligter sozialer Gruppen auch durch einen Fortzug ›der Anderen‹ – die die Ressourcen dafür haben – entsteht: D. h., »die ›Freiwilligkeit des Auszuges‹ der Anderen ist der ›Zwang zur Konzentration‹ der betrachteten Gruppe(n), weil eher statusniedrigere Personen nachrücken« (Dangschat 2014, S. 73). Und wie oben schon angedeutet, bleibt in der Tat die Frage unbeantwortet, wie die ›freiwilligen‹ Rückzüge der oberen Schichten, aber auch nachhaltigkeitsbewusster eher Mittelschichtsangehöriger zu bewerten sind, die sich in Gated Communities (gesicherten abgegrenzten Wohnsiedlungen) oder Formen gemeinschaftlichen Wohnens ausdrücken.

1.3.2 Folgen und Effekte von Segregation

Die stadtpolitisch meist negative Bewertung von Segregation lenkt den Blick entsprechend auf die Debatte um die negativen Einflüsse des Wohnquartiers auf die individuelle Lebenslage der Bewohnerschaft. Zu

1.3 Ungleiches Wohnen: Residentielle Segregation

solchen als Kontext- oder Quartierseffekte bezeichneten Folgen von Segregationen gibt es seit den 1990er Jahren international umfangreiche Forschungen. International sind umweltbedingte, gesundheitliche und infrastrukturelle Wirkmechanismen gut untersucht und stellen den sozialräumlichen Kontext zu den Lebenschancen der Bewohnerschaft her (u. a. Bernard et al. 2007; Alisch und Kümpers 2018).

Farwick hat internationale empirische Befunde zusammengetragen, die andeuten, dass die räumliche Konzentration sozial und ökonomisch benachteiligter Bevölkerungsgruppen in Beziehung stünde zur Wahrscheinlichkeit geringerer Bildungs- und Erwerbschancen, Jugenddelinquenz oder einem schlechteren Gesundheitszustand der Bewohnerschaft, um nur einige Faktoren zu benennen (Farwick 2012, S. 289 ff.; Münch 2010, S. 40 ff.). Unklar ist dabei allerdings meist der zeitliche Bezug, d. h. Fragen zu den Zeiträumen, in denen sich solche Prozesse angenommener zunehmender Benachteiligung vollziehen und in welchem Verhältnis dies zu den Bedingungen des Wohnortes steht, gelten als kaum beantwortet. Münch (2010, S. 47) kommt zu dem Fazit:

> »Wissenschaftlich ist es also keineswegs hinreichend geklärt, ob und gegebenenfalls auf welche Weise das Umfeld eines Wohnviertels die individuellen Lebenschancen seiner Bewohner beeinflusst. Dies gilt für die Wirkungen von Armut und Kriminalität, noch mehr aber für Annahmen bezüglich einer Wirkung des ›ethnisch‹ geprägten Umfelds« (ebd.).

Zudem sind die Phänomene von Ausgrenzung keine räumlichen Problematiken, sie werden dort lediglich sichtbar(er). Es kommt deshalb darauf an, das konkrete soziale Handeln in seinen räumlichen Kontexten als Teil einer sozialen Praxis zu betrachten (Werlen und Reutlinger 2005). Welche Bedeutung der Wohnort für die Lebenslage der Bewohner*innen hat, hängt von der Organisation des Alltags, der Lebensform, dem Lebensalter, den Lebensverläufen und deren Teilhabechancen ab (u. a. Kronauer 2007; Dangschat und Alisch 2012; Volkmann 2012).

Allerdings sind strukturelle Benachteiligungen in der Wohnsituation der Bewohnerschaft bestimmter Wohnquartiere natürlich zu problematisieren, die auch ohne eine genaue Analyse von Kontexteffekten deutlich sind und die Wohn- und Lebenssituation negativ beeinflussen: Unterlassene Investitionen in den Wohnungsbestand, unzureichende und schrumpfende Versorgungs- und soziale Infrastruktur, schlechte ÖPNV-Anbindungen, die Lage der Wohnquartiere (z. b. mit hohen Verkehrs- und Umweltbelastungen) sind als benachteiligende Effekte dokumentiert – ebenso wie die damit verbundene symbolische Benachteiligung durch Stigmatisierung von außen auch durch die Stadtpolitiken selbst, die z. b. unerwünschte Funktionen und Infrastrukturen (z. B. Müllverbrennungsanlagen) nicht zufällig dort ansiedeln, wo die Gegenwehr als geringer angenommen wird und das politische Interesse an den Lebenslagen der Bewohnerschaft gering ist. Sich mit den Einflüssen dieser gewordenen Strukturen und deren Veränderung zu befassen, sollte das Bewusstsein für damit einhergehende Benachteiligungen im Sinne der Ausgrenzung aus Prozessen der Teilhabe an Öffentlichkeit aufgrund fehlender oder eingeschränkter Zugänge schärfen (Alisch 2023, S. 511).

Die Diskussion zu Quartiers- oder Kontexteffekten erweckt oft den Eindruck, als handele es sich bei der Bewohnerschaft der entsprechenden negativ bewerteten Wohnquartieren um eine homogene Gruppe (Schuster und Volkmann 2019, S. 404). Der Chicagoer Stadtsoziologe Roderick McKenzie ging dagegen von der Annahme aus, dass sich zwar für die ökonomische Leistungsfähigkeit der Bewohner*innen eine Homogenität erkennen ließe – nämlich die geteilte Lebenssituation unter Bedingungen von Armut und begrenzten Ressourcen bezüglich der Wohnstandortwahl, sich jedoch in »allen anderen Belangen [...] eine höchst heterogene Aggregation« zeige (McKenzie 1974, S. 110, zitiert nach Dangschat und Alisch 2012, S. 28).

Münch (2010, S. 42) betont, dass zum einen Wohnquartiere, die aufgrund ihres hohen Anteils von Zugewanderten als segregiert gelten, nicht selten multiethnisch sind und zur Kenntnis genommen werden muss, dass »ihre Bewohner häufig nur wenig gemein [haben], außer ihrer Migrationserfahrung« und selbst die ist in hohem Maße unterschiedlich. Jenseits solcher Beschreibungen muss also auch davon ausgegangen werden, dass es sehr verschiedene Interessen gibt, daraus unterschiedliche Konflikte entstehen, die jeweils spezifische Strategien der Intervention brauchen (Ottersbach 2018). Es geht somit um eine Sicht auf Segregationsprozesse, die nicht mit fragwürdigen Methoden die ungleiche Verteilung von Wohnstandorten zu messen versucht, sondern darauf gerichtet ist, was konkret im sozialen Raum der Wohnquartiere geschieht. Dies ist nicht nur ein

Appell an die sozialwissenschaftliche Segregationsforschung (Dangschat 2014; Alisch 2023). Es eröffnet sich hier auch der Anschluss an die Soziale Arbeit und ihre Handlungskonzepte, die in den folgenden Kapiteln dieses Bandes entfaltet werden und es ermöglichen, die Folgen von Segregation für die Subjekte, die Wohnquartiere als Gemeinwesen und die Städte und Regionen als politische Räume einzuschätzen.

In der sozialwissenschaftlichen und mehr noch in der politischen Auseinandersetzung um die Folgen von Segregation zeigt sich, dass soziale Segregation, also die ungleiche Verteilung der Wohnstandorte nach dem sozio-ökonomischen Status, vermischt wird mit Aussagen zu den vermeintlichen Folgen ethnischer Segregation, verstanden als die Konzentration der Wohnorte von Haushalten, die als Migrant*innen, Ausländer*innen, Menschen mit Migrationshintergrund etikettiert werden. Beide Phänomene sind insofern nur schwierig voneinander zu trennen, weil der soziale Status von Zugewanderten in Bezug auf die Einkommenssituation, formale Bildungsabschlüsse, berufliche Qualifizierung und in der Folge ihre Wohnsituation durchschnittlich niedriger ist als in der autochthonen Bevölkerung. Problematisch daran ist u. a., dass auf diese Weise gesellschaftliche Strukturprobleme wie Arbeitslosigkeit, Bildungs- und Arbeitsmarktchancen ethnisiert werden, d. h., es wird – insbesondere kommunalpolitisch – weniger auf die Ursachen dieser Phänomene als vielmehr auf Fragen einer als gefährdet interpretierten Integration von Migrant*innen zu reagieren versucht.

Es wird damit auf die Vermutung reagiert, dass einseitige, auf das eigene Milieu – oder die eigene ethnische Community – begrenzte soziale Kontakte und Erfahrungsräume die Sozialisation negativ beeinflussen und die Existenz negativer Rollenbilder eine Übernahme entsprechender Werte und Normen bedeuten könne (Farwick 2012, S. 393). Inwiefern jedoch in einer digitalisierten Welt soziale Beziehungen und Kontakte im eigenen Wohnquartier noch dominant sind, ist empirisch zu klären und hängt auch vom Lebensalter, der Lebensform und dem Haushaltstyp, in dem Menschen leben, ab.

Wohnquartieren mit einem hohen migrantischen Bevölkerungsanteil werden jedoch auch positive Wirkungen auf die Lebenssituation zugesprochen. Soziale Netzwerke in der lokalen Aufnahmegesellschaft erweisen sich als wichtige soziale Ressource und erleichtern den Zugang zu institutionellen und materiellen Ressourcen (Farwick 2012, S. 389). Versteht man Wohnen als Ausdruck der Situation des eigenen Lebens (Hasse 2009, S. 21) und gehören auch die sozialen Bezüge außerhalb der eigenen Wohnung, die Nachbarschaft, das Wohnquartier, seine Bewohnerschaft und der öffentliche Raum dazu, scheint es in der pauschalen negativen Konnotation ethnischer Segregation einen gewissen Widerspruch in der Idee der (gewünschten) freiwilligen und der (unerwünschten) erzwungenen Segregation bzw. Konzentration zu geben: Werden einerseits soziale Netzwerke im Wohnquartier als wichtige Ressource interpretiert, die es auch räumlich aktiv zu fördern gilt, steht dem die Ablehnung der räumlichen Konzentration von Migrant*innen entgegen, deren soziale Netze – am Wohnort und transnational – als Ausdruck einer »Parallelgesellschaft« oder »als Tendenz zur (freiwilligen!) integrationshemmenden ›Abschottung‹ verurteilt« werden (Dangschat und Alisch 2012, S. 36). Es wird also die

»Freiwilligkeit des Zusammenlebens als Ursache der räumlichen Konzentration von Migrant*innen abgelehnt, ohne Bezug auf die Mechanismen des Wohnungs- und des Arbeitsmarktes zu nehmen. Dies betrifft nicht nur die begrenzten Handlungsspielräume der betreffenden Gruppen, sich den Wohnraum auszusuchen, sondern auch den flexiblen Handlungsspielraum derer, die diese Stadtgebiete aktiv meiden« (Alisch 2023, S. 510).

Deutlich wird auch, dass es die Mehrheitsgesellschaft ist, für die insbesondere ethnische Segregation ein Problem darstellt. Das spiegelt sich auch in den symbolischen Benachteiligungen, die in der Segregationsforschung identifiziert wurden und sich auf das ›Problem‹ der Sichtbarkeit (vieler) Migrant*innen in einem Quartier zeigt.

Ob das Zusammenleben Statusähnlicher in einem Wohnquartier negative oder positive Einflüsse auf die Lebenssituation der Bewohnerschaft hat, ist also ambivalent zu sehen. Sie können Ressourcen des Orts und der lokalen Gemeinschaft bieten, die dabei helfen, Ausgrenzungen zu bewältigen, die aber auch zu weiterer Benachteiligung beitragen können (Kronauer 2007, S. 136; Lingg 2022). Dies herauszufinden, ist mit Berechnungen von Segregationsindizes oder Langzeitstudien nicht möglich und nicht sinnvoll. Vielmehr zeigen sich hier Anknüpfungspunkte zur Sozialen Arbeit, die z. B. mit der Gemeinwesenarbeit daran zu arbeiten hat, Ressourcen hervorzubringen und die Interessen der unterschiedlichen Bewohner*innengruppen mit den staatlich verwalteten Ressourcen zu vermitteln (▶ Kap. 3.2).

1.4 Politiken des Wohnens

Mit dem Thema Wohnen und der nicht zu übersehenden sozialräumlichen Ungleichheit befassen sich nicht nur sehr verschiedene wissenschaftliche Disziplinen von der Stadt-, Raum- oder Wohnsoziologie, die Architektur, Stadtplanung oder die Wohnungsmarktforschung, sondern natürlich sind auch unterschiedliche Politikfelder direkt oder indirekt an den Ursachen (▶ Kap. 1.3) sozialräumlicher Ungleichheit beteiligt und reagieren mit ganz unterschiedlichen Zielsetzungen auf die Prozesse, die wir oben als residentielle Segregation beschrieben haben. In diesem Abschnitt werden wir vier für das Wohnen als soziale Frage besonders relevante politische Perspektiven aufmachen. So wird es zunächst um den seit Jahrzehnten immer wieder in der *Stadtentwicklungspolitik* hervorgehobenen Ansatz gehen, die soziale Durchmischung von Wohnquartieren als Strategie gegen unerwünschte Segregation in Stellung zu bringen (▶ Kap. 1.4.1). Mindestens ebenso relevant ist die *Wohnungspolitik*, die tatsächlich nicht allgemein als Politik des Wohnens gedacht ist, sondern den Wohnraum – als Ware – zu regeln versucht (▶ Kap. 1.4.2). Hier kommt die Soziale Arbeit seit der Einführung des Instruments des Wohngeldes als Akteurin ins Blickfeld. Der Sozialen Arbeit näher, wenn auch aus der Stadtplanung heraus entstanden, sind die seit den 1990er Jahren nach dem Vorbild anderer europäischer Länder wie den Niederlanden, Frankreich oder Großbritannien breit aufgelegten Ansätze, welche die oben erläuterten Prozesse der Entstehung von Räumen der Ausgrenzung und Marginalisierung in Städten über *Raumpolitiken* auf der Ebene der Wohnquartiere zu bearbeiten versuchen (▶ Kap. 1.4.3). Die letzte Perspektive, die wir hier einnehmen werden, skizziert mit dem *Community Organizing* eine Politik von unten, indem Menschen sich selbstermächtigen, ihre Lebensverhältnisse –

und damit auch und gerade ihre Wohnverhältnisse – zu verändern (▶ Kap. 1.4.4).

1.4.1 Stadtentwicklungspolitik: Warum sozial gemischtes Wohnen nicht die Antwort auf Segregation ist

Stadtentwicklungspolitisch wurde schon im ersten Paragraphen (Absatz 5) des Baugesetzbuches als Ziel festgehalten, dass »einseitige Bevölkerungsstrukturen« zu vermeiden sind. Dies gilt rechtlich als »sozialer Missstand«, sofern es sich nicht um eine einseitige wohlhabende Bevölkerungsgruppe handelt. Stabil sollte die Bevölkerungsstruktur sein, so ein weiteres Ziel, das sich über einen sozialen Mix in Wohnquartierebenen herstellen ließe, so die Hoffnung – verbunden mit dem Wunsch, ein gegenseitiges Lernen und entsprechend besseres Verstehen von Menschen in unterschiedlichen Lebenssituationen zu erreichen.

Es ist erwiesen, dass die Bevölkerungszusammensetzung in den meisten als segregiert oder benachteiligt bezeichneten Wohnquartieren nicht wirklich homogen ist (Münch 2010). Die Unterschiede in der Herkunft, des Alters oder der Wohndauer sind häufig Auslöser für Interessenskonflikte, die oft erst dazu führen, dass ein Wohnviertel als ›problematisch‹ oder als ein Gebiet mit ›besonderem Entwicklungsbedarf‹ eingeordnet wird. Als stadtentwicklungspolitische Reaktion gilt die soziale Durchmischung seit Jahrzehnten als Ziel, um Segregation zu verringern. Lingg sieht hier ein zentrales Leitthema wohnungspolitischer Debatten (Lingg 2022, S. 278 ff.), das jedoch sehr umstritten ist. Während es zahlreiche auch sozialwissenschaftliche Argumentationen dazu gibt, dass ein sozial durchmischtes Wohnen Problemen des sozialen Ausschlusses sozialer Gruppen und einem »Auseinanderdriften der Stadtgesellschaften« (Harlander und Kuhn 2012, S. 8) entgegenwirken könnte, wird auf der Grundlage jahrzehntelanger Praxiserfahrung mit diesem Leitziel dagegengehalten, dass zu viele Fragen bezüglich der sozialen Mischung sehr unklar seien.

Es gibt kaum Beispiele dafür, dass eine soziale Mischung erfolgreich Segregation beseitigt hätte und es konnte bisher nicht nachgewiesen werden, dass sich durch ein durchmischtes Wohnen die Teilhabechancen oder

1.4 Politiken des Wohnens

die Lebenslage sozio-ökonomisch benachteiligter und/oder marginalisierten Bevölkerungsgruppen positiv verändert hätten. Im Gegenteil, es ist fraglich, in wessen Interesse es wäre, mit Menschen Tür an Tür zu wohnen, den Alltag und den lokalen öffentlichen Raum zu teilen, die deutlich andere Interessen, Konsumverhalten und -möglichkeiten, Ansprüche an lokale soziale Infrastruktur usw. haben. Zu erwarten ist, dass sich starke Interessen, vermittelt über Geld, Bildung und/oder soziale Vernetzung bei der entsprechenden Gestaltung des gemischten Zusammenlebens durchsetzen. Wenn das nicht gelingt, ist davon auszugehen, dass der Wohnungsmarkt und die individuellen Handlungsspielräume darüber entscheiden, eine alternative Wahl auf dem Wohnungsmarkt zu treffen. Darauf werden wir unter dem Begriff Gentrifizierung noch zurückkommen.

Hinter der Idee, dass es positive Folgen für alle habe, wenn unterschiedliche soziale Gruppen in einem Wohnquartier zusammenwohnen, steht die sogenannte Kontakthypothese. Diese von dem Sozialpsychologen Gordon Allport im Jahr 1954 aufgestellte Annahme besagt, dass der Kontakt zwischen Mitgliedern unterschiedlicher sozialer Gruppen – unter bestimmten Voraussetzungen – Vorurteile und Konflikte zwischen den Gruppen reduzieren könnte (Allport 1954). Häufige, alltägliche soziale Kontakte könnten zu wechselseitigem Verstehen beitragen und aus räumlicher Nähe würde auch soziale Nähe entstehen, so die Schlussfolgerung. Die Baustruktur von neuen Wohnsiedlungen mit einem Mix aus Ein- und Mehrfamilienhäusern als Eigentum oder zur Miete sind Versuche, sehr unterschiedliche soziale Gruppen als zukünftige Nachbar*innen anzusprechen. Festzuhalten ist, dass die milieu- oder schichtenübergreifenden Kontakte entstehen *können*, aber *nicht müssen* (Alisch 2022).

Inwiefern das Zusammenwohnen zwischen statusniedrigen und statushöheren, einkommensstärkeren Haushalten in einem sozial durchmischten Wohngebiet vorteilhaft ist, wird damit nicht geklärt: »Räumliche Nähe allein führt eben nicht automatisch und überall zu gegenseitigem Verständnis und Toleranz, sondern erzeugt auch Verunsicherung und Ängste« (Spiegel 2001, S. 76). Zudem kann festgestellt werden, dass sich »engere Sozialbeziehungen weit mehr an sozialer und kultureller Homogenität als an räumlicher Nachbarschaft orientieren« (ebd.). Bestenfalls sei in solcher Nachbarschaft mit Gleichgültigkeit gegenüber den Anderen zu rechnen.

Zudem hatte Allport für seine Kontakthypothese einige Voraussetzungen benannt, die möglichst erfüllt sein sollten, damit seine Annahme zutrifft:

- Die unterschiedlichen Gruppen sollten den gleichen sozio-ökonomischen Status haben,
- gemeinsame Ziele in der alltäglichen Lebensführung oder innerhalb gemeinsamer Institutionen teilen, und
- es sollte die Möglichkeit zu intensiveren sozialen Kontakten gegeben sein.

Diese Voraussetzungen sind in den Diskussionen um eine soziale Durchmischung von Wohnquartieren nicht berücksichtigt worden. Die kontroverse Diskussion um soziale Durchmischung als Möglichkeit, Segregation und ihre befürchteten Folgen zu vermindern, hatte der Soziologe Peter Bartelheimer bereits im Jahr 1998 gefordert.

»Wir verzichten auf den Versuch, Menschen im städtischen Raum zu bewegen. Wir akzeptieren, wo sie heute wohnen, ob gemischt oder entmischt, und bearbeiten die sozialen Risiken benachteiligter Gruppen und die Mechanismen sozialen Ausschlusses […].«

Bezogen auf Wohnquartiere, in denen unterschiedliche soziale Gruppen, die allenfalls der Wohnort und ein eher niedriger sozio-ökonomischer Status eint, gibt es erprobte Ansätze, Vorbehalte (z. B. zwischen Alteingesessenen und Zugezogenen, zwischen Ein- und Mehrheimischen) abzubauen, indem soziale Orte geschaffen werden, die es ermöglichen, gemeinsame Interessen zu entwickeln und so das Zusammenleben als Gemeinwesen zu stärken. Wie Menschen dabei unterstützt werden können, die Perspektive der jeweils anderen einzunehmen, sie zu verstehen und entsprechend gemeinsame Interessen im und für das Wohnquartier zu entwickeln, ihre Lebensentwürfe und die damit verbundenen Ansprüche an das Wohnen zu formulieren, wird in Kapitel 3.2 vertieft (▶ Kap. 3.2).

1.4 Politiken des Wohnens

Mit dem Leitziel eines sozial gemischten Wohnens geht es also noch um etwas anderes: Verbunden mit dem Ziel, der politisch unerwünschten Konzentration benachteiligter sozialer Gruppen etwas entgegenzusetzen, wird die Veränderung der Zusammensetzung der Wohnbevölkerung angestrebt (Faßmann und Franz 2015). Das betrifft die soziodemografische (Alter, ethnische Herkunft) und die sozio-ökonomische Struktur (Einkommen, Bildungsabschluss, beruflicher Status).

Die Stabilisierung eines Wohnquartiers bezieht sich also nicht unbedingt darauf, die Lebenssituation der vorhandenen Wohnbevölkerung zu stabilisieren und zu konsolidieren, sondern auch auf gesteuerte Zu- und Fortzüge. Hier sehen Faßmann und Franz insbesondere Mittelschichtshaushalte im Fokus der Politik (2015, S. 196). Das zeigt sich in der US-amerikanischen, aber auch in der deutschen Diskussion zur Stadtentwicklungsplanung. Angenommen wird, dass die Anwesenheit von Mittelschichtshaushalten in der Nachbarschaft sowie deren Konsumansprüche und die ihnen folgenden Infrastrukturen neue Erwerbsmöglichkeiten für die ›urban poors‹ böten. Behauptet werde weiter, dass lokale demokratische Prozesse dann von den Interessen *aller* Bevölkerungsgruppen und sozialen Schichten geprägt seien und sich die Mischung im Alltag schon einstelle – was ungewiss ist, wie oben schon gezeigt wurde.

Das Ziel, eine soziale Durchmischung zu erreichen, indem Mittelschichtshaushalte zum Zuzug in bestimmte Wohnviertel motiviert werden, passt zu einer veränderten Nachfrage nach Wohnraum, die mit dem Prozess der »Reurbanisierung« oder auch als »Renaissance der Stadt« beschrieben wird. Diese ist als ein neuer Leittrend des Wohnens seit Beginn des 21. Jahrhunderts zu beobachten (Frank 2020, S. 303 f.). Nachdem über einen langen Zeitraum das Wohnen am Stadtrand mit viel Grün und weniger Verkehr ein ausgeprägter Wohntrend war, wird für unterschiedliche Bevölkerungsgruppen wieder das Wohnen in den Städten bevorzugt (Hannemann 2018, S. 2926). Hier sind junge Familien, Studierende, Jungakademiker*innen ebenso gemeint wie Baugenossenschaften bzw. Wohnprojekte oder ältere Menschen, die sich den Wohnraum in der Stadt leisten können. Für das innerstädtische Wohnen sind in den letzten Jahren insbesondere zwei Typen von Wohnraumangeboten entstanden: Das »Lifestyle-Wohnen‹ für die ›weltläufigen Stadtbewohner‹, die Wert auf ›außergewöhnliche, großzügige Wohnungen in urbaner Umgebung mit hohem Freizeit-Wert‹ legen. Zum anderen boomt der urbane Eigenheimbau für Familien« (Frank 2020, S. 306), der entsprechend von der Stadtentwicklungspolitik unterstützt wird. Solche Prozesse hängen auch immer vom jeweiligen Kontext, d. h. von der städtischen Politik und deren Handlungsspielräumen im Bereich des Wohnens ab.

Soziale Durchmischung erweist sich somit als Ausdruck einer Aufwertungsstrategie. Hierfür steht der Begriff der »Gentrifizierung«. Ursprünglich wurde Gentrification von der britischen Soziologin Ruth Glass 1963 geprägt, die damit zum Ausdruck bringen wollte, dass in einem Londoner Stadtteil zunehmend Haushalte mit einem höheren sozio-ökonomischen Status zuzogen. Der Begriff ist abgeleitet vom englischen Wort für den niederen englischen Landadel – die gentry.

Glatter und Mießner (2021) haben im wissenschaftlichen Diskurs weitere Interpretationen des Gentrifizierungsbegriffs identifiziert, die unterschiedliche Elemente des Prozesses betonen. Sie sehen allerdings zwei Aspekte über alle Interpretationen hinweg als verbindend.

Gentrifizierung (Definition)

»Erstens ist Gentrifizierung immer mit der immobilienwirtschaftlichen Aufwertung eines Quartiers verbunden. Zweitens ist allen Interpretationen gemein, dass Gentrifizierung durch den Austausch einkommensschwacher und marginalisierter durch einkommensstarke und statushohe Bevölkerungsgruppen gekennzeichnet ist. Diese beiden Aspekte lassen sich daher als Grundverständnis des Gentrifizierungsbegriffs charakterisieren (Glatter und Mießner 2021, S. 13).

Deutlicher als zur Reurbanisierung wird in der Diskussion zur Gentrifizierung herausgestellt, dass der Wohnungsbestand in baulich und von der Lage her attraktiven Wohnvierteln für den Zuzug einkommensstärkerer Haushalte so aufgewertet wird, dass Haushalte mit niedrigeren Einkommen sich den Wohnraum nicht mehr leisten können und aus dem Wohnquartier verdrängt werden. Gentrifizierung ist deshalb längst von einem stadtsoziologischen Fachbegriff der 1980er und 1990er Jahre zu einem wohnraumpolitischen Kampfbegriff geworden, denn er steht auch für die Verdrängung sozio-ökonomisch benachteiligter Haushalte an die günstigeren Ränder der Städte (z. B. Holm 2009).

In Untersuchungen konnte gezeigt werden, dass eine Verdrängung nicht erst mit dem Umzug der nicht mehr mietzahlungsfähigen Wohnbevölkerung beginnt. Vielmehr gehört zu einem solchen Vertreibungsprozess bereits das Umdeuten von Normen und Gepflogenheiten des Umgangs miteinander in einem Wohnviertel sowie durch die sukzessive Übernahme der vor Ort vorhandenen Institutionen wie Kirchengemeinden, Vereinen oder Elterninitiativen (Eckardt 2018, S. 19) und weitet sich aus über neue Läden oder die Angebote und Preise vorhandener Läden und Gewerbebetriebe, die sich der neuen Nachfrage anpassen, und weiter auf die Preise für freiwerdenden Wohnraum.

1.4.2 Wohnen als Ware oder was man über Wohnungspolitik wissen sollte

Die ungleiche Verteilung der Wohnstandorte unterschiedlicher sozialer Gruppen, also Segregation, ist das Ergebnis von Wohnungsmarkt und Wohnungspolitik. Die Herstellung von Wohnraum ist »auf die begrenzte Ressource Boden angewiesen« (Schönig und Vollmer 2020, S. 181) und »ist ein grundsätzlich immobiles und endliches Gut, das zwangsläufig gerade dort besonders knapp ist, wo es am meisten nachgefragt wird« (ebd.). Verschiedene »rechtliche Instanzen« regeln den Zugang zu Wohnraum und seiner Nutzung. Dies sind Kaufverträge, Steuerregelungen, das Mietrecht, bezogen auf das Zusammenleben in der Nachbarschaft auch Regelungen in Form von Hausordnungen oder zur Nutzung des öffentlichen Raums im Umfeld einer Wohnung (Hannemann 2018, S. 2922). Die Einschränkungen und die unterschiedlichen Handlungsspielräume auf der ›Nachfrageseite‹ des Wohnungsmarkts hatten wir schon ausgeführt (▶ Kap. 1.3.1).

Andrej Holm beschreibt den »Doppelcharakter« von Wohnungen, der sich aus ihrem *Gebrauchswert* und aus ihrem *Tauschwert* ergibt. Der Gebrauchswert einer Wohnung, also die Nützlichkeit einer Wohnung lässt sich mit ihrer Größe, Qualität und Ausstattung beschreiben. Ihr Tauschwert bemisst sich in ihrem Preis – ob im Verkauf oder der Vermietung.

Holm (2020, S. 74) sieht hier ein zentrales Konfliktfeld im Wohnungsmarkt, über den man das Grundbedürfnis nach Wohnen befriedigen können soll. Die Interessen an einer Wohnung sind höchst verschieden: »Während Mieter*innen vor allem an einer Verbesserung der Gebrauchsqualitäten ihrer Wohnungen interessiert sind, orientieren sich ökonomisch rational handelnde Eigentümer*innen an der Maximierung der Mieteinnahmen bzw. Verkaufspreise« (ebd.).

Man kann sagen, dass sich Gebrauchswert und Tauschwert der »Ware Wohnung« voneinander entkoppelt haben, denn die Preise steigen nicht nur, wenn die Qualität einer Wohnung verbessert wird, sondern auch allein durch ihre Lage oder ein geringes Angebot. Wohnungspolitik kann deshalb mit Holm (2020, S. 75) als der andauernde Versuch verstanden werden, durch gesetzliche Rahmensetzungen (Mietrecht, Baurecht, Wohngeldregelungen) dieses Missverhältnis zu regulieren. Er verdeutlicht jedoch, dass sich dieser Konflikt nicht auflösen lässt, solange sich die Interessen der Wohnraumnachfragenden und der Wohnraumanbietenden nicht verändern:

»Eingriffe in den Wohnungsmarkt sind also immer eine Balance von widersprüchlichen Interessen und damit Ausdruck von Machverhältnissen in Städten« (ebd.)

Grundsätzlich ist Wohnungspolitik die Summe der ordnungs- und leistungspolitischen Maßnahmen, mit denen auf die Produktion, Verteilung und Bewirtschaftung von Wohnungen Einfluss genommen wird (Harlander 2018, S. 2954). Die Ziele von Wohnungspolitik bewegen sich immer in dem Spannungsverhältnis, einen marktwirtschaftlichen Rahmen für das Wohnraumangebot zu bieten und gleichzeitig ein angemessenes, menschenwürdiges Wohnen aller durch sozialstaatliche Eingriffe zu ermöglichen (ebd.).

Historisch betrachtet, sind sozial- und wohnungspolitische Maßnahmen als Lösungsansätze für die ›Arbeiterwohnungsfrage‹ ergriffen worden, die aus den »katastrophalen und gesundheitsgefährdenden Wohnverhältnissen für die unteren Klassen in den ›Mietskasernen der Großstädte‹ als Folge der raschen Industrialisierung und Urbanisierung in der zweiten Hälfte des

1.4 Politiken des Wohnens

19. Jahrhunderts aufkam« (ebd., S. 2955). Die Wohnungsfrage, die Friedrich Engels in dieser Zeit formulierte, ergab sich aus dem widersprüchlichen Verhältnis zwischen Wohnen als sozialem Grundbedürfnis – oder Menschenrecht – und als Ware, »das sich durch die kapitalistische Organisation von Boden- und Wohnungsmärkten ergibt« (Schönig und Vollmer 2020, S. 181).

Der Beginn umfassender sozialstaatlicher wohnungspolitischer Maßnahmen und Regelungen wird auf die Zeit nach dem Ersten Weltkrieg datiert (Harlander 2018, S. 2955). Das Wohnungswesen wurde zentral organisiert und zu den kriegsbedingten Notlagenregelungen kamen nun Maßnahmen hinzu, die »den Charakter der Wohnung als Sozialgut« stärkten (ebd.). Maßnahmen wie die Wohnraumbewirtschaftung, eine Mietpreiskontrolle und der Mieter*innenschutz charakterisierten die Wohnungspolitik dieser Zeit.

Nach dem Zweiten Weltkrieg wurde angesichts der Kriegszerstörungen und Flüchtlingsströme der Wohnungsbau zum zentralen Ziel der Wohnungspolitik. Dabei wurde der soziale Wohnungsbau zum wichtigsten wohnungspolitischen Instrument (I. WoBauG) (ebd., S. 2956). Der Architektur- und Wohnsoziologe Tilmann Harlander charakterisiert dies als einen »in der deutschen Geschichte beispiellosen Erfolg«, denn es wurden zwischen den Jahren 1950 und 2001 von den 24 Millionen in diesem Zeitraum gebauten Wohnungen 9 Millionen im sozialen Wohnungsbau erbaut (ebd., S. 2957).

Mit dieser »Objektförderung«, also der Förderung der Gebäude bzw. Wohnungen, wurde für den Bau ein Darlehen gewährt und eine zeitlich befristete sogenannte Sozialbindung auferlegt, die mit nach oben begrenzten Mietpreisen Zugang zu Wohnraum auch für Haushalte mit geringerem Einkommen ermöglichte. Mit Ablauf dieser Bindung konnten Träger des sozialen Wohnungsbaus, private und öffentliche Wohnungsunternehmen, den Wohnraum frei am Wohnungsmarkt anbieten. Grundsätzlich war die Förderung der Wohnobjekte bzw. der Bauträger jedoch auf die Versorgung »breiter Schichten des Volkes« (§ 1 I. WoBauG) ausgerichtet – auch auf die wachsende Mittelschicht (Schönig und Vollmer 2020, S. 188).

Ergänzt wurde die Wohnraumförderung durch das Instrument des Wohngeldes (insb. Mietzuschüsse nach dem WoGG). Diese »Subjektförderung« war jedoch weniger die Antwort auf ein sozialpolitisches Problem, vielmehr haben sich im Laufe der Zeit die Preisvorteile des sozialen Wohnungsbaus gegenüber dem sogenannten freifinanzierten Wohnungsbau verringert und eine neoliberale Politik setzte sich durch. Die Wohnungspolitik sollte sich nun darauf beschränken, nur Menschen zu unterstützen, die sich nicht selbst auf dem Wohnungsmarkt angemessen versorgen können. Die sich kontinuierlich weiterentwickelnden gesetzlichen Regelungen des Wohngeldes sollten und sollen vor allem die Berechtigung für diese Unterstützung kontrollieren. Entsprechend werden die Ansprüche auch mit Leistungen aus der Sozialgesetzgebung abgeglichen. Dem voraus ging eine politische Debatte um sogenannte »Fehlbeleger« (Personen, die Kriterien für die Belegung einer »Sozialwohnung« nicht oder nicht mehr erfüllen, z. B. weil ihr Einkommen gestiegen ist oder der Haushalt sich verkleinert hat). Die Einführung der »Fehlbelegungsabgabe« wurde schnell wieder eingestellt, weil der Zielkonflikt zu der eigentlich ebenso angestrebten »sozialen Durchmischung« (▶ Kap. 1.4.1) erkannt wurde.

Mit dem Regierungswechsel im Jahr 1982 und der Dominanz einer neoliberalen Politik wurde die Objektförderung im sozialen Wohnungsbau weitgehend eingestellt (Harlander 2018, S. 2958). Damit begann die Deregulierung des Wohnungsmarkts. Der soziale Wohnungsbau spielte politisch keine Rolle mehr, man nahm ohnehin an, dass Wohnungsnot der Vergangenheit angehört und sich die Wohnungsfrage nicht mehr stellte. Die umfangreichen Privatisierungsaktivitäten im Bereich öffentlicher Wohnungsbestände, die Kürzung der Fördervolumen des sozialen Wohnungsbaus und die Liberalisierung des Bau- und Mietrechts haben zu einer weitgehenden Auflösung der wohlfahrtsstaatlichen Elemente der Wohnungsversorgung geführt (Holm 2019). Darunter ist auch die Gemeinnützigkeit von Wohnraum zu fassen, die 1990 aufgehoben wurde, und die Wohnungen, deren Mieten bis dahin an eine Obergrenze und eine soziale Belegung gebunden waren, dem freien Wohnungsmarkt überlassen wurden. Butterwegge stellt 2023 fest:

> »Immobilien sind zu einem Spekulationsobjekt geworden, das primär unter Renditegesichtspunkten betrachtet und mit einem möglichst hohen Profit schnell weiterveräußert wird. Gleichzeitig sinkt die Zahl der Sozialwohnungen seit mehreren Jahrzehnten kontinuierlich. Momentan fallen jährlich dreimal

1.4 Politiken des Wohnens

mehr Sozialwohnungen aus der Mietpreis- und Belegbindung heraus, als neu hinzukommen« (ebd., S. 5).

Diese Entwicklungen führen seit den 1980er und 1990er Jahren zu jenen Prozessen, die wir oben als Gentrifizierung beschrieben haben (Verknappung preisgünstiger Mietwohnungen, Verdrängung der weniger zahlungskräftigen Wohnbevölkerung, Harlander 2018, S. 2958). In der gleichen Zeit wurde das Mietrecht liberalisiert und der Kündigungsschutz gelockert. Weitere Reformen des Mietrechts erleichterten ab 2013 auch Zwangsräumungen, wenn der »Mietenwahnsinn« von Haushalten mit geringem Einkommen nicht mehr zu bewältigen war (Butterwegge 2023, S. 4).

»In der Subjektförderung kam es 2005 durch die sogenannte Hartz-IV-Reform zu einer Umstellung, aus der eine erhebliche Verringerung der Zahl der Wohngeldempfänger resultierte. Der besondere Mietzuschuss für Sozialhilfeempfänger wurde für die Empfänger des Arbeitslosengeldes II (ALG II) durch die Übernahme der Kosten der Unterkunft ersetzt. Ein weiterer Einschnitt erfolgte mit der Föderalismusreform 2006, mit der die soziale Wohnraumförderung ganz in die Hand der Länder überging« (Harlander 2018, S. 2960).

In der weiteren Entwicklung wurde die Wohnungspolitik in Deutschland dezentralisiert und ist in Länderwohnungsbaugesetzen und kommunal verantworteten Wohnraumversorgungskonzepten (nach § 3 WoFG) verankert. Diese Form der dezentralisierten Wohnungspolitik erklärt die sehr unterschiedlichen Probleme der Wohnraumversorgung in den Städten und Regionen und unterstreicht – so Harlander (2018, S. 2960) – die »Notwendigkeit einer Regionalisierung der Wohnungspolitik«.

Zudem wurde mit der Wohnraumförderungsgesetzgebung auch der Wohnraum im Bestand einbezogen. Stadterneuerungsprogramme – insbesondere in den lange vernachlässigten innerstädtischen Wohnquartieren der großen Städte – kennzeichnen die 1970er bis 1990er Jahre. Der Zusammenhang zwischen diesen bewussten Aufwertungspolitiken und der Verdrängung der dort wegen der niedrigen Mieten lebenden Bevölkerungsgruppen, drängt sich auf, müsste allerdings differenziert betrachtet werden.

Die in den 2000er Jahren wieder deutlich zunehmenden Wohnungsnotstände gerade in den großen Städten sowie Preis- und Mietsteigerungen, markieren die »Wiederkehr der Wohnungsfrage« (Holm 2014; 2019), auf deren Beantwortung Wissenschaftler*innen, wohnungspolitische Initiativen, Mieter*innenorganisationen und Wohlfahrtsverbände drängen. Die Studie zum »Bauen und Wohnen in der Krise« (Günther 2023, S. 20) hatte einen Wohnungsbau von 350.000 bis 400.000 Wohnungen pro Jahr als erforderlich errechnet (das Defizit an Wohnungen wurde für 2022 und 2023 auf etwa 700.000 Wohnungen beziffert, ebd.). Dabei wurde berücksichtigt, dass die schon vorhandenen Wohnraumlücken abgebaut werden, die sich durch den demografischen Wandel ergebenden Bedarfe an Wohnraum abgedeckt werden (die Anzahl der Haushalte, insb. Einpersonenhaushalte steigen) und solche Wohnungen ersetzt werden müssten, die nicht mehr zu sanieren sind. Dies gilt für ca. zehn Prozent des Wohnungsbestands (ebd., S. 41).

Die Autoren der Studie, die im Auftrag des »Verbändebündnisses ›Soziales Wohnen‹« (bestehend u. a. aus Gewerkschaften, Wohlfahrtsverbänden, Mieterbund) entstanden ist, stellen fest, dass der Wohnungsmangel vor allem zur Ausgrenzung bestimmter sozialer Gruppen vom Wohnungsmarkt führt. Die Zielgruppen der Wohnraumförderungsgesetze der Bundesländer sind

> »in der Regel Familien, Alleinerziehende, sonstige Haushalte mit Kindern, Alleinstehende, Schwangere, junge kinderlose Haushalte, Senioren, Menschen mit Behinderungen, Haushalte mit geringem Einkommen und Haushalte mit besonderen Schwierigkeiten bei der Wohnraumversorgung, die jedoch kaum noch erreicht werden, da auch andere Haushalte mit einem Einkommen, das unter der Einkommensgrenze liegt, die zur Förderung berechtigt, bevorzugt würden« (ebd., S. 16).

Je knapper das Angebot an Wohnungen in den infrage kommenden Segmenten des Wohnungsmarkts ist, desto schwieriger ist es für diese Haushalte, sich noch mit angemessenem Wohnraum zu versorgen (ebd.).

In der Summe sind die wohnungspolitischen Entwicklungen der letzten Jahrzehnte wesentliche Ursachen für die Versorgungsdefizite, gerade für Haushalte mit geringem Einkommen. Diese Entwicklung ist wie beschrieben gekennzeichnet von der umfangreichen Privatisierung der einst öffentlichen Wohnungsbestände, der Kürzung der Fördervolumen des sozialen Wohnungsbaus und der Liberalisierung des Bau- und Mietrechts (Holm 2018, S. 5). In der damit verbundenen weitgehenden Auflösung der wohlfahrtstaatlichen Elemente der Wohnungsversorgung sieht Egner einen Wechsel »von der Wohnungspolitik zur Wohnungsmarktpolitik« (2014, S. 18).

1.4.3 Schöner Wohnen im Quartier: Raumpolitiken

Seit den 1980er und 1990er Jahren wurden unter dem Begriff der *Sozialen Stadtentwicklung* in Deutschland und zuvor europaweit Politikansätze umgesetzt, in denen das Wohnquartier zur Handlungsebene im Umgang mit Segregation, vor allem aber mit der wahrgenommenen räumlichen Konzentration als sozial benachteiligt erkannter sozialer Gruppen wurde. Bei diesen Ansätzen, die zunächst in den Niederlanden, Frankreich und Großbritannien entwickelt wurden, standen Ideen des lokalen Empowerments und der Beteiligung der Bewohnerschaft an der Entwicklung ihrer Wohnquartiere als Handlungsziele im Vordergrund. Gleichzeitig sollten die Ressourcen der unterschiedlichen Ressorts der Stadtverwaltungen auf solche Räume und Quartiere, die als »Soziale Brennpunkte«, »Problemquartiere« oder »benachteiligte Stadtteile« bezeichnet wurden, gerichtet werden.

Die negativen Labels der Gebiete, in denen die Politik greifen sollte, erwiesen sich als äußerst kontraproduktiv im »politischen, wissenschaftlichen und alltäglichen Diskurs«, der den Begriff »Quartier als eher neutral und nicht negativ besetzt« (Deffner und Meisel 2013, S. 7) fasste und auch deshalb bevorzugte. Versucht wurde, die Überschaubarkeit der räumlichen Einheit Wohnquartier hervorzuheben und die territorialen (das Gebaute, das historisch Gewachsene), aber auch die sozialen Strukturen zu verbinden mit funktionalen Merkmalen (»als Ort der Realisierung alltäglicher Lebensvollzüge – vor allem des Wohnens«; Steinführer 2002, S. 3) eines Wohnquartiers. »Die Perspektive der Bewohnerschaft taucht in den meisten Definitionen nur in Bezug auf die Abgrenzung von Quartieren auf, die je nach subjektiver Wahrnehmung variieren kann« (Alisch 2023, S. 514).

1 Wohnen und sozial-räumliche Ungleichheiten

> **»Soziale Stadt – Stadtteile mit besonderem Entwicklungsbedarf«**
>
> Die Politik des Quartiersansatzes wurde in Deutschland seit dem Jahr 1999 mit dem von Bund und Ländern finanzierten Förderprogramm »Soziale Stadt – Stadtteile mit besonderem Entwicklungsbedarf« sowie weiteren auf Bildung, lokale Wirtschaft und/oder Beschäftigung zielende verwandte Programme umgesetzt. Bis zum Jahr 2019 wurden 965 entsprechende Maßnahmen in 544 Städten und Gemeinden aus dem Programmtopf gefördert. Seit dem Jahr 2020 wird das Programm mit anderer Konnotation als »Sozialer Zusammenhalt – Zusammenleben im Quartier gemeinsam gestalten« weitergeführt.

Grundsätzlich ist der Quartiersansatz als dezentrale Strategie zu verstehen, um mit themen- und ressortübergreifendem Handeln und Finanzieren von Maßnahmen, der Kooperation und Vernetzung aller institutionellen Akteur*innen und Bürger*innenbeteiligung auch eine Verantwortungsteilung zwischen Staat, Markt und dem informellen Sektor der Zivilgesellschaft mit ihren jeweiligen Problemlösungskompetenzen zu erreichen (Alisch und May 2022, S. 268). Für diese in den Städten und Kommunen spätestens seit den 2000er Jahren in vielen Handlungsfeldern angestrebten Ziele steht der Begriff der Governance als Weiterentwicklung bisheriger Steuerungsansätze (dazu ausführlich Schubert 2022, S. 119–229).

Aus dem Versuch, diese unterschiedlichen Ziele von Gebietsaufwertung, Lebenssituationsverbesserung und Verwaltungsmodernisierung gleichzeitig und nahezu einzig aus dem Quartiersansatz heraus zu erfüllen, führte zu Kritik. Die Kommunalpolitik und -verwaltung kämen ihrer »Aufgabe einer horizontalen Vernetzung der relevanten Fachressorts« (Litges et al. 2005, S. 568) nicht immer nach und Problemlagen sowie Integrationsleistungen wurden auf die Quartier- bzw. Projektebene verlagert (ebd.).

Als Instrument, die komplexen Aufgaben von Vernetzung und Kooperation innerhalb der Wohnquartiere sowie in und zwischen den verschiedenen Verwaltungseinheiten in den Kommunen zu bewältigen, wurde das sogenannte *Stadtteil-* oder *Quartiersmanagement* etabliert. Dies wurde verstanden als »strategischer Ansatz zum systematischen Aufbau von selbsttragenden sowie nachhaltig wirksamen personellen und materiellen Strukturen zur Entwicklung eines Quartiers« (Difu 2002, S. 34). Das Quartiersmanagement sollte die Prozesse steuern, koordinieren und umsetzen. Der Sozialarbeitswissenschaftler Wolfgang Hinte sah im Quartiersmanagement eine »kommunalpolitische Strategie zur Unterstützung benachteiligter Wohnquartiere«. Andere beschreiben das Quartiersmanagement vor allem als intermediäre Instanz (Evers 1990), die »eine gewisse Neutralität wahren und somit nicht staatlich, aber auch nicht privatwirtschaftlich organisiert sein« sollte (Alisch und Dangschat 1998, S. 198). Ob als Strategie, Instrument oder Ausdruck eines Politikansatzes hat Quartiersmanagement unterschiedliche, gar widersprüchliche Ansprüche der Institutionen, der Politik und der Interessensgruppen der Bewohnerschaft auszubalancieren. Dies wird mit dem Begriff der intermediären Instanz zum Ausdruck gebracht. Die Rolle der Akteur*innen, die das Quartiersmanagement gestalten, konkretisiert sich in einem Spannungsverhältnis zwischen »Handlanger« (der kommunalen Politik) und »Anwaltschaft« der verschiedenen Interessenlagen vor Ort (Alisch 2002, S. 107).

Der auf Wohnquartiere gerichtete politische Ansatz ist nicht Teil der Sozialpolitik, sondern war von Beginn an Bestandteil der Städtebauförderung, geregelt im Baugesetzbuch. Bei allen Bemühungen, das Wohnquartier als geeignete Handlungsebene zu etablieren und die Bewohnerschaft direkter einzubeziehen, folgten auch die Förderlogiken eher städtebaulichen Problembeschreibungen und reagierten mit baulichen Maßnahmen, weil auch nur für diese Mittel vorgehalten wurden.

Im Baugesetzbuch (§ 171e) ist die Soziale Stadt als Programmatik geregelt. Hier heißt es, dass das Geld dorthin zu fließen hat, wo ein »besonderer Entwicklungsbedarf« besteht. Dieser liegt vor, »wenn es sich um benachteiligte innerstädtische oder innenstadtnah gelegene Gebiete oder verdichtete Wohn- und Mischgebiete handelt, in denen es einer aufeinander abgestimmten Bündelung von investiven und sonstigen Maßnahmen bedarf.« Dies sei dann der Fall, »wenn ein Gebiet auf Grund der Zusammensetzung und wirtschaftlichen Situation der darin lebenden und arbeitenden Menschen erheblich benachteiligt ist« (BauGB § 171e).

Mit der »Einhausung in das System der Städtebauförderung« (Walter und Güntner 2007, S. 398) orientierte sich das Programm Soziale Stadt vorwiegend an baulich-investiven Instrumenten. Sozialintegrative Ziele konnten damit kaum erreicht werden. Kritisiert wurde schon früh, dass vor Ort oft nur einzelne Projekte und Maßnahme entstanden, die weder aktivierend noch integrierend wirkten (Litges et al. 2005). Damit verbunden ist auch die Kritik, dass befristete Projektförderungen, wie sie in dem Quartiersansatz vorgesehen sind, langfristigen und nachhaltig ausgerichteten Prozessen zur Partizipation der Wohnbevölkerung entgegenstünden (u. a. Walter und Güntner 2007).

Eine grundsätzliche Kritik an diesen Raumpolitiken bezieht sich auf das Wohnquartier als Territorium bzw. geografischen Ort. Der Wohnort oder Lebensmittelpunkt der Bewohner*innen wird dadurch reduziert auf einen Behälter oder Container-Raum, der nicht durch die sozialen Beziehungen im Raum gestaltet wird, sondern in dem Personen und Dinge platziert werden (Werlen und Reutlinger 2019, S. 40). Gefördert werden die Stadtteile, Quartiere oder Gebiete. Damit verbunden wird die Annahme, dass Investitionen in die Gebäudesubstanz, die Infrastruktur und letztlich auch in soziale Projekte, die Lebenssituationen der Wohnbevölkerung verändern würden. Tatsächlich verändert sich vor allem die Kulisse der Lebenssituationen, denn »alle Arten von Raumproblemen [erweisen sich] bei genauerer Betrachtung letztlich als Probleme des Handelns« (ebd.).

Soziale Problemlagen können nicht als räumliche Probleme behandelt oder gelöst werden und die strukturellen Auswirkungen gesamtgesellschaftlicher, wirtschafts-, stadt- und wohnungspolitischer Entwicklungen sind vor Ort nicht lösbar.

Parallel zur Umsetzung und kritischen Begleitung der Programmatik der Sozialen Stadt ist die sozialwissenschaftliche Raumdiskussion längst zu einem *relationalen Raumbegriff* übergegangen, der Raum nicht als Behälter, sondern als das Produkt sozialen Handelns fasst. Dieses Handeln ermöglicht eine Verknüpfung von Interventionen, die sich beziehen auf

- Individuen und Haushalte (subjektive Raumwahrnehmungen und -deutungen, Lebenslagen und Alltagsorganisationen),
- die personenbezogenen und institutionellen Netzwerke,

- die steuerungsbezogene Ebene der Organisation von (kommunaler) Verwaltung und
- eine gesellschaftliche und politische Rahmung (Alisch 2023, S. 517).

Die Profession Sozialer Arbeit, insbesondere die Vertreter*innen der Gemeinwesenarbeit haben sich zu Beginn der 2000er Jahre deutlich von dem Instrument Quartiersmanagement abzugrenzen versucht (bspw. Maier und Zychlinski 2004, Gillich 2002). Diese kritische Perspektive schien besonders dann angezeigt, wenn im Quartiersmanagement nicht Sozialarbeiter*innen, sondern bspw. Stadtplaner*innen eingesetzt wurden, um die Ziele von Politik und Verwaltung umzusetzen, aber die professionelle Kompetenz fehlte, Menschen zu unterstützen,»sich aktiv für ihre eigenen Belange einzusetzen und selbst zur Gestaltung ihrer Lebenswelt beizutragen« (Gillich 2002, S. 10).

1.4.4 Die Machtverhältnisse ändern: Die Idee des Community Organizing

Mit dem Beginn der US-amerikanischen soziologischen Segregationsforschung in den 1920er und 1930er Jahren entstand neben den beiden Forschungsrichtungen der Chicagoer Schule (zur Messung von Segregation und zum Verstehen der Lebenssituationen und Alltagsorganisation in den Wohnquartieren, ▶ Kap. 1.3.1) auch ein Ansatz, der das Ziel hatte, die Wohn- und Lebenssituation in den von Armut betroffenen Wohnvierteln zu verbessern. Saul Alinsky, der selbst unter ärmsten Verhältnissen in einem Chicagoer Stadtteil aufwuchs, studierte zunächst Kriminologie und befasste sich Ende der 1930er Jahre mit kriminologischem Interesse als »nonparticipant observer« (also als nichtteilnehmender Beobachter) mit Mitgliedern der lokalen Mafia. Hier erkannte er die Bedeutung persönlicher Beziehungen für ein machtvolles Netzwerk. Alinsky (1973; 1974) richtete sein Interesse deshalb auf das Hervorbringen gemeinsamer Interessen der Menschen, die unter katastrophalen Wohn- und Lebensbedingungen litten, und verstand sich selbst dabei als Organisator, der Strukturen aufbaut und Impulse gibt für die Selbstorganisation der Bewohnerschaft als Gemeinschaft.

Das daraus entwickelte Instrument des Community Organizing (CO) hatte das Ziel, eigenständige, handlungsmächtige Bürger*innenorganisationen aufzubauen (Fischer et al. 2019, S. 154). Solche Organisationen verstand er als »eine ›Konfliktpartei‹, deren Aufbau zu einer neuen Machtgruppierung im Stadtteil führt« (ebd.). Darin sah Alinsky eine Form der Einmischung und damit auch eine Veränderung der bestehenden Machtverhältnisse, die von Politik, Unternehmen oder Wohnungsvermieter*innen dominiert waren.

Auch in diesem Ansatz hat das Wohnquartier eine tragende Rolle. Saul Alinsky bezog sich zunächst auf Chicagoer Stadtteile, die sich im Zuge der Deindustrialisierung und der massenhaften Zuwanderung aus Europa zu Armutsquartieren entwickelt hatten. Hier war die Community zwar zunächst eine territoriale und in der Einwandererstadt Chicago meist ethnisch weitgehend homogene Einheit des physischen Raums. Allerdings stellte Alinsky dieser *Physical Community* die integrierte Gemeinschaft entgegen (*Integrated Community*), in der über kulturelle Grenzen hinweg kooperiert und gemeinsame Interessen verfolgt werden. Die kulturelle Vielfalt, die sich in den Stadtteilen meist in einer großen Zahl von Vereinen und lokalen Organisationen zeigte, ist im Konzept des Community Organizing zentral.

Kulturelle Vielfalt im Community Organizing

»Ethnisch, religiös oder politisch unterschiedliche Gruppen im Stadtteil erscheinen bei Saul Alinsky vornehmlich nicht als Problem, sondern vielmehr als wünschenswerte Erweiterung der bestehenden Sichtweisen« (Fischer et al. 2019, S. 155).

Die Themen, denen sich die von ihm und seinen Mitstreiter*innen initiierten Bürger*innenorganisationen widmeten, wurden in demokratischen und transparenten Entscheidungsprozessen für die weitere Bearbeitung ausgewählt. Fischer, Haidmeier und Stock (ebd.) fassen zusammen, dass die Grundlage für die Entscheidung zum einen das Eigeninteresse jeder einzelnen Person gewesen sei – und hier spielte die Befriedigung der Grundbedürfnisse des Wohnens, des Einkommens und der Gesundheit eine wesentliche Rolle. Zum anderen war der Aufbau von tragfähigen Beziehungen untereinander die Voraussetzung dafür, dass eine *Community of Interests* entstehen konnte (Szynka 2006; Alisch 2008, S. 37).

Somit bezieht sich Community Organizing weniger auf die Gemeinschaft des geteilten Wohnorts, sondern vielmehr auf die Nachbarschaft als Raum sozialer Beziehungen und im Idealfall gemeinsamer Gestaltungsverantwortung, wie auch der deutsche Begriff des Gemeinwesens es nahelegt. Die Community ist der Rahmen für das Hervorbringen und Benennen von Bedürfnissen, indem Einzelne ihre Probleme bei anderen in der Gemeinschaft wiedererkennen. Mit dem Erkennen und Vertreten gemeinsamer Interessen gilt es, öffentlichen Druck auszuüben und einen problematischen Zustand wirksam infrage zu stellen. Die Community gibt damit den Einzelnen die Macht, auf die eigene Lebenssituation Einfluss zu nehmen (Szynka 2006).

Ziel des Community Organizing im Sinne von Saul Alinsky ist »die Änderung der lokalen politischen Kräfteverhältnisse durch öffentlichkeitswirksame, teilweise provokative, konfliktorientierte Aktionen« (Stövesand 2013, S. 48), um »Machtkonzentrationen und Privilegien zu bekämpfen, Minderheitenrechte zu schützen, gegen Rassismus und entfremdete Arbeit vorzugehen« (ebd.). Insofern wäre Community Organizing »eine einfache Methodik, die mittel- und einflusslosen Teile der Bevölkerung zu kollektiven Aktionen zusammenzubringen und der Macht des Geldes damit die Macht der organisierten Massen entgegenzusetzen«, wie das Forum Community Organizing als eine von zwei wesentlichen Institutionen, die Community Organizing in Deutschland verbreiten und umsetzen, es sieht (FOCO 2003, S. 8).

Nach ersten Erfolgen der Organisation von Widerstand gegen prekäre bis miserable Arbeitsverhältnisse und in der Folge unzumutbare Wohnsituationen bei schlechtem Gesundheitszustand wurde das Handlungsprinzip des Community Organizing in den USA seit 1940 in der »Industrial Area Foundation« als nationales Schulungszentrum verbreitet und in der Mitte des 20. Jahrhunderts in amerikanischen Großstädten und seit den 1990er Jahren u. a. auch in Deutschland – wenn auch unter anderen Rahmenbedingungen – vielfach umgesetzt (Szynka 2006).

> **Community Organizing als politischer Ansatz**
>
> An dieser Stelle ordnen wir Community Organizing ausdrücklich als politischen Ansatz ein, mit den Folgen und teilweise auch mit den Ursachen von Segregation umzugehen. Dies wäre wohl auch im Sinne von Saul Alinsky, der sich ausdrücklich und scharf in zwei Richtungen von der Sozialen Arbeit abgegrenzt hatte:
>
> - Community Organizing in Alinskys Sinne hatte zum Ziel, die Menschen und Gruppen zu ermächtigen, deren Interessen bisher nicht gehört wurden. Alinsky wandte sich zudem ausdrücklich gegen die wohlfahrtsstaatlichen sozialen Hilfeangebote und auch gegen die sogenannte Settlement-Bewegung (▶ Kap. 2.1) dieser Zeit, die heute vielfach als eine Wurzel Sozialer Arbeit im Gemeinwesen gilt (Alisch und May 2917, S. 13). Alinsky jedoch warf den Sozialarbeiterinnen, insbesondere seiner Zeitgenossin Jane Addams vor, »viel zu sehr stellvertretend für die dort lebenden Menschen zu handeln und diese damit ihrer Würde zu berauben« (Fischer et al. 2019, S. 154 mit Bezug auf Alinsky 1999).
> - Zum anderen war es im Community Organizing wesentlich, dass die gegründeten Bürger*innenorganisationen finanziell unabhängig waren – anders als bis heute die staatlich finanzierte Soziale Arbeit (ebd.).

Im zweiten Kapitel werden wir auf diesen Teil der Geschichte des Wohnens als Auftrag der Sozialen Arbeit zurückkommen und das Community Organizing und seine Vorgehensweisen in Bezug auf die Handlungskonzepte Sozialer Arbeit im Kontext des Wohnen erläutern (▶ Kap. 3.3).

1.5 Zusammenfassung

In diesem ersten Kapitel wurden sozialwissenschaftliche Diskussionen zum Wohnen skizziert, um »alte und neue Wohnungsfragen« vor allem als soziale Frage(n) zu erkennen. Auf der Ebene des Subjekts ist Wohnen ein wesentliches Grundbedürfnis, rechtlich auch gerahmt als Menschenrecht und Recht auf Wohnen, das jedoch kaum einklagbar ist. Der Idealtypus des *modernen Wohnens* beschreibt die Wohnformen und die entsprechende Architektur des Wohnens seit der Industrialisierung in der zweiten Hälfte des 19. Jahrhunderts. Seitdem sind Arbeiten und Wohnen sowie Privatheit und Öffentlichkeit räumlich klar getrennt organisiert, die Architektur geht von der Zweigenerationen-Kleinfamilie aus und Wohnen ist eine Ware, die auf dem Wohnungsmarkt gehandelt wird, zu dem der Zugang sozial höchst ungleich ist.

Ein Blick in die Philosophie des Wohnens – die auch von Stadt- und Raumsoziolog*innen oder Geograph*innen für Argumentationen herangezogen wird – zeigt, inwiefern zu wohnen und zu leben übereinstimmen und allein deshalb »das Wohnen primär nicht auf Gebautes, auf Architektur, sondern auf leibliche Befindlichkeiten, auf ein Lebensgefühl« verweist (Hahn 2023, S. 4). Wohnen bedeutet, sich zu verwurzeln, Privatheit und Schutz zu erleben und von da aus an Öffentlichkeit teilzuhaben. Wohnen endet nicht vor der Haustür, sondern umfasst auch die sozialräumliche Praxis an der Schnittstelle zwischen Privatheit und Öffentlichkeit in der Nachbarschaft, dem Wohnquartier und dem Gemeinwesen. Alle drei Konzepte, in Gemeinschaft zu leben, richten sich darauf, den Schutz, die Sorge füreinander, das aufeinander Angewiesensein – kurz den sozialen Zusammenhalt – sozialräumlich zu organisieren. Auf diesen Ebenen agiert auch die Soziale Arbeit.

Die wiederkehrende Wohnungsfrage ergibt sich aus dem kaum auflösbaren Widerspruch zwischen Wohnen als Menschenrecht und Zuhause einerseits und der Wohnung als Ware andererseits (Holm 2019; 2022). Was das bedeutet, ist sozialräumlich an den Prozessen residentieller Segregation zu erkennen, deren Ursachen sowohl in der sich verstärkenden sozialen Ungleichheit in der Gesellschaft als auch in den Logiken von Wohnungsmärkten, Wohnrechten und Wohnungspolitik liegen. Die Folgen und Effekte dieser sozialräumlichen Prozesse beschreibt die soziologische Stadtforschung auf der Ebene der Städte als das dichte Nebeneinander von reichen und armen Wohnvierteln, als Aufwertung insbesondere innerstädtischer, attraktiver Wohnlagen (Gentrifizierung) und als Verdrängung der dort bisher wohnenden Bevölkerungsgruppen in Randlagen. Auf der Ebene der Haushalte bedeutet sozialräumliche Segregation eine Marginalisierung oder den Ausschluss von Zugängen zu Infrastruktur und Ressourcen, wenn nur noch solche Wohnquartiere bezahlbar erscheinen, die für Andere kein Vermarktungsinteresse erzeugen.

Stadtentwicklungspolitisch wird die Idee einer sozialen Durchmischung von Wohnquartieren seit Jahrzehnten und in unterschiedlichen Formen als Lösungsansatz gegen die politisch als problematisch gesehene Konzentration von als benachteiligt identifizierten Bevölkerungsgruppen verstanden. Solche Ansätze befördern nicht selten Prozesse der Verdrängung, um für einkommensstärkere oder besser qualifizierte Haushalte Wohnraum anzubieten. Ob eine soziale Durchmischung für die in einem gemischten Quartier zusammenlebenden Menschen von Vorteil ist, konnte bisher nicht empirisch nachgewiesen werden.

Sozialräumliche Ungleichheiten des Wohnens sind politisch verursacht. Lange Zeit galt die Wohnungsfrage als geklärt und insbesondere eine Wohnungsnot als überwunden. Gerade der in Deutschland massive und produktive soziale Wohnungsbau galt lange als gute Lösung, breite Schichten der Bevölkerung mit Wohnraum zu versorgen. Mit der politischen Wende seit dem Jahr 1982 änderte sich auch die Wohnungspolitik in (West-)Deutschland deutlich hin zu einer Förderung von Wohneigentum, der sukzessiven Abschaffung der Wohnungsgemeinnützigkeit, die bisher bezahlbaren Wohnraum für weniger einkommensstarke Haushalte ermöglichte, und Einschränkungen der Rechte von Mieter*innen (u. a. Butterwegge 2023). Dass ausreichend Wohnraum vorhanden sei, erwies sich als schwerwiegender Irrtum – nicht nur in Bezug auf fehlenden Wohnraum für diejenigen, die nur geringe Mieten zahlen können. Die Zahl fehlender Wohnungen wird aktuell je nach Quelle auf 700.000 bis 850.000 Wohnungen beziffert.

Um im Weiteren besser zu verstehen, wie Soziale Arbeit sich zu der oder den Wohnungsfragen positioniert und zukünftig positionieren müsste, haben wir in diesem Kapitel die Grundzüge der Wohnungspolitik nachgezeichnet. In den politischen Kontext des Umgangs mit sozialen und sozialräumlichen Ungleichheiten gehören auch die Politiken, die auf der Ebene der Wohnquartiere anzusetzen versuchen. Sie laufen jedoch Gefahr, den sozialen Raum eines Wohnquartiers lediglich als Behälter zu verstehen, in dem Menschen platziert sind und Probleme sichtbar werden (Werlen und Reutlinger 2019). Die Kernkritik an den Quartiersansätzen ist daher, dass sie versuchen, die zuvor beschriebenen gesellschaftlichen und politischen Problemlagen auf der Ebene von Nachbarschaft und im Grunde als Probleme der Bewohner*innen zu bearbeiten. Damit ist nicht die Arbeitsweise der Gemeinwesenarbeit gemeint, die in den folgenden Kapiteln erörtert wird, sondern vielmehr der Versuch, die sozialräumliche Benachteiligung über Instrumente des Managements zu bewältigen. Eine andere Strategie ergibt sich aus dem Community Organizing, das entwickelt wurde, um die Machtverhältnisse zu verändern und die Betroffen entsprechend zur Selbstorganisation zu ermächtigen.

2 Wohnen als Auftrag Sozialer Arbeit

Das erste Kapitel hat Wohnen als soziale Frage umfassend beschrieben und die Problemdimension für die Soziale Arbeit verdeutlicht: Es ergeben sich Verbindungen auf der Ebene des segregierten Quartiers/Stadtteils (verstanden als Konzentration bestimmter sozialer Gruppen), der Ebene des Gemeinwesens (verstanden als soziale Nachbarschaft) und der Ebene der Personen resp. der sozialen Gruppen, die von prekären Wohnverhältnissen betroffen oder bedroht sind.

Kapitelüberblick

Wir werden zunächst anhand der Settlement-Bewegung Wohnen als Aufgabe Sozialer Arbeit historisch nachzeichnen und zeigen, inwiefern sich hier Grundzüge einer sozialraumbezogenen Sozialen Arbeit entwickelt haben (▶ Kap. 2.1). Wir werden zeigen, dass Soziale Arbeit historisch und aktuell in sehr verschiedenen Handlungsfeldern mit dem Wohnen befasst ist. Das Handlungsfeld der Wohnungslosenhilfe betrifft eine Soziale Arbeit, die weitgehend einzelfallbezogen an Folgen der im ersten Kapitel beschriebenen gesellschaftlichen Prozesse arbeitet – zumindest an der extremen Folge, sich auf dem Wohnungsmarkt gar nicht mehr mit Wohnraum versorgen zu können und über keine Wohnung zu verfügen (▶ Kap. 2.2).

Daran anschließend wird die Perspektive der Sozialen Arbeit auf das Wohnen in Einrichtungen (z. B. Frauenhäusern, Haftanstalten, Jugendhilfe) eröffnet und exemplarisch für die Adressat*innengruppen der Jugendhilfe, der Altenhilfe und der Arbeit mit Geflüchteten ausgeführt (▶ Kap. 2.3). Die Bedeutung der Wohnung für die Adressat*innen scheint in der Regel durch die institutionelle Perspektive verengt wahrgenommen und dementsprechend verkürzt in der Arbeit berücksichtigt zu werden. Es soll jedoch auch benannt (und später im dritten Kapitel noch vertieft) werden, welche Ansätze es in der Sozialen Arbeit gibt, um fallübergreifend dabei zu unterstützen, gemeinschaftlich Interessen und Rechte (auf bezahlbaren Wohnraum) zu vertreten. Wie in Kapitel 1.1 schon angelegt, geht es im letzten Abschnitt um das »Wohnen in der Nachbarschaft« und nun um die Gemeinwesenarbeit als Handlungsfeld und Arbeitsprinzip sowie den darin eingebetteten Auftrag Sozialer Arbeit (▶ Kap. 2.4). Gemeinwesenarbeit wird bezogen auf den deutschsprachigen Raum in ihren sich wandelnden Ansprüchen, Zielen und Selbstverständnissen dargestellt und als institutionelle Akteurin kommunaler Entwicklungen in den Blick genommen. Sie steht gerade in den Programmen der sogenannten sozialen Stadtentwicklung in einem stetigen Spannungsverhältnis zu anderen Akteur*innen anderer Professionen, die sich auf die gleichen sozialen Räume beziehen.

2.1 Die frühe Verbindung von Wohnen und Sozialer Arbeit: Die Settlement-Bewegung

Historisch war das Wohnen bereits für die Armenfürsorge und die sich entwickelnde Wohlfahrt ein zentrales Thema (Rausch 2013; Müller 2013). Von besonderer Bedeutung für die Soziale Arbeit sind aber in diesem Zusammenhang die Gemeinwesenarbeit bzw. deren Vorläufer der Community Work. Mit der *Settlement-Bewegung* wird im Folgenden diese Verbindung der Entwicklung von Gemeinwesenarbeit und der Profession Soziale Arbeit mit der Wohnungsfrage ausgeführt.

Im Zuge der Industrialisierung im 19. Jahrhundert stieg der Bedarf an Arbeitskräften in den Städten massiv, denn hier siedelten sich die industriellen Produktionsstätten an. Im agrarischen Umland wurde das Überleben für die meisten Menschen schwieriger, so dass sie in der Hoffnung auf Loharbeit in den Fabriken in die Städte zogen, deren Bevölkerung in der Folge schnell anwuchs. Die Menschen sahen sich jedoch industrieller Ausbeutung und Unterversorgung mit angemessenem Wohnraum gegenüber. Die Bezahlung war in dem zu dieser Zeit völlig ungeregelten Arbeitsmarkt gering, der Wohnraum für die Massen knapp und teuer. Die Menschen mussten jede Art Unterkunft in der Nähe der Fabriken annehmen und teilten sich nicht selten als Schlafgänger zu zweit oder zu dritt ein Bett, in dem derjenige schlief, der gerade nicht arbeiten musste (▶ Kap. 2.2.1; Sachße und Tennstedt 1998, S. 191–198; Lutz et al. 2021, S. 13–25). Die Wohn- und Lebensbedingungen waren in diesen Vierteln katastrophal (Weidmann 2019). Solche Verelendungsprozesse der Arbeiterklasse zeigten sich besonders früh und deutlich in England (Engels 2020).

Zwar beabsichtigte die englische Armengesetzgebung, jede*n vor einer lebensbedrohlichen Not mit einem minimalen Lebensunterhalt zu schützen, sie stellte dem jedoch eine eingehende Prüfung der Bedürftigkeit voran, die den Verlust der Bürgerrechte sowie die Einweisung in ein Arbeitshaus nach sich zog. Die abschreckende Wirkung solcher Maßnahmen war beabsichtigt, um die Motivation zu regulärer Arbeitsaufnahme und selbständiger Lebensführung aufrechtzuerhalten – bis heute spielt diese Idee in den Diskussionen um den Umgang mit Armut und um die sozialstaatliche Versorgung eine zentrale Rolle (Weidmann 2019). Die Kirchen verteilten kleine, mildtätige Gaben an diejenigen, die ihre Bindung an die Kirche deutlich machten. Einzelne Stimmen kritisierten diese Art der Armenpflege als uneffektiv, unmenschlich und sozial spaltend. Der Gemeindepfarrer Samuel Barnett sah in der Praxis der kirchlichen Armenpflege und der privaten Wohlfahrt eine Entwürdigung der Armen und ein Hemmnis zur Entwicklung ihrer Selbsthilfekräfte. Er hielt dagegen eine Erziehung der hilfsbedürftigen Menschen für notwendig, damit sie ihr Leben und ihren Lebensunterhalt selbst in die Hand nehmen konnten. Um der sozialen Spaltung entgegenzuwirken, wollte er zugleich in der gesellschaftlichen Oberschicht Einsicht in die soziale Ungerechtigkeit erreichen (Müller 2013, S. 36ff.). Mit der Unterstützung verschiedener Universitäten gründete Barnett gemeinsam mit seiner Ehefrau Henriette

Toynbee Hall ein Settlement im Londoner Stadtteil Whitechapel, der zu dieser Zeit größtenteils ein Slum war.

> **Settlement (Definition)**
>
> Der Begriff Settlement ist zu verstehen als Niederlassung von Akademikern inmitten eines nichtakademischen, armen Wohnviertels. Hier sollten für eine Weile Studierende zwar in eigener Wohnung leben, aber durch die räumliche Nähe die soziale Lage der Nachbarschaft kennenlernen und einen Beitrag zur Verbesserung der Lebensbedingungen leisten, indem sie z. B. »bei der Armenpflege helfen, Schulklassen unterrichten und Jugendgruppen leiten« (Müller 2004, S. 26).

Studierende waren zu dieser Zeit in der Regel die Söhne aus der Oberschicht, deren Welt nahezu getrennt war von der der Unterschicht (von einer Mittelschicht kann zu jener Zeit noch kaum gesprochen werden). Barnett ging es um »Zusammenarbeit zwischen den Kultivierten und den Unwissenden, [...] wechselseitige Durchdringung der sozialen Schichten der Bevölkerung, [...] gemeinsames Leben in einem gemeinsamen Stadtteil, [...] die Gründung einer akademischen Außenstelle im Londoner Osten« (Müller 2004, S. 23). Seine Idee war, dass die älteren Akademiker derart sensibilisiert in ihren Posten als Richter, Verwaltungsbeamte oder Ratsherren sozialen Reformen offen gegenüberstehen oder sie sogar selbst initiieren.

Die arme Wohnbevölkerung des umgebenden Viertels sollte durch Bildungsaktivitäten ›erzogen‹ werden. Sie sollten sich zu Interessensgemeinschaften in Form von Clubs (etwa vergleichbar mit deutschen Vereinen) zusammenschließen, Räume des Hauses dafür nutzen und sich organisatorisch von den akademischen Hausbewohner*innen unterstützen lassen. Neben dieser paternalistischen Sichtweise auf die Bewohner*innen armer Wohnviertel als Unwissende und zu Kultivierende ist kritisch anzumerken, dass es Barnett nicht um die Beseitigung der Ursachen von Armut im industriellen Kapitalismus ging. Die Verbesserung der Wohnverhältnisse war allenfalls ein langfristiges Ziel, das durch die Sensibilisierung der Oberschicht und entsprechende soziale Reformen erreicht werden sollte (Weidmann 2019). Insgesamt blieb das Settlement eine künstliche, akademische Insel im Elendsviertel. Trotzdem fand Barnetts Idee der Stärkung und Entwicklung der Menschen durch Bildung großen Zuspruch und Nachahmer*innen in vielen industrialisierten Ländern (Müller 2013).

Die Settlement-Bewegung in Deutschland

In Deutschland wurde die Idee der Settlement-Bewegung zunächst mit dem Hamburger Volksheim aufgegriffen, später auch in der Sozialen Arbeitsgemeinschaft Berlin-Ost (Oelschlägel 2013a). In der Zeit der nationalsozialistischen Herrschaft wurden die Häuser geschlossen. Nach dem zweiten Weltkrieg haben aber vor allem amerikanische Quäker Nachbarschaftsheime in der Tradition der Settlement-Bewegung in Deutschland (wieder-)aufgebaut, die z.T. bis heute aktiv sind (so z.B. in Köln und Wiesbaden).

Das erste amerikanische Settlement, »Hull House«, wurde 1889 in Chicago von Jane Addams und Ellen Gates Starr nach dem Vorbild der Londoner Toynbee Hall gegründet. Mit den damaligen Einwanderungswellen kamen europäische Flüchtlinge, in der Regel qualifizierte Arbeiter*innen und ihre Familien, in die Vereinigten Staaten. Unter den Bedingungen der nordamerikanischen Industrialisierung und des Kapitalismus der damaligen Zeit versuchten sie, ihr Leben zu bewältigen. Ohne eine soziale Absicherung war das in besonderer Weise für Frauen schwierig. Jane Addams wollte deshalb gerade für Frauen und ihre Kinder die Arbeits- und Lebensbedingungen vor Ort, aber auch über Chicago hinaus verbessern. Neben Kultur- und Bildungsangeboten unterstützte Hull House die Menschen in der gewerkschaftlichen Selbstorganisation und der Einmischung in die Stadtpolitik Chicagos. Mit der Einrichtung einer Krankenstation für die umliegenden Gemeinden, medizinischer Versorgung für Mittellose und der Veränderung der Wohnbedingungen (durch Schaffung von Wohnraum oder Durchsetzung von Gesundheits- und Sicherheitsstandards für Wohngebäude) trug Hull House maßgeblich zu einer Ver-

2.1 Die frühe Verbindung von Wohnen und Sozialer Arbeit

besserung der Lebensbedingungen in dem Wohngebiet und der Gemeinde bei (Staub-Bernasconi 2013).

Darüber hinaus muss Jane Addams in ihrer Bedeutung für die Profession Soziale Arbeit herausgestellt werden. Wie Mary Richmond oder auch Alice Salomon war sie daran interessiert, die bisherige Mildtätigkeit und die planlose Hilfe meist bürgerlicher Frauen zu professionalisieren. Addams ist vor allem die »methodische Erfassung der Notlagen im Stadtteil sowie eine Koordination vorhandener oder zu organisierender Hilfsquellen« (May 2008a, S. 61) zu verdanken. Hull House initiierte zur Verbesserung der Situation in der Nachbarschaft sogenannte »Social Welfare Councils«, in denen verschiedene Akteur*innen zusammenarbeiteten. Die Arbeit dieser Councils wurde als »Community Organization« bezeichnet – ist aber nicht zu verwechseln mit dem Ansatz von Community Organizing und dem darin entstandenen Community Organization (CO) des Zeitgenossen von Jane Addams Saul Alinsky (▶ Kap. 1.4.4 und ▶ Kap. 3.3). May fasst zusammen, dass diese Form des CO sich »mehr und mehr weg von der Demokratisierung hin zu einer funktionalistischen Perspektive, die sich ganz auf Effektivität und Effizienz zu konzentrieren begann« (ebd.), entwickelte. Erst dadurch und durch die damit verbundene Entpolitisierung der Arbeit entwickelte sich die sozialräumlich angelegte Arbeit »als sozialarbeiterische Methode neben social casework und social groupwork« (ebd.).

In der Settlement-Bewegung kommen die Lebensverhältnisse als individuelle und gesellschaftliche Umstände in den Blick einer noch zu entwickelnden Sozialen Arbeit. Ursachen und Folgen von Armut sowie deren Bewältigung werden erstmals in einen direkten Bezug zum Gemeinwesen gestellt. Die »Settlements waren nicht primär auf materielle Hilfe in Einzelfällen gerichtet, sondern auf eine wirkungsvolle Verbesserung der Infrastruktur der Wohngebiete, in denen die materielle und soziale Not am größten war« (Müller 2013, S. 36). Dieser Gemeinwesenbezug ist bis heute der grundlegende Ansatz in den Nachbarschaftshäusern, den Stadtteiltreffs, den Mehrgenerationenhäusern und den Familienzentren, die letztlich alle in der Tradition der Settlement-Bewegung stehen.

2.2 Wohnungslosigkeit und Wohnungslosenhilfe

Wohnungslosigkeit und Wohnungslosenhilfe sind schon begrifflich nicht ganz einfach zu fassen. Deshalb soll vor der Darstellung der Wohnungslosenhilfe als Handlungsfeld der Sozialen Arbeit auf Wohnungslosigkeit in ihren unterschiedlichen Formen eingegangen werden.

2.2.1 Wohnungslosigkeit

Wohnungslosigkeit wurde lange als Obdachlosigkeit und Nichtsesshaftigkeit beschrieben sowie rechtlich klassifiziert. Sie galt als Störung der öffentlichen Sicherheit und Ordnung. Den Betroffenen wurde die Nichtsesshaftigkeit als Persönlichkeitsmerkmal zugeschrieben. Wie der Erziehungswissenschaftler Andreas Wolf (2018) zusammenfassend darstellt, waren die (Hilfs-)Maßnahmen zur Bewältigung des Problems entsprechend ausgerichtet. Die Veränderung und Ausdifferenzierung der Hilfen wurden erst mit der Reform des Bundessozialhilfegesetzes im Jahr 1996 möglich, das Wohnungslose als »Personen in besonderen Lebensverhältnissen verbunden mit sozialen Schwierigkeiten« definiert. Allerdings vermittelt das Gesetz so eine individualisierende Problemzuschreibung, die die Marginalisierung von Bevölkerungsgruppen auf dem Wohnungsmarkt außer Acht lässt. Die Kategorisierung als Wohnungslose erweckt den Eindruck, als seien alle Schwierigkeiten mit dem Einzug in eine Wohnung gelöst (Wolf 2018, S. 1855 f.).

Nachdem bereits die mittelalterliche Armenfürsorge den wohnungslosen umherziehenden Wanderarbeitern, kranken Menschen und jenen mit Behinderung mit disziplinierenden und abweisenden Maßnahmen begegnete (Sachße/Tennstedt 1998, S. 37 f.), lässt sich Wohnungslosigkeit als massives soziales Problem insbesondere mit der Industrialisierung verknüpfen. Mit den starken Wanderungsbewegungen insbesondere der armen Bevölkerungsgruppen in die Städte und der Vermarktung von Wohnung und Unterkunft geht die Ausgrenzung eben jener Menschen einher, die sich Wohnraum nicht oder nur in prekärer Form leisten können. Jene Ausgrenzung spiegelt die angesprochene Zuschreibung von Persönlichkeitsmerkmalen, die den Umgang mit Wohnungslosen historisch prägt. Erst mit der Methodendiskussion in der Sozialen Arbeit in den 1970er und 1980er Jahren in Folge der gesellschaftlichen Umwälzungen setzte ein langsames Umdenken ein hin zur Innovation der damals überwiegend stationären Hilfeeinrichtungen. Zuvor war die Nichtsesshaftenhilfe ein weitgehend abgeschottetes Ausgrenzungssystem (Wolf 2018, S. 1857).

Eine statistische Erfassung wohnungsloser Menschen in Deutschland gibt es erst seit dem Jahr 2022 mit dem Wohnungslosenbericht der Bundesregierung. Wohnungslosigkeit wird dafür auf der Basis des Wohnungslosenberichterstattungsgesetzes wie folgt definiert.

Wohnungslosigkeit (Definition)

»Wohnungslosigkeit besteht, wenn die Nutzung einer Wohnung durch eine Person oder eine Mehrheit von Personen desselben Haushalts weder durch einen Mietvertrag oder einen Pachtvertrag noch durch ein dingliches Recht abgesichert ist oder eine Wohnung einer Person oder einer Mehrheit von Personen desselben Haushalts aus sonstigen Gründen nicht zur Verfügung steht« (§ 3 Absatz 1 WoBerichtsG).

Zum 31. Januar 2022 galten in Deutschland rund 263.000 Personen als wohnungslos. Dabei werden untergebrachte (178.100) und verdeckt (49.300) wohnungslose Personen sowie wohnungslose Menschen ohne Unterkunft (37.400) zusammengefasst (BMAS 2022, S. 54f.).

Der Bericht nennt jedoch weitere Formen von Wohnungslosigkeit, die noch nicht in der Statistik berücksichtigt sind: Personen in Gewaltschutzeinrichtungen bzw. Frauenhäusern, Haftanstalten, stationären Gesundheitseinrichtungen und anderen sozialen oder therapeutischen Einrichtungen (in denen sie z.T. mangels Wohnung länger als notwendig untergebracht werden). In Deutschland kommen als größere Gruppe insbesondere geflüchtete Menschen hinzu, die zwar ein Bleiberecht haben, aber weiterhin in Sammelunterkünften wohnen, weil sie keine eigene Wohnung finden können (ebd., S. 22). Ebenso unberücksichtigt sind bisher auch Haushalte und Personen, die sich mit einer vorübergehenden Unterkunft bei Bekannten, Freund*innen, Familie oder Hotels selbst helfen, die unmittelbar von Wohnungslosigkeit bedroht sind, in unzumutbaren Wohnverhältnissen leben oder auf Unterstützung angewiesen sind, um erneuten Wohnungsverlust zu vermeiden (Bundesarbeitsgemeinschaft Wohnungslosenhilfe e. V. 2011, hier findet sich eine ausführliche Differenzierung). Die Gesamtzahl der von Wohnungslosigkeit Betroffenen liegt also deutlich höher, als es die Statistik bislang ausweist.

Aber auch diese Zahl steigt um ein Vielfaches, wenn Wohnen als soziale Frage verstanden wird, also die Menschen in prekären Wohnverhältnissen und diejenigen, die von Wohnungslosigkeit bedroht sind, einbezogen werden. Das massive Wohnungsdefizit in Deutschland ist zuletzt durch die Studie zum »Bauen und Wohnen in der Krise« (Günther 2023, S. 20) belegt worden (▶ Kap. 1.4.2).

Die Bundesarbeitsgemeinschaft Wohnungslosenhilfe bezieht sich deshalb seit dem Jahr 2010 auf den umfassenderen Begriff des Wohnungsnotfalls und will damit die Lebenslage der Betroffenen betonen.

Wohnungsnotfall (Definition)

»Wohnungsnotfälle sind Haushalte und Personen mit einem Wohnungsbedarf von hoher Dringlichkeit, die aufgrund besonderer Zugangsprobleme (finanzieller und/oder nicht-finanzieller Art) zum Wohnungsmarkt der besonderen institutionellen Unterstützung zur Erlangung und zum Erhalt von angemessenem Wohnraum bedürfen« (Bundesarbeitsgemeinschaft Wohnungslosenhilfe e. V. 2011).

2.2.2 Wohnungslosenhilfe

Die Wohnungslosenhilfe hat sich in der Forschung und in ihrer Theoriebildung lange auf die Nichtsesshaftigkeit als Persönlichkeitsdefizit bezogen. Später hat sie eine eher soziologische Perspektive eingenommen, die die strukturellen Ursachen von Wohnungslosigkeit in den Fokus rückt. Mittlerweile hat sich das Verständnis durchgesetzt, dass Wohnungslosigkeit zuerst die Folge eines Wohnraummangels ist. Fehlt es an Wohnraum auf dem Wohnungsmarkt, sind als Erste diejenigen vom Problem der Wohnungslosigkeit betroffen, die sich auf diesem Markt finanziell nicht behaupten können: »[D]as Problem der Wohnungslosigkeit stellt sich letztlich als Armutsproblem dar« (Wolf 2018, S. 1858). Wie so oft in der Sozialen Arbeit, ist das zu bearbeitende Problem die Folge von gesellschaftlichen Bedingungen, hier insbesondere der Wohnungspolitik und des Wohnungsmarkts.

Die Soziale Arbeit versucht also einerseits auf der Ebene der Person zu unterstützen und die Hilfe so zu gestalten, dass sie individuell für die Person und den Fall (als die Problemausprägung und dessen Hintergründe) passt. Sind etwa ein alleinerziehender Vater und sein Säugling von Wohnungslosigkeit bedroht, ist die Notwendigkeit einer geeigneten Unterkunft angesichts der möglichen Kindeswohlgefährdung sehr dringend. Zu berücksichtigen sind aber auch die unterschiedlichen finanziellen und sozialen Ressourcen, die Menschen in ihren sozialen Netzwerken (Familie, Freund*innen, Nachbarschaft) fruchtbar machen können. In dieser meist intensiven Arbeit mit den Menschen zeigen sich zudem weitere mögliche Belastungen, die als Gründe oder als Folge von Armut berücksichtigt werden müssen (ebd.).

Der Umgang mit Wohnungslosigkeit obliegt zunächst den Kommunen. Sie sind verpflichtet, Notunterkünfte bereitzustellen. Darüber hinaus können sie »niedrigschwellige Angebote wie Wärmestuben, Suppenküchen, Kältebusse« (Schwarz 2022, S. 54) einrichten oder finanzieren. Die über lange Zeit praktizierte Differenzierung zwischen Obdachlosigkeit und Nichtsesshaftigkeit sorgte jedoch »mit der Zuschreibung der Nichtsesshaftigkeit als persönliches Defizit [für] eine Verlagerung der Zuständigkeit auf die überörtlichen Träger der Sozialhilfe« (ebd., S. 55 f.) und entsprechende Unklarheiten für die Betroffenen. Der Soziologe Ronald Lutz, der Sozialarbeiter Wolfgang Sartorius und der Sozialarbeitswissenschaftler Titus Simon konstatieren insgesamt bis heute ein hohes »Maß an Unübersichtlichkeit bundes-, landes- und kommunalrechtlicher Ausgestaltungen in Form von Gesetzen, Verordnungen, Richtlinien und Satzungen« (Lutz et al. 2021, S. 87). Weil sich die Betroffenen zudem »unterschiedlicher Gewährungspraxis der Kostenträger« gegenübersehen, versteht sich die Wohnungslosenhilfe »auch als Beitrag zur Rechtsverwirklichung für marginalisierte Gruppen« (ebd.).

Die rechtlichen Grundlagen für die Hilfen bei Wohnungslosigkeit waren geprägt von der dominierenden Perspektive auf die Betroffenen. Seit der Einordnung des Sozialhilferechts in das Sozialgesetzbuch 2005 sind die §§ 67 ff. SGB XII die einschlägige gesetzliche Grundlage (ebd., S. 93 f.). § 67 SGB XII zeichnet sich dabei – im Unterschied zum SGB II – durch die antragslose Hilfe aus, unabhängig von den Ursachen und der Mitwirkung der Betroffenen: »Personen, bei denen besondere Lebensverhältnisse mit sozialen Schwierigkeiten verbunden sind, sind Leistungen zur Überwindung dieser Schwierigkeiten zu erbringen, wenn sie aus eigener Kraft hierzu nicht fähig sind«. Für die Betroffenen sind aber zugleich die Leistungen im Rahmen der Grundsicherung für Arbeitssuchende nach dem SGB II zu prüfen. Die Wohnungslosenhilfe musste sich deshalb ebenso wie die Betroffenen immer wieder in einem »Prozess der Suchbewegungen« (ebd., S. 97) zwischen den verschiedenen rechtlichen Grundlagen zurechtfinden. Darüber hinaus werden die Bestimmungen des SGB XII dahingehend kritisiert, das Problem der Wohnungslosigkeit zu individualisieren und zu personalisieren. »Damit korrespondiert die zentrale Rolle, die personenzentrierte und individualisierende Interventionen innerhalb des Systems der Wohnungslosenhilfe einnehmen« (Schwarz 2022, S. 58).

Die Sozialarbeitswissenschaftlerin Silvia Schwarz kritisiert außerdem, dass sich die Angebote der Wohnungslosenhilfe vor allem an männliche alleinstehende Wohnungslose richten. Aber:

> »Immer häufiger wenden sich junge Menschen, Frauen und Paare an die Einrichtungen der Wohnungslosenhilfe. Gerade bei dieser Zielgruppe sind Unterstützungsformen gefordert, die über die Angebote einer traditionellen und männerzentrierten Wohnungslosenhilfe hinausgehen« (ebd.).

Zu unterscheiden sind ambulante und stationäre Angebote. Die ambulanten Angebote sind niedrigschwellige Beratungs- und Kontaktstellen, teils mit Aufenthalts- und Übernachtungsmöglichkeiten (ebd.). Auch wenn die Wohnungslosigkeit der Anlass ist, können die zu bearbeitenden Problemlagen mannigfaltig sein. Eine andauernde Wohnungslosigkeit wirkt sich vielfach negativ und verstärkend auf nahezu alle Fragen der alltäglichen Lebensführung aus. Die ambulante Wohnungslosenhilfe bietet deshalb sehr konkrete Unterstützung an und ergänzt die teils hochschwelligen stationären Angebote. Sie ist also entweder selbst zugleich

Gefährdeten- und Drogenhilfe oder aber in enger Kooperation mit diesen Einrichtungen. Das gilt auch für das ambulante Angebot der aufsuchenden Arbeit mit Wohnungslosen, in der die Sozialarbeiter*innen die wohnungslosen Menschen an deren Treffpunkten, ggf. auch an ihren Schlaforten besuchen. Die ambulanten Angebote sind in ihrer Niedrigschwelligkeit geprägt von einem akzeptierenden und wertschätzenden Umgang mit den wohnungslosen Menschen und der Orientierung an ihren Bedarfen. Die Sozialarbeiter*innen bauen eine Beziehung zu den Wohnungslosen auf und betreiben auf dieser Basis die Problementfaltung und -bearbeitung. Dazu gehört auch ein Verweisungswissen und die Vermittlung an andere Unterstützungsangebote und -einrichtungen (Lutz et al. 2021, S. 146f.; zur Niedrigschwelligkeit ▶ Kap. 3.4).

Die stationären Angebote der Wohnungslosenhilfe sind Einrichtungen, in denen die Menschen intensiv betreut werden. Sie wohnen hier, gehen einer Beschäftigung nach und werden mit »Mahlzeiten, Kleidung und Wäscheservice« (Schwarz 2022, S. 58) versorgt. Sie wohnen in der Regel in Einzelzimmern oder in Wohngemeinschaften innerhalb oder außerhalb der Einrichtung – mit abnehmendem Betreuungsgrad. Nachdem die stationären Hilfen wegen der Gefahr der Hospitalisierung kritisiert wurden und mittlerweile die ambulanten Hilfen Vorrang gegeben wird, haben sie trotzdem aufgrund ihrer besonderen Struktur eine Berechtigung als Teil eines differenzierten Hilfesystems:

»Sie ermöglichen eine Arbeit mit den betroffenen Menschen über einen längeren Zeitraum hinweg. Neues Verhalten kann trainiert werden. Dabei räumen sie den Klienten einen Schutz- und Schonraum ein, in dem der Einzelne zu sich kommen und auch neue Perspektiven gewinnen kann« (Lutz et al. 2021, S. 152).

Schonraum meint auch die Möglichkeit, sich von den alltäglichen Herausforderungen eines Lebens auf der Straße zu erholen, die sich nicht selten auf die physische und psychische Gesundheit der Betroffenen ausgewirkt haben (ebd.).

Problematisiert wird jedoch in der stationären Wohnungslosenhilfe die Verzahnung von Wohnen und Hilfe. Die Wohnung ist daran gebunden, dass die Betroffenen die Voraussetzungen erfüllen, die von der Einrichtung bestimmt werden (z.B. Alkoholabstinenz). Damit geht die Unterstellung einher, dass die Betroffenen das selbständige Wohnen erst wieder lernen müssten. Dem stellt sich das Konzept des Housing First entgegen. »Vorrangiges Ziel ist dabei, bezahlbaren Wohnraum direkt zur Verfügung zu stellen, ohne dass zuvor sogenannte Wohnfähigkeit bewiesen werden muss« (Schwarz, S. 61; ▶ Kap 3.4).

Die Wohnungslosenhilfe agiert auf der Ebene der Personen resp. der sozialen Gruppen, die von prekären Wohnverhältnissen betroffen oder bedroht sind. Dabei ist die Problembearbeitungsebene des Gemeinwesens – verstanden als Nachbarschaft – von großer Bedeutung im Alltag der betroffenen Menschen (Thiersch 2015). Das gilt sowohl für Menschen in prekären Wohnverhältnissen als auch für wohnungslose Menschen und solche in stationären Einrichtungen der Wohnungslosenhilfe. Das Gemeinwesen stellt die sozialen Bezüge dar, die die Bewältigung des Alltags unterstützen oder behindern.

Auf der Ebene des Quartiers zeigen sich die Folgen der wohnungsmarktbedingten Segregation in der Konzentration bestimmter sozialer Gruppen. Bezogen auf Wohnungslosigkeit sind dies die armen Gruppen in der Stadtbevölkerung. Hier handelt die Soziale Arbeit, indem sie das Problem entsprechend aufzeigt und nicht in der individuellen Zuschreibung belässt. Sie versucht, mit Wohnungsunternehmen und der kommunalen Sozialverwaltung zu kooperieren, bspw. um adäquaten Wohnraum für Wohnungslose zu finden, aber auch um die Wohnungspolitik in der Kommune zu beeinflussen. Soziale Arbeit geht damit weit über die Fallarbeit mit und an den einzelnen Betroffenen hinaus und schließt an die Ideen der Gemeinwesenarbeit an, wie wir weiter unten noch zeigen werden (▶ Kap. 2.4).

2.3 Wohnen in Institutionen

Wohnen ist in der Sozialen Arbeit nicht nur als eigenes Handlungsfeld bedeutsam. Vielmehr ist das Wohnen Bestandteil vieler sozialarbeiterischer Handlungsfelder. So hat die Soziale Arbeit oft mit Menschen zu tun, die in Einrichtungen leben. Das können öffentliche Einrichtungen sein (z. B.

Gefängnisse), das können aber auch Einrichtungen von Trägern der Sozialen Arbeit sein (z. B. Einrichtungen der Kinder- und Jugendhilfe, Frauenhäuser, Altenwohneinrichtungen, betreutes Wohnen für Menschen mit Beeinträchtigungen). Auch wenn hier in der Regel von einer »Unterbringung« gesprochen wird, ist diese Unterbringung für die betroffenen Menschen ihr Wohnen, ihre Heimat, ihre Nachbarschaft. Das muss Soziale Arbeit berücksichtigen.

> Die Erziehungswissenschaftlerin Miriam Meuth (2017) diskutiert dieses Wohnen als pädagogischen Ort und beschreibt es als *Wohnen im wohlfahrtsstaatlichen Arrangement*. Sie meint damit »verschiedene beruflich institutionalisierte (und professionalisierte) begleitete oder betreute Wohnkonstellationen im Kontext *sozialer Dienste*, die wohlfahrtsstaatlich gerahmt sind« (Meuth 2017, S. 3).

Sie merkt dazu kritisch an:

> »Auffällig ist, dass in der einschlägigen Literatur immer wieder Begriffe wie *Anstalt*, *Heim*, *Unterkunft* und *Unterbringung* verwendet werden, wenn in pädagogischen Kontexten gewohnt wird. Der Prozess des Einziehens in eine Einrichtung wird folglich als *Platzierung* oder auch als *Beherbergung* verstanden« (ebd., S. 6f.).

Hier wird der Unterschied zum Wohnen deutlich, wie es in Kapitel 1.1 als Ort beschrieben wird, an dem Privatheit erlebt wird. Während die eigene Wohnung als privat gilt und deshalb auch gesetzlich besonders geschützt wird, ist die Unterbringung im Kontext der Sozialen Arbeit eben nur eine Unterbringung in einer Einrichtung. Eine solche Unterbringung folgt den sozialarbeiterischen Zielsetzungen und der Logik der Institution. Privatheit und Schutz können nur sehr bedingt erlebt werden oder werden den institutionellen Zielen untergeordnet. Selbst wenn sich Menschen in einer Einrichtung wohnlich einrichten, werden Privatheit und Schutz schon durch institutionelle Routinen im Tagesablauf (Reinigung, Ruhe- und Essenszeiten usw.) beschränkt. Das gilt umso mehr, wenn Ziele der Einrichtung durch Kontrolle umgesetzt werden (etwa bei Verdacht auf Drogenkonsum beim morgendlichen Wecken). Damit ist das gefährdet, was Wohnen und die Wohnung für das Subjekt bedeutet: Sicherheit, Geborgenheit, Kontakt, Kommunikation und Selbstdarstellung (Hannemann 2014, S. 3; ▶ Kap. 1.1). Die Entfaltung des Subjekts in einer Wohnung nach dem individuellen Geschmack in der Einrichtung, der Gestaltung der Abläufe oder in der Kommunikation mit den Nachbar*innen ist in der Unterbringung nur möglich, soweit die institutionelle Routine dadurch nicht wesentlich gestört ist.

Die Verbindung von Wohnen und wohlfahrtsstaatlicher Unterstützung ist also problematisch: »Denn daran sind stets bestimmte *Bedingungen der Angebotsnutzung* sowie die *Kategorisierung als unterstützungsbedürftig* gekoppelt« (Meuth 2017, S. 17). Die Adressat*innen der Sozialen Arbeit, die ein Unterbringungsangebot nutzen wollen, müssen sich den Bedingungen dieses Angebots unterwerfen und ihr Wohnbedürfnis insoweit zurückstellen. Sie müssen sich darüber hinaus so einordnen (lassen), als seien sie auf die mit der Unterbringung verbundene Unterstützung angewiesen. Das kann, muss aber nicht der Fall sein. Doch schon in der nachbarschaftlichen Kommunikation werden die Beschränkungen deutlich. Hier wird meist zuerst die Institution angesprochen und sie (re-)agiert. Die einzelnen Bewohner*innen sind dann zwar Teil der Institution, aber nur vermittelt Teil der Nachbarschaft. Das Arbeitsbündnis in der Sozialen Arbeit ist so immer auch von der Macht der Institution gegenüber dem Individuum geprägt, die sich zuerst aus der Kategorisierung der »Hilfebedürftigen« ergibt. Eben diese Kategorisierung ist die Voraussetzung für ein Wohnen in Kontexten der Sozialen Arbeit, sie reproduziert das Machtverhältnis bis in die alltägliche Privatheit des Wohnens.

Eng damit verbunden ist die individualisierende, defizitäre Sicht auf die Betroffenen. Ihnen wird eine Unfähigkeit im Wohnen, in der Haushaltsführung und in der Organisation des Alltags unterstellt. Dies wurde für die Wohnungslosenhilfe mit der Zuschreibung von Wohnungslosigkeit als Persönlichkeitsmerkmal schon erläutert (▶ Kap. 2.2.1). Es gilt aber auch in anderen Handlungsfeldern der Sozialen Arbeit: »Problematisch ist die Umsetzung des Rechtes auf ein Leben in privater Häuslichkeit immer dann, wenn es mit einem Hilfebedarf durch Dritte aufgrund der individuellen Voraussetzungen oder der biografischen Situation verbunden ist« (Theunissen und Kulig 2016, S. 7). Für Menschen mit einer Behinderung stellt sich das Problem schon früh dar, wenn sie auf Hilfe angewiesen sind. Ein großer Teil von ihnen lebt auch als erwachsene Person in der Familie und wird hier versorgt (ebd., S. 12). Das geht allerdings mit einer Einschränkung der Privatsphäre durch die helfenden Familienangehörigen einher. In den stationären Einrichtungen für Menschen mit Behinderung können die Einschränkungen abhängig von der Art und dem Grad der Behinderung noch deutlich größer sein. So konstatiert der Erziehungswissenschaftler und Soziologe Hendrik Trescher im Anschluss an eigene Studien, dass

> »das stationäre Wohnen für Menschen mit kognitiver Beeinträchtigung [...] primär durch überwachende und regulierende Strukturrahmen gekennzeichnet [ist]. So können derartige Einrichtungen auch heute noch, trotz entsprechender Deinstitutionalisierungs- und Enthospitalisierungstendenzen, als totale Institutionen bezeichnet werden« (Trescher 2017, S. 252 f.).

Das Wohnen von Menschen mit Behinderung müsste ausführlicher und differenziert diskutiert werden. Für dieses Buch haben wir uns jedoch für exemplarische Einblicke zum Wohnen in der Jugendhilfe (▶ Kap. 2.3.1), in der Altenhilfe (▶ Kap. 2.3.2) und in der Arbeit mit Geflüchteten entschieden (▶ Kap. 2.3.3).

2.3.1 Wohnen in der Jugendhilfe

Um die Bedeutung der Wohnung in der Jugendhilfe zu verstehen, ist ein Blick auf verschiedene Formen der Erziehungshilfe sinnvoll. Zunächst ist zu unterscheiden zwischen ambulanten, teilstationären und stationären Erziehungshilfen (Zeller 2016, S. 792).

Stationäre Erziehungshilfen sind solche, in denen Kinder oder Jugendliche in einer anderen Familie (Vollzeitpflege, § 33 SGB VIII) oder einer Einrichtung der Jugendhilfe (Heimerziehung, sonstige betreute Wohnform, § 34 SGB VIII) untergebracht oder in einer eigenen Wohnung betreut werden (Intensive Sozialpädagogische Einzelbetreuung, § 34 SGB VIII). »Als Vollzeitpflege wird heutzutage die kurz-, mittel- und längerfristige Unterbringung eines jungen Menschen in einer Fremd- oder Verwandtenpflegefamilie im Rahmen der Jugendhilfe bezeichnet« (Trede 2016, S. 813). Kinder oder Jugendliche leben hier in einer anderen Familie. Die Wohnung der Pflegefamilie wird zur Wohnung der Kinder oder Jugendlichen. Das kann zeitlich befristet oder auf Dauer angelegt sein. Wie die Bezeichnung »Heimerziehung, sonstige betreute Wohnform« deutlich macht, sind diese Erziehungshilfen nicht leicht zu systematisieren und in ständiger Entwicklung begriffen:

> »Es gibt Versuche, eine solche [Systematisierung] anhand struktureller Merkmale vorzunehmen, wie zum Beispiel in Bezug auf die Größe der Einrichtung und der Betreuungsintensität, womit sich Innen- und Außenwohngruppen größerer Einrichtungen von Kinderdörfern und Kleinstheimen bzw. Kinderhäusern und Betreutes Jugendwohnen von Erziehungsstellen unterscheiden lassen« (Zeller 2016, S. 797).

Daneben ist als besondere Form die geschlossene Unterbringung als freiheitsentziehende und am stärksten eingreifende Maßnahme (§ 1631b BGB) zu nennen. Gemeinsam ist den Hilfen der Eingriff in die Familie und die anderweitige Unterbringung. Die Wohnung ist also in der Hilfe unabdingbar mit dieser verknüpft. Das kann auch in der intensiven sozialpädagogischen Einzelbetreuung so sein, allerdings sind hier die Hoheit über die Wohnung und die Privatsphäre größer. Das Wohnen, der Eingriff in das Wohnen und der Umgang mit dem Wohnen stellt in allen Hilfen eine unterschiedliche Herausforderung dar – sowohl für das professionelle Handeln in der Sozialen Arbeit als auch für die Betroffenen, die sich dieser eingeschränkten Privatsphäre stellen müssen.

Ambulante und teilstationäre Erziehungshilfen sind wiederum zu differenzieren (Freigang 2016). Während die ambulanten Hilfen, in Form der Erziehungsberatung (§ 28 SGB VIII) und der sozialen Gruppenarbeit (§ 29 SGB VIII) meist in den Räumlichkeiten der jeweiligen Institution stattfindet, suchen Erziehungsbeistand/Betreuungshelfer (§ 31 SGB VIII), sozialpädagogische Familienhilfe (§ 32 SGB VIII) und intensive sozialpädagogische Einzelbetreuung (§ 35 SGB VIII) die Familien in ihrer Wohnung auf. Zwar können Aktivitäten im Rahmen der Maßnahme außerhalb stattfinden, aber Ausgangspunkt ist bewusst die Wohnung, weil nicht selten der Alltag der Kinder, Jugendlichen und ihrer Familien Thema der Jugendhilfemaßnahme ist. Während sich die Soziale Arbeit hier im klassischen Spannungsfeld von Hilfe und Kontrolle adäquat bewegen muss, lassen die betroffenen Familien die Soziale Arbeit und die Institution Jugendamt in ihre Privatsphäre, offenbaren ihren Alltag mit allen potenziellen Schwächen und müssen sich in dieser Hinsicht kontrollieren, ggf. belehren, lassen. Die teilstationäre Hilfe ist die Tagesgruppe (§ 32 SGB

VIII). Hier verbringen »Kinder oder Jugendliche einen erheblichen Teil ihrer Freizeit außerhalb ihres Elternhauses und der Verantwortung der Eltern für Aufsicht und Erziehung« (Freigang 2016, S. 833). Der Lebensmittelpunkt in der eigenen Familie und ihrer Wohnung bleibt aber erhalten und ist zudem weniger Objekt der Hilfe.

2.3.2 Wohnen im Alter und in der Altenhilfe

Wohnen wird im Alter noch bedeutsamer, weil sich in der Regel die lebensweltlichen Bezüge nach der Arbeitsphase verringern. Die Wohnung und die nähere Umgebung werden zum Lebensmittelpunkt. Soziale Ungleichheit wird dann doppelt wirksam. Armut setzt sich im Alter fort und verstärkt sich noch:

> »Ein Anstieg der Altersarmut gilt weithin als sicher, da die Renten aus der gesetzlichen Rentenversicherung sinken und ein Ausgleich durch die betriebliche und die private Altersvorsorge für die unteren Einkommensgruppen kaum zu erwarten ist. Betroffen sind insbesondere (und sich überschneidend) alleinlebende ältere Frauen, Geringverdienende und langjährig Arbeitslose, Menschen mit Migrationshintergrund und Menschen, die aufgrund chronischer Krankheiten frühberentet werden« (Kümpers und Alisch 2018, S. 56).

Soziale Ungleichheit bewirkt zudem Unterschiede in der Gesundheit und der Lebenserwartung (ebd.; Teti und Höpflinger 2021, S. 477 f.). Darüber hinaus können sich auch die Vorstellungen von Wohnen und die Wohnbedürfnisse im Alter ändern. »In der Gruppe der alten Menschen finden sich dieselben (sozialen) Ungleichheiten und Differenzierungen wie in der gesamten Gesellschaft. Individualisierung und die Heterogenisierung der Lebensstile sind im älteren Teil der Bevölkerung angekommen« (Weidmann 2018).

Wie der Siebte Altenbericht der Bundesregierung (Bundesministerium für Familie, Senioren, Frauen und Jugend 2017) zeigte, leben die meisten alten Menschen in Deutschland in einer Miet- oder Eigentumswohnung (93 % der über 65-Jährigen und 66 % der über 90-Jährigen). Diese Wohnform verlangt eine Selbständigkeit der alten Menschen, die z. T. nur durch Unterstützung sichergestellt werden kann. »Nur 7 Prozent der über 65-Jährigen leben in stationären Einrichtungen der Altenpflege, in barrierefreien Wohnungen oder in Varianten des betreuten Wohnens« (ebd., S. 222). Die Einrichtungen der Altenpflege fokussieren die Pflege der alten Menschen und nicht ihr Wohnen. Beim betreuten Wohnen handelt es sich dagegen »um eine Variante des Wohnens in der eigenen Häuslichkeit, allerdings in einer barrierearmen Wohnung mit der Möglichkeit, Dienstleistungen zur Beibehaltung der Wohn- und Lebensqualität auch im Alter in Anspruch zu nehmen« (ebd., S. 224).

Alternative Wohnformen wie Pflegewohngruppen, integriertes Wohnen oder gemeinschaftliches Wohnen werden bisher im Alter kaum genutzt. Es ist aber zu erwarten, dass sich das ändert.

Integriertes Wohnen (Definition)

Das integrierte Wohnen zielt auf das »Zusammenleben von Menschen mit besonderen (nicht nur altersspezifischen) Bedarfen und der Ermöglichung der sozialen Teilhabe unterschiedlicher Statusgruppen. Vorrang bei der Bewältigung von Betreuungs- und Fürsorgeaufgaben in diesem Kontext haben nicht professionelle Dienstleistungen, sondern die Selbst- und Nachbarschaftshilfe« (ebd.).

Das kann auch im gemeinschaftlichen Wohnen der Fall sein, hier geht es jedoch zunächst um die Gemeinschaft und die Selbständigkeit der Bewohner*innen (ebd.). Umgesetzt wird das gerne in Hausgemeinschaften, z. B. in Mehrgenerationenhäusern, mit eigenen Wohnungen und Räumen für Begegnung und gemeinsame Aktivitäten (bspw. Hannemann 2021).

Pflegewohngruppen (Definition)

Pflegewohngruppen fokussieren zwar wieder die Pflege, allerdings in einer gemeinsamen Wohnung. »Eine Betreuung der Gruppen erfolgt extern durch den Träger der Wohngruppe oder auch selbstbestimmt durch die Mitbewohner und deren Angehörige. Dabei ist das Pflegepersonal je nach Pflegebedarf nicht zwingend permanent vor Ort, was den Charakter des privaten, selbstbestimmten Wohnens so gut wie möglich gewährleisten soll« (Bundesministerium für Familie, Senioren, Frauen und Jugend 2017, S. 225).

Über die Wohnung hinaus muss das Wohnumfeld als im Alter zunehmend bedeutsam herausgestellt werden. Allerdings können mit fortschreitendem Alter Einschränkungen der Mobilität verbunden sein, so dass letztlich das Wohnumfeld schlechter erreicht und im Sinne sozialer Teilhabe genutzt werden kann. Kümpers und Alisch (2018) beschreiben die Zugänge bzw. die Barrieren für unterschiedliche Räume und machen auf die Verfügbarkeit notwendiger Ressourcen aufmerksam:

»In ländlichen Räumen manifestieren sich die Barrieren meist zunächst ›in der Fläche‹, d. h. als große Entfernungen. In städtischen Räumen zeigen sie sich oft ›vertikal‹, d. h. als Unüberwindlichkeit von Treppen für Menschen mit Mobilitätseinschränkungen in Abwesenheit von Aufzügen, dann aber auch als weitere materielle Barrieren im öffentlichen Raum (Schwellen, kurze Ampelphasen, fehlende Sitzgelegenheiten etc.). Bei genauerer Betrachtung sind physische Barrieren nur genau so weit überwindbar, wie Kombinationen von individuellen und gesellschaftlichen Ressourcen das ermöglichen: Mit individuellen finanziellen Ressourcen lassen sich Unterstützungsleistungen wie bspw. Taxifahrten einkaufen; bei funktionierenden Netzwerken kann dies häufig durch Familie oder Nachbarschaft übernommen werden« (Kümpers und Alisch 2018, S. 64 f.).

Stehen diese Ressourcen aber nicht zur Verfügung – was bei zunehmender Vereinsamung immer häufiger der Fall sein wird – sind andere Unterstützungen im Wohnumfeld notwendig. Eine solche sozialräumliche Perspektive findet sich in der Altenhilfe und den Pflegediensten kaum. Kümpers und Alisch heben deshalb auf die Beseitigung von Barrieren und die Schaffung passender Gelegenheiten zur Teilhabe ebenso ab wie auf die Bekanntheit und Vermittlung der »relevanten und gut vernetzten – professionellen und zivilgesellschaftlichen – Akteure« (ebd.).

So forderte auch der Siebte Altenbericht der Bundesregierung »das Wohnquartier als Ort der sozialen Teilhabe« (Bundesministerium für Familie, Senioren, Frauen und Jugend 2017, S. 226) zu entwickeln.

Für die Soziale Arbeit lässt sich festhalten, dass sie auf die konkreten Bedarfe differenziert unterstützend eingehen, aber auch die verschiedenen Dienste und Netzwerke im Wohnumfeld koordinieren und ggf. entwickeln sowie das Wohnumfeld gestalten muss, um den alten Menschen ein angemessenes Wohnen in einem geeigneten Wohnumfeld zu ermöglichen (Weidmann 2018).

2.3.3 (Nicht-)Wohnen von geflüchteten Menschen

Das Wohnen von Menschen auf der Flucht stellt sich in besonderer Weise problematisch dar:

»Sie konkurrieren um Plätze in der öffentlich-rechtlichen Unterbringung oder in überteuertem und häufig illegal überlassenem Wohnraum in Schrottimmobilien, um lokale Notschlafgelegenheiten und Schlafplätze in öffentlichen Räumen oder übernachten in Pkws in der Nähe von temporären Arbeitsstätten« (Breckner und Sinning 2022, S. 1 f.).

Auf dem Wohnungsmarkt sehen sie sich einer starken Diskriminierung ausgesetzt (dazu bspw. Alisch und Ritter 2021, S. 75), die hohen Mieten können sie sich kaum leisten. Geflüchtete Menschen bleiben deshalb häufig auch dann in prekären Wohnverhältnissen oder kommunalen Einrichtungen, wenn sie einen Aufenthaltsstatus haben und eine Wohnung anmieten dürfen (ebd.). Die Folgen sind für sie und die Integration der Gesellschaft problematisch, ist doch die Wohnung der sichere Ausgangspunkt, um die vielfältigen Herausforderungen des Alltags zu bewältigen, die nach der Flucht und der Ankunft im neuen Land ungleich größer sind. Das Erlernen der neuen Sprache, das Zurechtfinden an neuen Orten, die Suche nach einer Arbeit oder gesundheitliche Probleme lassen sich mit dem sicheren Ausgangspunkt der Wohnung leichter bewältigen (Breckner und Sinning 2022, S. 3).

Bisher liegen kaum verwertbare Daten zur Wohnungslosigkeit geflüchteter Menschen vor. Sie werden punktuell und sehr unterschiedlich von den Trägern der Unterkünfte (Kommunen und soziale Träger) erhoben. Die Daten des Bundesamts für Migration und Flüchtlinge ermöglichen keine Einblicke in langfristige regionale Entwicklungen (ebd., S. 10). Wie bereits dargestellt, schafft hier auch der Wohnungslosenbericht der Bundesregierung keine Klarheit (▶ Kap. 2.2.1).

In ihrer Analyse zum Thema Wohnen und Flucht setzt sich die Stadtsoziologin Ingrid Breckner (2022) ausführlich mit der Wohnversorgung und den Integrationsperspektiven von Schutzsuchenden in Deutschland auseinander. Sie beschreibt hier anschaulich »das Warten auf Wohnrecht in Erstaufnahme- und Folgeunterkünften« (ebd., S. 251), die in der Regel kaum mehr sind als eine überdachte Schlafgelegenheit für mehrere Personen mit Gemeinschaftsbad und Verpflegungsraum. Die Belastung für die Fluchtzugewanderten ist in solchen Unterkünften besonders hoch »durch die räumliche Enge und die fehlende Privatsphäre. Insbesondere für die Frauen ist die Situation von Unsicherheit geprägt und die räumliche Lage vieler dieser Einrichtungen behindert Kontakte zur (Aufnahme)Gesellschaft« (Alisch und Ritter 2021, S. 74). Gleichwohl versuchen die Geflüchteten auch unter diesen Bedingungen zu wohnen:

»Sie improvisierten Sichtschutz in den Schlafräumen, besorgten sich Warmwasserbereiter, um wenigstens einen Tee kochen zu können, oder legten Teppiche für die Verrichtung religiöser Rituale aus. Mit solcher Wohnpraxis geraten sie jedoch leicht in Konflikt mit amtierenden Sicherheitsdiensten, die befugt sind, alle Utensilien zu entfernen, die den Brandschutz gefährden oder die Erfüllung ihrer Kontrollpflichten behindern« (Breckner 2022, S. 251).

Ändert sich der Aufenthaltsstatus, können geflüchtete Menschen in eine sogenannte Folgeunterkunft umziehen, in der die Bedingungen etwas besser erscheinen – sofern eine solche Unterkunft zur Verfügung steht. Die Art dieser Unterkünfte ist von Kommune zu Kommune höchst unterschiedlich. Das können freie Plätze in Unterkünften für Wohnungslose sein, umgebaute Gewerbe- oder Büroflächen, aber auch eigens errichtete Modul- oder Neubauten mit dem Standard des sozialen Wohnungsbaus (ebd.). Und wieder zeigt sich, dass die Menschen auf der Flucht versuchen, sich diesen Raum anzueignen und zu ihrer Wohnung zu machen:

»Vorhandene Möbelstücke wurden so im Raum positioniert, dass nachts ruhigere Rückzugsräume entstehen und tagsüber Gäste empfangen werden konnten. Insbesondere Personen mit einer vergleichsweise sicheren Bleibeperspektive hatten begonnen, die Ausstattung der Zimmer mit gebrauchten Gegenständen zu ergänzen, und bemühten sich um eine ästhetische Raumgestaltung mit einfachsten Mitteln. Vorhandene Kochgelegenheiten wurden – sofern Erfahrungen mit der Selbstversorgung vorlagen – für die Herstellung vertrauter Nahrung genutzt. Je mehr Privatsphäre eine Folgeunterkunft bietet, desto mehr verbessert sich in der Regel der Schlaf und der verfügbare Raum wird vermehrt für konzentriertes Lernen der neuen Sprache und berufliche Orientierung, mediale Kontaktpflege mit Freundinnen, Freunden und Verwandten sowie überschaubare Geselligkeit genutzt« (Breckner 2022, S. 255).

Breckner kritisiert deshalb beim Übergang in eine reguläre Wohnung die in Kommunen anzutreffende Praxis des Probewohnens in Häusern kommunaler Wohnungsbaugesellschaften. Zwar werden hier die Menschen in der Alltagsbewältigung unterstützt, die Annahme, dass Geflüchtete das Wohnen erst wieder erlernen müssten, entspringt allerdings den Vorbehalten ihnen gegenüber und reproduziert sie zugleich, so dass deren Chancen auf dem Wohnungsmarkt noch verringert werden.

Das Wohnen von Geflüchteten und ihre prekäre Unterbringungssituation bedeutet für die Soziale Arbeit eine konkrete Unterstützung bei der Bewältigung des herausfordernden Alltags, die jedoch einhergehen muss mit der Arbeit an einer verbesserten Aussicht auf eigenen, angemessenen Wohnraum in einer für die Integration geeigneten Wohnumgebung (Alisch und Ritter 2021).

2.4 Wohnen in der Nachbarschaft: Gemeinwesenarbeit als Akteurin kommunaler Entwicklung

Der Wohn- und Lebensort von marginalisierten sozialen Gruppen – ihre Nachbarschaft und das Gemeinwesen als lokaler sozialer Zusammenhang, in dem Interessen, Alltag und Zugehörigkeit über geteilte soziale Merkmale vermittelt werden, sind Bezugsorte, in denen Soziale Arbeit in Form von Gemeinwesenarbeit handelt. Die konzeptionelle Nähe von Nachbarschaft und Gemeinwesen ist in der historischen Entwicklungslinie von Gemeinwesenarbeit, beginnend mit der Settlement-Bewegung, eingebettet (▶ Kap. 2.1). Vor der nationalsozialistischen Diktatur entstanden in Deutschland Nachbarschaftshäuser nach dem Vorbild der Settlements in England und den USA. Diese Form der Gemeinwesenentwicklung wurde von den Nationalsozialisten verboten oder für ihre Zwecke umgewidmet. Sie strebten eine Gleichschaltung der Gesellschaft an. Dazu diente auch die Wohnungspolitik, die die eher homogenen Nachbarschaften in Blöcke

2.4 Wohnen in der Nachbarschaft: Gemeinwesenarbeit

unterteilte und eine soziale Mischung anstrebte. Damit sollte eine unkontrollierte Solidarisierung innerhalb der Nachbarschaft erschwert werden. Die Ziele der Nachbarschaftshäuser standen dem entgegen (Götze 2005).

Nach dem zweiten Weltkrieg wurden Nachbarschaftsheime durch amerikanische und englische Alliierte in Westdeutschland (wieder-)aufgebaut, deren Aufgabe zunächst neben der Entnazifizierung vor allem in der Versorgung der Nachbarschaft mit Kleidung und Nahrung bestand. In Ostdeutschland dagegen wurde

> »mit der Etablierung eines sich als sozialistisch definierenden politischen Systems, beginnend in der sowjetischen Besatzungszone (SBZ) und besonders in der späteren DDR, [...] ein prinzipiell neues sozialpolitisches Grundverständnis und in Folge auch für die Realisierung der sozialen Arbeit entwickelt. Dessen Hauptmerkmal war die Verantwortungsübernahme des Staates für die soziale Absicherung und andere grundlegende Daseinsfragen« (Seidenstücker 2018, S. 1586).

Nachbarschaftshäuser gab es deshalb ebenso wenig wie die Gemeinwesenarbeit.

In der Bundesrepublik erlangte die Gemeinwesenarbeit Ende der 1960er, Anfang der 1970er Jahre eine größere Bedeutung (Oelschlägel 2013b, S. 186). Rausch sagt dazu:

> »Im Gefolge der Studentenbewegung bezog sie über die Hilfe zur Selbsthilfe hinaus eine gesellschaftspolitische Perspektive in ihre Arbeit mit ein. Sie verstand sich als Reformbewegung von unten, deren Ziel nicht nur die Aktivierung, sondern, darüberhinausgehend, die Emanzipation der BürgerInnen und die Demokratisierung der Gesellschaft war. Damit entsprach Gemeinwesenarbeit dem Zeitgeist, der sich von der restaurativen Nachkriegsepoche verabschieden und großen Reformvorhaben zuwenden wollte« (Rausch 1998, S. 188 f.).

Die bundesdeutschen Städte hatten zu jener Zeit mit den Folgen der wirtschaftlichen Krise und der Suburbanisierung zu kämpfen. Hohe Arbeitslosigkeit und Armut konzentrierten sich zunehmend in sanierungsbedürftigen Altbauvierteln mit Mietwohnungsbau in den Zentren, noch aus der Zeit der Industrialisierung, deren Wohnungen schlecht belichtet und belüftet waren, mit Kohleöfen beheizt wurden und nur ein Gemeinschaftsbad auf dem Flur hatten (Schmitt und Schröteler-von Brandt 2023, S. 74). Die Idee, modernen Wohnraum für alle zu schaffen, bedeutete zunächst oft den Abriss ganzer Viertel. Wenn auch gemeinhin die Modernisierung begrüßt wurde, blieb die soziale Lage im Stadtviertel unberücksichtigt. Bei der Beteiligung der Bewohner*innen »ging es weitgehend darum, negative Folgen räumlich-technischer Maßnahmen zu vermeiden oder Verluste, die durch Sanierungsmaßnahmen individuell entstehen, zu entschädigen« (Alisch 2007, S. 305 f.). In den entsprechenden sozialen Auseinandersetzungen um Stadtsanierungen (Veil 2012, S. 93 f.) zeigte sich die Gemeinwesenarbeit, besonders mit dem Ansatz der sogenannten aggressiven Gemeinwesenarbeit nach dem Vorbild des Community Organizing, aktiv auf der Seite der Bewohner*innen und unterstütze sie dabei, ihre Interessen und Forderungen gegenüber Stadtpolitik und -verwaltung geltend zu machen. Die Auseinandersetzungen über Wohn- und Lebensverhältnisse in städtischen Vierteln wurden durch die Gemeinwesenarbeit zunehmend öffentlich und unter Beteiligung der betroffenen Bewohner*innen geführt (Litges et al. 2005).

Zugleich wurden die Einzelfallhilfe und die soziale Gruppenarbeit aufgrund ihrer disziplinierenden Ausrichtung, der Pathologisierung der Adressat*innen und der Individualisierung von (strukturell bedingten) Problemlagen kritisiert (Galuske 2013). Diese Methodendiskussion führte zu einer demokratischeren Ausrichtung und zur Professionalisierung der Sozialen Arbeit, in der die Gemeinwesenarbeit als das dritte Handlungsprinzip galt. Damit wird die Soziale Arbeit auf ein Gemeinwesen und die gesellschaftlichen und strukturellen Bedingungen von Problemlagen ausgerichtet. Gleichzeitig wird mit dem Begriff Gemeinwesenarbeit auch ein eigenständiges Handlungsfeld Sozialer Arbeit beschrieben, das räumlich bezogen ist auf ein Wohngebiet (Viertel, Quartier, Straßenzug). Der Erziehungswissenschaftler Dieter Oelschlägel fasst das so zusammen:

Gemeinwesenarbeit (Definition)

»Gemeinwesenarbeit ist eine sozialräumliche Strategie, die sich ganzheitlich auf den Stadtteil und nicht auf einzelne Individuen richtet. Sie arbeitet mit den Ressourcen des Stadtteils und seiner Bewohner, um seine Defizite aufzuheben. Damit verändert sie dann allerdings auch die Lebensverhältnisse seiner BewohnerInnen« (Oelschlägel 2011, S. 206).

2.4 Wohnen in der Nachbarschaft: Gemeinwesenarbeit

Die Gemeinwesenarbeit ist also der Bereich der Sozialen Arbeit, der historisch und aktuell eng mit dem Wohnen verknüpft ist. Sie bezieht sich in aller Regel auf einen geographisch begrenzten Raum und arbeitet eng mit den Menschen, die dort wohnen. Bei dem als funktional bezeichneten Ansatz der Gemeinwesenarbeit geht es darum, stärker die Wohn-, Arbeits- und Bildungsbedingungen in einem Wohnquartier in den Blick zu nehmen, während sich der kategoriale Ansatz der GWA vor allem auf die Arbeit mit Bevölkerungsgruppen mit spezifischen Interessen oder Merkmalen (Alter, Nationalität, alleinerziehend u. Ä.) bezieht. In der Praxis der Gemeinwesenarbeit verbinden sich diese Ansätze aber zu einer Arbeit in und an Wohnorten (Weidmann 2019, S. 38 f.).

Historisch lassen sich verschiedene Formen und Konzepte der Gemeinwesenarbeit unterscheiden, von der wohlfahrtsstaatlichen, sozialintegrativen Gemeinwesenarbeit mit einem ausgeprägten Fürsorgecharakter bis zur aggressiven Gemeinwesenarbeit in der Tradition des Community Organizing. In der Bundesrepublik verbreitete sich zunächst die Idee einer sozialintegrativen Gemeinwesenarbeit (Ross und Lappin 1971), die »von einer weitgehend funktionierenden, demokratischen, herrschaftsfreien Gesellschaft ausging, in der lediglich einzelne Dysfunktionalitäten durch die Menschen selbst in gemeinschaftlichen Netzwerken und mit wohlfahrtsstaatlicher Unterstützung beseitigt werden sollen« (Weidmann 2018). Demgegenüber entwickelte sich die systemkritische aggressive Gemeinwesenarbeit in Anlehnung an das Community Organizing, die den Menschen zu einer stärkeren Position in Auseinandersetzungen bspw. um Stadtteilsanierungen verhelfen wollte. Der Fachdiskurs zur Gemeinwesenarbeit wurde von diesen politisch gegensätzlichen Ausprägungen bestimmt. In der Folge entwickelten sich verschiedene Konzeptualisierungen von Gemeinwesenarbeit als stadtteilbezogene Soziale Arbeit (Hinte 1994).

Gemeinwesenarbeit bezieht sich einerseits auf die nachbarschaftliche Gemeinschaft und andererseits gilt es, die Lebensbedingungen in diesem Wohngebiet unter Beteiligung der dort wohnenden Menschen in ihrem Sinne zu verbessern. Zugleich wurde mit dem Diskurs um die Gemeinwesenarbeit der veränderte Blick in der Sozialen Arbeit vom Einzelfall auf den sozialen Raum hergestellt: »Der Einzelfall verliert damit seine alles beherrschende, zentrale Bedeutung für soziale Arbeit und wird zu einer lediglich gleichermaßen zu beachtenden Größe neben dem ihn prägenden sozialen Raum« (Litges et al. 2005, S. 561). Diese Entwicklung vom »Fall zum Feld« wurde zunehmend unter dem Begriff »Sozialraumorientierung« zusammengefasst und beeinflusst seit den 1990er Jahren die Diskussion um die Wirksamkeit und die Finanzierung Sozialer Arbeit in vielen Handlungsfeldern (für die Jugendhilfe Hinte et al. 1999; ▶ Kap. 3.1).

Mit dem Bund-Länder-Programm »Soziale Stadt« wurde die Städtebauförderung im Jahr 1999 auf die verschiedenen Voraussetzungen, Funktionen und Zielsetzungen in einem Wohngebiet in sozialer, baulicher, ökonomischer, ökologischer und kultureller Hinsicht ausgerichtet. Es ging nicht allein um die baulichen Maßnahmen, sondern auch um eine wie auch immer soziale Stadtentwicklung. Voraussetzung für eine Förderung waren sogenannte »integrierte Entwicklungskonzepte«, in denen die Kommunen die gewünschte Entwicklung eines Wohnquartiers – auch in sozialer Hinsicht – darstellen sollten. Hier galt es, ganz unterschiedliche Akteur*innen einzubeziehen (Bewohner*innen, Vereine, Institutionen, Wirtschaft, Verwaltung und Politik). Die Soziale Arbeit war in dieser Politik des Quartiersansatzes zunächst nicht so recht mitgedacht. Nicht selten waren Stadtplaner*innen im sogenannten Quartiersmanagement (▶ Kap. 1.4.3) für die Koordination im Quartier zuständig, manchmal auch Tandems unterschiedlicher Professionen, in denen auch Sozialarbeiter*innen ihre Aufgabe fanden. Das führte letztlich zu einer begrifflichen und inhaltlichen Diskussion über die Gemeinwesenarbeit, so dass sie mit der sozialen Stadtentwicklung eine Renaissance zu erleben schien. In »überforderten Nachbarschaften« (Krings-Heckemeier et al. 1998) und »benachteiligten Stadtteilen« rückten soziale Problemlagen in den Blick. Mit dem Begriff der Überforderung kam deutlich zum Ausdruck, dass gerade dort, wo Menschen in oft prekären Lebenslagen zusammenleben, sie vielfach auch die gesellschaftliche Integrationsleistung von Zuwanderung oder Bildungsbenachteiligung zu leisten haben. Die Zuständigkeit für die Programme »Soziale Stadt« und später »Sozialer Zusammenhalt« durch die Städtebauförderung hatte zur Folge, dass städtebauliche Maßnahmen und technokratisches Planungshandeln stark im Vordergrund des Handelns standen.

Unterschiedliche Konzeptualisierungen spiegeln sich in unterschiedlichen Bezeichnungen für die Einrichtungen in den Quartieren (z. B. Stadtteiltreff, Bürgerzentrum, Quartiersbüro). Stadtteilarbeit wird teils le-

2.4 Wohnen in der Nachbarschaft: Gemeinwesenarbeit

diglich als zusätzliche Angebotsstruktur verstanden und das Quartiersmanagement mit eigenem Stadtteilbüro als Instanz zur Verbindung der Aufgaben im Quartier mit den unterschiedlichen Dienststellen in der Verwaltung und darüber hinaus. Sofern es eine eigene Förderung für Gemeinwesenarbeit in einer Kommune gibt, hat auch diese in der Regel einen lokalen Raum für ihre Arbeit.

Schönig sieht die Gemeinwesenarbeit unterschiedlich und auch nicht klar von anderen Akteur*innen (und Professionen) abgegrenzt herausgefordert:

> »Erstens […] als Stadtteilentwicklung auf Initiative von Wohnungsunternehmen, Stadtplanung und Kommunalpolitik unter Rückgriff auf Bundes- und Landesprogramme, zweitens […] als Sozialraumorientierung als Dauerprojekt der Sozialverwaltung, die in verschiedenen Handlungsfeldern (Jugendhilfe, Seniorenarbeit, Wohnungslosenhilfe u. a.) Ansätze der Gemeinwesenarbeit integriert und drittens […] als Bürgerbeteiligung und aggressiv-revoltierendes Element sozialer Bewegungen« (Schönig 2012, S. 36).

Dieses diffuse Verständnis von Gemeinwesenarbeit hat die Bundesarbeitsgemeinschaft Soziale Stadtentwicklung und Gemeinwesenarbeit für die Stadtentwicklung in vier Handlungsfeldern zu konkretisieren versucht:

> »1. Bürgernetzwerke in ihrer Eigenständigkeit und Vielfalt stärken, insbesondere bei der Vernetzung und Einbindung benachteiligter Gruppen
> 2. Gemeinwesenarbeit in Politik und Verwaltung verankern
> 3. Wirtschaft für das Gemeinwesen gewinnen
> 4. Dem Gemeinwesen eine Stimme geben« (BAG Soziale Stadtentwicklung und Gemeinwesenarbeit e. V., Stiftung Mitarbeit 2010, S. 9)

Auf dieser Basis macht Oelschlägel (2013b) drei Entwicklungsstränge für die Gemeinwesenarbeit aus: Lokale Ökonomie, Community Organizing und den Quartiersansatz.

> Lokale Ökonomie bezieht sich auf das »Quartier […] als zusätzliche Ressource zur Existenzsicherung und zur Teilhabe am gesellschaftlichen Leben. Gleichzeitig wächst gerade in armen Stadtteilen der Bedarf an zu leistender Arbeit in den Bereichen der Infrastrukturgestaltung (vom Renovieren der Wohnung bis zur Gestaltung von Mietergärten) und der

sozialen Dienstleistungen, insbesondere der Kinderbetreuung, der Altersversorgung und der Krankenpflege« (ebd., S. 194).

Gemeinwesenarbeit führt diese Bedarfe zusammen in Projekten der Gemeinwesenökonomie, die nicht auf Gewinn ausgerichtet sind, sondern auf das Wohlergehen im Quartier. Das können Nachbarschaftsgärten sein, Tauschringe, Genossenschaften zur gemeinsamen Umsetzung von Interessen (z. B. beim Wohnungsbau), aber auch Betriebe der gemeinnützigen Sozialwirtschaft, die eine Leistung für das Quartier anbieten oder Arbeitsplätze für die Menschen im Quartier bereitstellen. Community Organizing in der Gemeinwesenarbeit bezieht Oelschlägel auf die Aktivierung der Betroffenen zur Veränderung ihrer Wohn- und Lebensverhältnisse und die »Erweiterung von Handlungsspielräumen« (ebd., S. 196) der Betroffenen in ihrem Alltag (▶ Kap. 3.3). Die Entwicklung des Quartiersansatzes (▶ Kap. 1.4.3) schließlich bedeutet die Ausrichtung der Gemeinwesenarbeit auf und die Einmischung für eine »integrierte Stadtpolitik« (Oelschlägel 2013b, S. 197), die den sozialräumlichen Polarisierungen und den sozialen Ausschließungsprozessen bis zur Konzentration der Ausgeschlossenen in benachteiligten Stadtteilen entgegenwirken soll.

In dieser Perspektive auf Gemeinwesenarbeit ist ihre Bedeutung mit der Programmatik einer integrierten oder sozialen Stadtentwicklung seit den 1990er Jahren ein stückweit gewachsen, was jedoch auch daran liegt, dass für die Arbeit im sozialen Raum unterschiedliche Bezeichnungen ungeklärt nebeneinanderstehen (z. B. auch Stadtteilarbeit oder Quartiersmanagement), verschiedene Berufsgruppen tätig sind (neben Sozialarbeiter*innen und Pädagog*innen, Psycholog*innen und Soziolog*innen finden sich hier auch Stadtplaner*innen oder Architekt*innen) und nicht zuletzt unterschiedliche Vorstellungen über die Tätigkeit vor Ort seitens der Träger wie der Auftraggebenden bestehen (Fehren et al. 2023). Der Erziehungswissenschaftler Oliver Fehren hat gemeinsam mit anderen (ebd.) in einer mehrjährigen Untersuchung die Finanzierungsformen, Trägerschaften und Vorkommen von Gemeinwesenarbeit im deutschsprachigen Raum zusammenzutragen versucht. Sie sind dabei auf den Begriff der *Gemeinwesenarbeitsorientierung* ausgewichen, um der begriffli-

2.4 Wohnen in der Nachbarschaft: Gemeinwesenarbeit

chen Vielfalt im Arbeitsfeld gerecht zu werden und auch solche Einrichtungen anzusprechen, die sich nicht zuerst der Gemeinwesenarbeit zuordnen[1]. Es zeigte sich,

> »dass bei den offiziellen Bezeichnungen im deutschsprachigen Raum neben der klassischen Bezeichnung Gemeinwesenarbeit (151, 48,2 %) auch Bezeichnungen wie Stadtteilarbeit (133, 42,5 %), Quartiers-/Stadtteilmanagement (100, 31,9 %), Nachbarschaftsarbeit (79, 25,2 %), Quartierarbeit (77, 24,6 %) und Sozialraumarbeit (64, 20,4 %) zahlreich verbreitet sind« (ebd., S. 87).

Wie die Untersuchung ebenfalls zeigte, findet der überwiegende Teil dieser Tätigkeiten im städtischen Raum statt mit einer Zuständigkeit für einen oder mehrere geografisch abgegrenzte Räume. Obwohl sich in der Untersuchung zwar die unübersichtliche Vielfalt der Bezeichnungen und der Tätigkeiten von Gemeinwesenarbeit im Zusammenhang von Stadtentwicklung spiegelt, ist der Begriff der Gemeinwesenarbeit doch zentral für die Soziale Arbeit an den Wohnorten von Menschen in meist prekären Lebenslagen.

Soziale Arbeit ist hier offensichtlich eng mit der Stadt- bzw. der kommunalen Entwicklung verknüpft. Sie darf jedoch nicht verkürzt werden auf die individuelle Unterstützung derjenigen, die von Prozessen der Stadtentwicklung negativ betroffen sind. Sie muss auch als Akteurin der kommunalen Entwicklung verstanden werden, um auf Augenhöhe mit den Akteur*innen der Stadtplanung und -entwicklung zusammenarbeiten (▶ Kap 3.1).

»Die Profession der Sozialen Arbeit ist über unterschiedliche Handlungsfelder und Institutionen wie Stadtteilzentren, Quartierbüros oder der aufsuchenden Sozialen Arbeit in die Planung und Entwicklung von Städten eingewoben. Die Professionellen der Sozialen Arbeit übernehmen dabei vielfältige Aufgaben. Sie regen nachbarschaftliche Vernet-

---

1 Ein Ergebnis ist der fortlaufend aktualisierte Atlas der Gemeinwesenarbeit Deutschland – Österreich – Schweiz, der die Standorte der gemeinwesenarbeitsorientierten Praxis in Deutschland, Österreich und dem deutschsprachigen Teil der Schweiz auf einer interaktiven Landkarte anzeigt: https://www.google.com/maps/d/viewer?mid=1OARSEbv9aJScdxBl1cedULVz-uMTKYOL&usp=sharing.

zung und Aktivitäten an, fördern das soziale Leben im Quartier und entwickeln bedarfsorientierte Angebote für die Bewohnerschaft« (Tappert 2023, S. 43).

Stadtplanung und Soziale Arbeit sind auch historisch in den »sozialreformerischen Bürgerschaftsaktivitäten des späten 19. Jahrhunderts als Reaktion auf die besorgniserregende Lage in den Großstädten miteinander verbunden« (Oehler und Drilling 2016, S. 14f.). Selbstkritisch muss die Soziale Arbeit aber erkennen, »stadt*planerische* Fragen werden [...] noch zu wenig systematisch thematisiert und bedürfen einer theoretischen Fundierung aus der eigenen Disziplin« (ebd.). Das ist auch deshalb sinnvoll, weil sie die Kommunen bei der gemeinsamen Entwicklung von Zielen von Verwaltung, Politik, Wirtschaft und Zivilgesellschaft und der gemeinsamen, kooperativen und transparenten Arbeit an der Umsetzung dieser Ziele unterstützen kann. Hier braucht es zivilgesellschaftliche Prozesse jenseits von Institutionen und Organisationen, nämlich die Partizipation der Bürger*innen. Partizipation ist deshalb integraler Bestandteil einer tatsächlich *sozialen* Stadtentwicklung. Die Partizipationsformen in Stadtplanung und -entwicklung sind jedoch nicht selten hochschwellig und werden vorwiegend von jenen Menschen genutzt, die bereits institutionell aktiv und organisiert sind (wir grenzen das explizit von Formen der Selbstorganisation und der Aktivität in der Privatheit ab). Expert*innenforen, Stadtteilkonferenzen und Anhörungen setzen kommunikative Fähigkeiten und Wissen um die Themen voraus. Verfahren der direkten Demokratie werden deutlich stärker von Menschen mit einem Hochschulabschluss wahrgenommen, ebenso wie Initiativen mehrheitlich von dieser Bevölkerungsgruppe gegründet werden (bspw. Statistisches Bundesamt et al. 2021, S. 382). Partizipation in dieser Form – ohne das Verständnis um die Aktivierung der Betroffenen – kann deshalb soziale Polarisierung und Ausgrenzung noch verstärken. Im dritten Kapitel, in dem wir das *Wie* des Handelns Sozialer Arbeit ausführen, wird deshalb die Bedeutung von Partizipation und ihr Gelingen konzeptionell eingebunden (▶ Kap. 3).

2.5 Zusammenfassung: Wohnen und Soziale Arbeit

Die Soziale Arbeit ist zwar von Beginn an eng mit Fragen des Wohnen verknüpft, scheint jedoch in mehrfacher Hinsicht wenig reflektiert mit den damit verbundenen Aufträgen umzugehen: So folgt die normative Vorstellung eines guten Wohnens in der Sozialen Arbeit jener Idee des Wohnens, die sich seit der Industrialisierung als Idealtypus modernen Wohnens entwickelt hat (▶ Kap. 1.1). Die damit verbundene Reproduktion der Kleinfamilie mit den entsprechenden Rollenerwartungen bleibt ebenso unhinterfragt wie die entsprechenden Ausschließungen (Reutlinger 2017, S. 73). Dem folgt die Annahme, dass diejenigen, die im Zusammenhang des Wohnens von der Sozialen Arbeit unterstützt werden, mangelnde Kompetenzen hätten und Wohnen lernen müssten (Meuth 2017, S. 12). Soziale Arbeit greift dabei in die zu schützende Privatsphäre der Betroffenen ein, um sie nach ihren Vorstellungen zu regulieren. In Einrichtungen kommt die institutionelle Perspektive hinzu, nach der der Wohnalltag sich den Erfordernissen eines rationalisierten und kostengünstigen Betriebs der Einrichtung unterordnen muss. Die Orientierung am Alltag der Adressat*innen (wie sie im Konzept der Lebensweltorientierung für die Soziale Arbeit ausgeführt ist, Thiersch 2015) ist so nicht umsetzbar. Zudem läuft die Soziale Arbeit Gefahr, das Problem der Wohnungslosigkeit nur als individuelles Versorgungsproblem zu sehen und zu bearbeiten. Der strukturelle Zusammenhang wird ausgeblendet, was die Soziale Arbeit aber von dem Bemühen entlastet, auf dieser schwierigen Ebene zu agieren, wie der Schweizer Sozialgeograph und Erziehungswissenschaftler Christian Reutlinger kritisch anmerkt (2017, S. 61–64). Hier ist die Soziale Arbeit als reflexive Profession gefordert, Wohnen im gesellschaftlichen Kontext zu sehen. Die Art und Weise des Wohnens hat sich normativ im Zusammenhang der Erwerbsgesellschaft entwickelt. Dieser Norm darf die Soziale Arbeit nicht einfach folgen und sie als Anforderung an ihre Adressat*innen reproduzieren. Wohnraum und dessen Verfügbarkeit, Wohnungslosigkeit und prekäre Wohnverhältnisse sind im Zusammenhang der Wohnungspolitik zu sehen. Diese Strukturen muss Soziale Arbeit als Ausgangslage für die Probleme ihrer Adressat*innen anerkennen und einen Umgang damit entwickeln, sonst folgt sie den Ausschlussprozessen des Wohnungsmarkts.

Ähnlich trügerisch ist die Orientierung an der Nachbarschaft, wenn die Soziale Arbeit davon ausgeht, »dass gesellschaftliche Probleme weiterhin da gelöst werden können, wo sie sichtbar werden« (ebd., S. 82). Modelle gemeinschaftlichen Wohnens scheinen attraktiv, um der einer Individualisierung folgenden Einsamkeit Vergemeinschaftung entgegenzusetzen, wie sie im urbanen Raum zumindest in Ansätzen noch zu finden ist. Die Idee von lokalen Gemeinschaften findet sich in Stadtentwicklungsmaßnahmen und ist in der Sozialen Arbeit positiv verbreitet.

> Zugleich müsste aber auch diskutiert werden, ob sich, wie Reutlinger sagt, »das transformierte bürgerliche Wohnverständnis nicht genau in dieser Gestalt offenbart: *kreativ* (alternative Funktionskombination Arbeit und Wohnen), *offen und flexibel* (bspw. hinsichtlich Partnerschaften und Familienmodelle), *selbstbezogen und gemeinschaftlich* (bspw. in Bezug auf die Selbstpositionierung) *sowie sozial und ökologisch verantwortlich* (karitative Modelle und bewusster Lifestyle lassen sich perfekt in den Alltag integrieren und damit das eigene Gewissen beruhigen)« (ebd., S. 77).

Die Zusammensetzung der Nutzenden solcher Projekte lokaler Gemeinschaften von Nachbarschaftsgärten bis hin zu Mehrgenerationshäusern und genossenschaftlichem Wohnen deutet bisher meist auf die Mittelschicht hin. Selbst wenn randständig verortete Gruppen explizit angesprochen werden sollen, gelingt das nur zeitweise (bspw. Oehler et al. 2018, S. 16). Zeitgleich werden traditionelle Formen der Vergemeinschaftung in einzelnen Gruppen als Erscheinung einer Parallelgesellschaft kritisch diskutiert und die Soziale Arbeit eingesetzt, um diese zu verhindern. Reutlinger fordert einen differenzierteren Blick auf die Nachbarschaft:

> »Aus einer sozialräumlichen Perspektive wären die vielfältigen und unterschiedlichen Vorstellungen und Lebensentwürfe an den Anfang von nachbarschaftlichen Diskursen zu stellen. Die Herausforderung liegt darin, verbindende und ermöglichende soziale Zusammenhänge zu konstruieren auf der Basis gelebter unterstützender Netzwerke, welche sich an ganz unterschiedlichen Orten

2.5 Zusammenfassung: Wohnen und Soziale Arbeit

aufspannen und alltäglich gelebt werden, indem bspw. weit entfernt verortete Menschen in Kontakt stehen und nachbarschaftliche Funktionen leben. Zu differenzieren ist sicherlich auch die Art der Bindung, bspw. die Funktion der gelebten lokalen Gemeinschaftlichkeit« (Reutlinger 2017, S. 80f.).

Soziale Arbeit kann sich sozialräumlich nicht auf ein bestimmtes Wohngebiet oder einen Stadtteil begrenzen. Sie muss die Lebensverhältnisse im Stadtteil als Folge kommunaler, regionaler und überregionaler sowie gesellschaftlicher Entwicklungen ebenso begreifen wie die Funktion des Wohngebiets in diesen Zusammenhängen (bspw. zur Aufnahme randständiger Gruppen, gegen die sich andere Wohngebieten wehren, Hamann 2019). Sie muss ebenso der Lebenswelt der Menschen im Wohngebiet folgen, die mit diesen Verhältnissen umgehen, indem sie Kontakte und Gemeinschaften innerhalb und außerhalb des Wohngebiets entwickeln und für sich nutzbar machen. Wenn Soziale Arbeit die Menschen dabei unterstützen will, muss sie ihre eigenen normativen Vorstellungen von Wohnen und Nachbarschaft, wie sie sich auch in Förderprogrammen niederschlagen, beiseitestellen und Platz machen für das, was für die Menschen im Stadtteil sinnvoll und nützlich ist (Reutlinger 2017, S. 82). In der sozialräumlichen Praxis des Wohnens geht es nicht nur um die Wohnung/Unterbringung und die Einrichtung, sondern auch um die nähere Umgebung und die Lebenswelt der Adressat*innen, die sich ebenso in der weiteren Umgebung und in virtuellen Räumen vollzieht – und um die notwendige Reflexion der in allen Räumen eingelagerten Macht- und Herrschaftsverhältnissen, auch denen in der Sozialen Arbeit selbst. Konkret will eine solche Soziale Arbeit Orte gestalten, die von den dort lebenden Menschen in ihrem Sinne genutzt und angeeignet werden können, und deren gesellschaftliche Relevanz einen Diskurs befördert, der auch dazu beiträgt, »dass das Thema Wohnen in der Sozialen Arbeit aus dem Schatten ins Licht tritt und damit seine Randständigkeit verliert« (ebd., S. 90).

3 Handlungsansätze: Wohnen als soziale Frage gestalten

Wohnen zu sichern ist eine soziale Frage, welche die Gesellschaft als Ganzes betrifft. In Kapitel 2 konnte gezeigt werden, dass Soziale Arbeit sich in ihren Aufgaben und Handlungsfeldern fast immer mit Fragen des Wohnens ihrer Adressat*innen befasst, auch wenn es um Quartiersentwicklung, Gemeinwesenarbeit, Wohnungslosenhilfe, Streetwork, Soziale Dienste, Beratungsstellen, sozialpädagogische Familienhilfe, Kita-Arbeit oder psychosoziale Dienste geht, wie Barloschky und Schreier (2016, S. 91) – vermutlich nicht vollständig – die Bezüge Sozialer Arbeit zum Wohnen aufgelistet haben. Sie stellen außerdem klar:

> »Sozialarbeiter und Sozialarbeiterinnen nehmen hier – mal reflektiert, mal unreflektiert – immer auch wohnungspolitisch relevante Weichenstellungen vor, indem sie im Rahmen wohnungsbezogener Interessenkonflikte beispielsweise entscheiden (müssen), auf wessen Seite sie sich stellen, wessen Interessen sie stützen, welchen Aufträgen sie auf welche Weise nachkommen usw.« (ebd.).

Da wo Soziale Arbeit sich bspw. in Programmen, die dem Quartiersansatz folgen, einbringt (Soziale Stadt, Sozialer Zusammenhalt), ist nach wie vor unklar, aus welchem Selbstverständnis heraus die handelt. Eine Position sieht die Einrichtungen Sozialer Arbeit in der moderierenden Rolle einer *intermediären Instanz* (Evers 1990), die zwischen Menschen im Wohnquartier, den Wohnungsgesellschaften, den Kommunalverwaltungen und weiteren institutionellen Akteur*innen vermittelt. Hingegen war und ist Gemeinwesenarbeit bewusst parteiisch und darauf gerichtet, für oder mit den Menschen im Quartier »in durchaus langjährige konflikthafte Auseinandersetzungen mit Politik, Eigentümern und Verwaltung einzutreten« (Barloschky und Schreier 2016, S. 91). Soziale Arbeit hat dann die Aufgabe, »träger- und arbeitsfeldübergreifende, solidarische und selbstorganisierte

Bündnisse zu initiieren oder sich in diesen zu organisieren« (ebd., S. 94f.). Damit wirkt sie der Marginalisierung entgegen und schafft Räume für diese Gruppen (bspw. Da Kirsch-Soriano Silva und Stoik 2023). Im Sammelband »Die Zukunft der Gemeinwesenarbeit« (Blandow et al. 2012, S. 45–90) wurden nicht ohne Grund als gesellschaftliche Herausforderungen für die Gemeinwesenarbeit insbesondere der demografische Wandel, die transnationale Zuwanderung und die wachsende Armut in Deutschland benannt. Diese Herausforderungen haben nicht an Aktualität verloren – im Gegenteil –, sie sind eng mit dem Wohnen als soziale Frage verknüpft und erfordern angemessene, raumbezogene, Ausgrenzung und Marginalisierung entgegenwirkende Handlungskonzepte.

Partizipation – als Aufgabe und als Handlungsweise – gilt als Standard Sozialer Arbeit. Diese kann Prozesse initiieren, die an den Interessen der Betroffenen ansetzen, damit sie sich mit ihren Bedürfnissen und entsprechend ihren Fähigkeiten in kommunalen Auseinandersetzungs- und Entwicklungsprozessen beteiligen können, und sie kann Verfahren der Partizipation entwickeln: »Die Befähigung, Mobilisierung und Ermächtigung der Bewohnenden und die Förderung sozialer Integration und Kohäsion im Quartier sind dabei zentrale Prämissen und Ziele« (Tappert 2023, S. 43).

Der Erziehungswissenschaftler Stefan Schnurr hebt Partizipation als grundlegendes Prinzip von Demokratien hervor und fasst zusammen: »Partizipation im vollen Sinne umfasst Teilnahme und Teilhabe als zwei Aspekte derselben Sache. Im Aspekt der Teilnahme meint Partizipation die aktive Beteiligung und Mitwirkung an Beratungen und Entscheidungen, die das Gemeinwesen betreffen« (Schnurr 2018, S. 1126). Partizipation in diesem Sinne meint »Einflussnahme auf die Gestaltung der individuellen und sozialen Lebensbedingungen und Mitgestaltung von Gesellschaft und Staat durch Ausübung politischer Rechte« (ebd.). Der zweite Aspekt meint Partizipation als »Teilhabe am Reproduktionsprozess, an ideellen und materiellen Gütern und am gesellschaftlichen Reichtum« (ebd., S. 1127). Damit ist Partizipation voraussetzungsvoll und Soziale Arbeit kann sich nicht auf die Erhebung von Bedarfen, die irgendwie berücksichtigt werden, oder auf eine diffuse partizipative Haltung beschränken. Vielmehr geht es auch um »das Ermöglichen und Unterstützen von Positionierungen, Meinungsäußerungen und Interessenartikulationen in unterschiedlichen Öffentlichkeiten einschließlich (aber nicht ausschließlich) in jenen des politischen Systems« (ebd., S. 1132).

Kapitelüberblick

In diesem Kapitel verstehen wir Partizipation als eine Art konzeptionelle Klammer für solche Handlungskonzepte der Sozialen Arbeit, die sich auf das Wohnen in dem erweiterten Sinn, den wir in Kapitel 1 angelegt haben, beziehen. Während wir in Kapitel 2 beschrieben haben, *was* Soziale Arbeit in diesem Kontext ausmacht, wird es jetzt darum gehen, *wie* – d. h. anhand welcher Handlungsweisen und -konzepte – es in der Sozialen Arbeit gelingt oder künftig besser gelingen könnte, Wohnen als soziale Frage auszuformulieren und Gestaltungsräume für die unterschiedlichen Adressat*innengruppen zu eröffnen. Es wird deshalb in Konzepte *sozialraumbezogener Sozialer Arbeit* eingeführt (▶ Kap. 3.1) sowie das Handlungskonzept *Sozialraumentwicklung und Sozialraumorganisation* erläutert (▶ Kap. 3.2). Es bietet eine Möglichkeit an, Bedürfnisse und Interessen derjenigen, deren Interessen bezüglich eines ihren Lebensentwürfen angemessenen Wohnens als schwach gelten, hervorzubringen und Zugänge zu den Ressourcen ihrer Realisierung zu eröffnen. Die Prinzipien und die Vorgehensweise des *Community Organizing* vertiefen wir im folgenden Abschnitt als Chance, die Veränderung der Wohnverhältnisse quasi selbst in die Hand zu nehmen (▶ Kap. 3.3). Mit dem Handlungsprinzip der *Niedrigschwelligkeit* setzen wir uns in Kapitel 3.4 mit den konkreten Zugängen zu Menschen in Situationen von Wohnungslosigkeit auseinander, wobei auch die »Tätigkeit des Wohnens« (Groll und Ruttge 2021, S. 168) in öffentlichen Räumen eine Rolle spielt (▶ Kap. 3.4).

3.1 An Wohnorten handeln: Konzepte sozialraumbezogener Sozialer Arbeit

Der Begriff des Sozialraums ist mittlerweile in der Sozialen Arbeit weit verbreitet, wird jedoch sehr unterschiedlich verwendet. Wie in Kapitel 2.4 gezeigt, schließt der Anspruch, das professionelle Handeln am Sozialraum auszurichten, an die Gemeinwesenarbeit an (▶ Kap. 2.4). Sowohl bei sozialraumbezogenen Ansätzen als auch in der Gemeinwesenarbeit ist der Ausgangspunkt des Handelns ein territorial begrenztes Wohngebiet – in der Regel sind dies Verwaltungsräume, die kommunal gesetzt und administriert sind (May 2008b, S. 65). Die verwendeten Begriffe von Sozialraum und das jeweils daraus abgeleitete praktische Handeln sind aber in ihrer Unterschiedlichkeit wenig geklärt (s. dazu eine Systematisierung in ▶ Kap. 3.2).

Die territoriale Perspektive auf Wohngebiete ist städtebaulich geprägt und findet sich in der kommunalen Politik ebenso wie in den Programmen von Stadterneuerung, Dorferneuerung und Regionalentwicklung. Allerdings bringt die pragmatisch nützliche Begrenzung des Territoriums immer auch eine begrenzte Sichtweise auf dieses Wohngebiet als Lebenswelt mit sich. Die Bedingungen der Gesamtstadt oder der Region, die dem Wohngebiet eine bestimmte Rolle in ihrem Gefüge zuweisen, geraten dabei allzu leicht aus dem Blick. Das gilt auch für die Beziehungen der Menschen innerhalb wie außerhalb des Wohn- und Lebensorts. Territorial bedeutsam sind vielmehr jene Grenzen, die den Raum der Alltagsgestaltung strukturieren (z.B. Flüsse, große Straßen, Bahnlinien, aber auch die Art und Weise der Bebauung, die Miethöhe oder die Funktion der Bauten, Riege und Schubert 2019, S. 40). Zudem sind Sozialräume als Territorien höchst fluide, weil Menschen den Raum unterschiedlich nutzen und sich an unterschiedlichen Orten mit jeweils anderen Menschen treffen.

Kommunales Handeln, in das die Soziale Arbeit eingebettet ist, bezieht sich meist auf diese territoriale Dimension von Sozialraum. Jede Form sozialraumbezogener Sozialer Arbeit muss deshalb auch mit dieser Dimension reflexiv umgehen und die Schwierigkeiten für die Planung und die Umsetzung einer sozialräumlichen Praxis einbeziehen – wohlwissend, dass sie räumliche Bezüge z.T. nur verkürzt bearbeiten kann. Diese Problematik formulieren die Soziologin und Sozialarbeiterin Helga Treeß und der Erziehungswissenschaftler Wolfgang Hinte im *Fachkonzept Sozialraumorientierung* (Hinte und Treeß 2014). Dieses Fachkonzept ist mittlerweile über viele Jahre von Kommunen für die Praxis der Sozialen Arbeit aufgenommen worden. Hinte versuchte sich schon in den 1980er Jahren mit der *Stadtteilbezogenen sozialen Arbeit* (Hinte et al. 1982) sprachlich und politisch von der Gemeinwesenarbeit abzusetzen, die sich seiner Ansicht nach gerade mit ihren systemkritischen Positionen ins Abseits bewegte. So entwickelte er Ansätze für eine sozialraumorientierte Jugendhilfe (vom »Fall zum Feld«; Hinte et al. 1999) und, gemeinsam mit Wolfgang Litges und Gaby Grimm, ein »Aktionsebenenmodell« (Grimm et al. 2004) zur pragmatischen Systematisierung von Sozialraumorientierung, Quartiersmanagement und Gemeinwesenarbeit für die Praxis in der sozialen Stadtentwicklung (Alisch 2010). Der Gemeinwesenarbeit als Arbeitsprinzip blieb er dabei immer verbunden. Für das *Fachkonzept Sozialraumorientierung* haben Hinte und Treeß fünf methodische Prinzipien des Handelns (Hinte und Treeß 2014) ausgearbeitet.

Fünf methodische Prinzipien des Handelns im Fachkonzept Sozialraumorientierung

»1. Ausgangspunkt jeglicher Arbeit sind der Wille/die Interessen der leistungsberechtigten Menschen (in Abgrenzung zu Wünschen oder naiv definierten Bedarfen).
2. Aktivierende Arbeit hat grundsätzlich Vorrang vor betreuender Tätigkeit.
3. Bei der Gestaltung der Hilfe spielen a) personale und b) sozialräumliche Ressourcen eine wesentliche Rolle.
4. Aktivitäten sind immer zielgruppen- und bereichsübergreifend angelegt.
5. Vernetzung und Integration der verschiedenen sozialen Dienste sind Grundlage für funktionierende Einzelfallhilfe« (Fürst und Hinte 2014, S. 15).

3.1 An Wohnorten handeln: Konzepte sozialraumbezogener Sozialer Arbeit

Das Fachkonzept hat als Bezugspunkt ein bestimmtes Wohngebiet und bleibt damit ein recht territorialer Ansatz. Gleichwohl wird mit dem »Willen« und den Interessen zur Veränderung versucht, den Fokus des Handelns so zu setzen, dass nicht grundsätzlich von außen formulierte Probleme oder vordefinierte Ziele handlungsleitend sind. Ob allerdings Menschen, die sich in den bestehenden Machtverhältnissen als ohnmächtig und kaum selbstwirksam erleben und deren Probleme zudem individualisiert werden, ein Interesse zur Veränderung entwickeln, das über das Individuum hinausgeht, ist fraglich (dazu bspw. für die sogenannte Behindertenhilfe Röh 2019).

Das Fachkonzept will weg von einer wohlfahrtsstaatlichen Versorgung und Betreuung hin zur Unterstützung der Eigenständigkeit der Adressat*innen (Hinte und Treeß 2014). Damit ändert sich auch die Perspektive von den Defiziten und Problemen als Anlass für die Soziale Arbeit hin zu den Stärken und Kompetenzen der Menschen, ihren Netzwerken und den infrastrukturellen Ressourcen im Wohngebiet. Soziale Arbeit soll dabei eine koordinierende Rolle zwischen professionellen und ehrenamtlichen Hilfen im Wohngebiet einnehmen, soziale Netzwerke der Menschen vor Ort aufbauen und unterstützen sowie die übergreifende Zusammenarbeit verschiedener Ämter und Abteilungen der kommunalen Verwaltung, der Kommunalpolitik und weiterer Akteur*innen (z. B. Wohnungsbaugesellschaften oder Arbeitgeber*innen) mitorganisieren (Weidmann 2019, S. 48 f.).

Diese Rolle korrespondiert mit einem weitgehend sozialtechnologischen Verständnis des Sozialraums, in dem – ähnlich wie bei der sozialintegrativen Form der Gemeinwesenarbeit (Ross und Lappin 1971) –, lediglich einzelne Dysfunktionalitäten in einem Wohngebiet beseitigt werden sollen »durch Organisation der Betroffenen und Kooperation unter den Trägern sozialer Dienste und anderer Organisationen im Stadtteil sowie die Verknüpfung der Aktivitäten mit Vorhaben kommunaler Dienststellen und Planungen im politischen Raum« (May 2008b, S. 74). Demgegenüber ist die Soziale Arbeit in der Tradition des Community Organizing (▶ Kap. 3.3) vor allem verantwortlich gegenüber ihren Adressat*innen und soll deren Partizipation an den das Wohngebiet betreffenden Entscheidungen durch Selbstorganisation stärken (Weidmann 2019, S. 56 f.).

3 Handlungsansätze: Wohnen als soziale Frage gestalten

Im *Fachkonzept Sozialraumorientierung* und im Konzept der Stadtteilbezogenen Sozialen Arbeit wird der Sozialraum vor allem als »Behälterraum« gedacht, *in* dem Menschen und Probleme platziert sind. Damit ist die Gefahr einer verkürzten Sichtweise auf Wohngebiete und einer entsprechend unterkomplexen Bearbeitung der Problemlagen bis hin zu deren Verlagerung auf die individuelle Ebene verbunden (Alisch 2010, S. 107). Kritisiert wird außerdem ein »handlungspragmatisches Raumverständnis« (Kergel 2020, S. 231), das zwar gut an institutionelle Logiken anschließen kann, aber hinter den sozialwissenschaftlichen Raumdiskurs zurückfällt: »Der Raum stellt demnach ein Ensemble von Akteuren/Institutionen dar, die soziale Effekte hervorrufen. Dabei produziert der Sozialraum Dysfunktionen und liefert zugleich Ressourcen, diese Dysfunktionen zu überwinden« (ebd.).

Dies gilt in unterschiedlicher Ausprägung auch für weitere Konzepte, die hier ebenfalls kurz dargestellt werden. Im Anschluss an das *Fachkonzept Sozialraumorientierung* und dessen Vorläufer haben die Sozialpädagog*innen Frank Früchtel, Gudrun Cyprian und Wolfgang Budde (Früchtel et al. 2013b) Sozialraumorientierung als einen mehrere Ebenen integrierenden Ansatz im sogenannten *SONI-Modell* beschrieben, theoretisch fundiert im »Textbook« (ebd.) und für den handlungspraktischen Gebrauch aufbereitet im »Fieldbook« (Früchtel et al. 2013a). Sie betonen den Doppelcharakter der Sozialraumorientierung als »Handlungskonzept auf technischer, operativer und strategischer Ebene sowie […] Raumkonzept – des Lebensraums von Einzelnen und dessen Überschneidung mit anderen sowie des Steuerungs- bzw. Planungsraums« (Alisch 2010, S. 107). Sie unterscheiden vier Handlungsfelder:

- die Sozialstruktur (gesellschaftlicher Kontext, vor allem auf kommunaler Ebene);
- die Organisation (Organisationsstrukturen des Hilfesystems);
- die Netzwerke (Austausch und Beziehungen im Gemeinwesen);
- das Individuum (Fallarbeit mit Einzelnen, Familien und kleinen Gruppen, Weidmann 2019, S. 49 f.).

Der Erziehungswissenschaftler Fabian Kessl und der Sozialgeograf Christian Reutlinger (Kessl und Reutlinger 2022) heben in ihrem Konzept von

3.1 An Wohnorten handeln: Konzepte sozialraumbezogener Sozialer Arbeit

»Sozialraumarbeit« zwar klar darauf ab, dass Sozialraumarbeit nicht auf eine territoriale Dimension beschränkt bleiben darf, sie entwickeln ihr Konzept aber vor allem als kritisch-reflexive Haltung in der Analyse von und im Umgang mit vier zentralen Dilemmata der Sozialraumarbeit:

- dem *Homogenisierungsdilemma* in der reduzierten Sichtweise der Bewohner*innen eines Wohngebietes als Teil einer bestimmten Gruppe;
- dem *Präventionsdilemma*, das sich auf die Etikettierung eines Wohngebiets und deren Bewohner*innen als sozial benachteiligt bezieht;
- dem *Vernetzungsdilemma* in der Verstärkung bereits bestehender und dominanter Netzwerke im Wohngebiet;
- dem *Milieudilemma*, das sich auf die mangelnde Erreichbarkeit der Bewohner*innen bezieht, deren Unterstützung besonders sinnvoll wäre (Kessl und Reutlinger 2009).

Diesen Dilemmata, so Kessl und Reutlinger, kann die Soziale Arbeit nicht entgehen. In ihnen zeigen sich die gesellschaftlichen Verhältnisse, die soziale Probleme und deren Bearbeitung definieren. Soziale Arbeit muss mit den Dilemmata als Bedingungen des eigenen Handelns reflexiv umgehen, um sie nicht zu reproduzieren, sondern möglichst zu beeinflussen (Kessl und Reutlinger 2022).

Der Sozialpädagoge Martin Becker (2020) schließlich hat mit dem *Handbuch Sozialraumorientierung* einen Versuch vorgelegt, Sozialraumorientierung stringenter als bisher zu systematisieren. Er arbeitet Sozialraumorientierung als Handlungskonzept in mehreren Dimensionen aus (Lebensbedingungen und Lebenswelt, Ressourcen und Potenziale, Partizipation und Engagement, Kooperation und Vernetzung, Themen- und Projektarbeit) und stellt die entsprechenden Kompetenzen der sozialraumorientiert arbeitenden Fachkräfte heraus. Kritisiert wird jedoch, dass dieser Versuch dem *Fachkonzept Sozialraumorientierung* und dem damit verbundenen Fachdiskurs nichts wesentlich Neues hinzufügt (Godehardt-Bestmann 2021).

Alle vorgestellten Konzepte folgen weitgehend einer institutionellen Perspektive auf den Sozialraum – auch wenn insbesondere das SONI-Modell diese Perspektive infragestellt. Eine sozialraumbezogene Soziale Arbeit, die für das Wohnen als soziale Frage Relevanz entfaltet, sollte von den Bedürfnissen der Bewohner*innen auszugehen versuchen, um von dort aus den Sozialraum der Menschen im Sinne eines Gemeinwesens zu entwickeln. Deshalb wird im folgenden Kapitel das Konzept *Sozialraumentwicklung und -organisation* vorgestellt.

3.2 Bedürfnisse und Interesse des Wohnens: Das Konzept Sozialraumentwicklung und Sozialraumorganisation

Ungleiche Wohnverhältnisse, als benachteiligt beschriebene Wohnquartiere als Ausdruck residentieller Segregation haben wir als Folge des Zusammenwirkens zunehmender sozialer Ungleichheit in der Gesellschaft, ungleicher Merkmale des vorhandenen Wohnraums und den Prozessen des Wohnungsmarkts und der Wohnungspolitik beschrieben (▶ Kap. 1.3). Bei den Akteur*innen, die Einfluss auf diese Prozesse haben, steht die Soziale Arbeit nicht gerade oben auf der Liste. Im vorherigen Kapitel 3.1 konnte jedoch schon gezeigt werden, dass es Ansätze in der Sozialen Arbeit gibt, die als Varianten von Sozialraum- und Gemeinwesenarbeit mehr oder minder in der Praxis etabliert sind (▶ Kap. 3.1). Bereits in den frühen Ansätzen professioneller Sozialraumarbeit, die als Community Work in den 1920er Jahren in den USA entstand, wurde zwischen einer territorialen und einer funktionalen Dimension des Handelns unterschieden (Boulet, Krauss und Oelschlägel 1980, S. 20). Die territoriale Dimension kennzeichnet die Bündelung von Ressourcen und Engagement in bestimmten abgrenzbaren Wohnquartieren, während sich die funktionale Dimension auf die Integration und den Zusammenhalt als Gemeinwesen bezog. Die Gemeinwesenarbeit der 1970er Jahre hat mit der kategorialen Arbeit eine dritte sozialräumliche Dimension ausformuliert. Gearbeitet wird mit Menschen, die ein gemeinsames Interesse oder Merkmal teilen wie das Alter, Geschlecht oder die Herkunft (May 2008b, S. 67).

3.2 Das Konzept Sozialraumentwicklung und Sozialraumorganisation

Ausgehend von diesen drei in der Gemeinwesenarbeit bekannten Dimensionen hatte Michael May die verschiedenen oben beschriebenen Konzepte und Modelle zum Sozialraum zu systematisieren versucht (ebd.): Die territoriale Dimension von Sozialraum findet sich in der kommunalen Praxis als Planungsraum oder Fördergebiet wieder. Definiert werden entsprechende Räume von der Verwaltung, der Politik oder Trägern der Sozialen Arbeit. Der von Menschen erlebte und erlebbare Raum, seine Nutzungsstrukturen, die darin möglichen Lebensstile und die eingeschriebenen Traditionen bezeichnen die funktionale Dimension von Sozialraum. Hier gilt es, Menschen entlang ihrer Bedürfnisse und Interessen zusammenzubringen. Die kategoriale Dimension erfasst Ansätze der Sozialraumarbeit, mit denen versucht wird, »Menschen, die noch keine Gemeinschaft bilden, hinsichtlich gemeinsamer Problem- oder Interessenlagen in Interaktion zu bringen« (ebd., S. 80). Betont wird, dass es hier nicht unbedingt um Sozialräume geht, die einen Ort haben, sondern auch um »Sozialräume als interessensbezogene soziale Netzwerke«, die sich entwickeln (Alisch und Schwarz 2024, S. 15).

Diese Systematisierung ist der Ausgangspunkt für das Konzept der *Sozialraumentwicklung und Sozialraumorganisation* (ausgeführt bei Alisch und May 2008; 2017; 2022). Dieser handlungspraktische Rahmen ist auf die Bedürfnisse und Interessen von Menschen – auch in Bezug auf ihre Wohn- und Lebensvorstellungen – auf für sie angemessene Wohnformen oder auf ihre Wohnsituation zu beziehen. Es geht nicht darum, die ›Wünsche‹ von Einzelnen und Gruppen abzufragen, sondern das Konzept ist im Gegensatz zu Ansätzen des Quartiers- oder Stadtteilmanagements auf das Erweitern von Teilhabechancen gerichtet. Während das *Fachkonzept Sozialraumorientierung* zwar vom »Willen« der Menschen auszugehen versucht und im Community Organizing die Interessen der Einzelnen und Gruppen im Zentrum leitend sein sollen, aber nicht verraten, *wie* Wille, Bedürfnisse und Interessen eigentlich entstehen, setzt das Konzept *Sozialraumentwicklung* genau hier an. Im Zentrum des Konzepts *Sozialraumentwicklung* stehen Menschen, die sich bisher für ihre Interessen kein Gehör verschaffen konnten (Alisch und May 2022, S. 270). Selbst wenn sich Sozialarbeiter*innen durchaus bewusst darüber sind, dass marginalisierte soziale Gruppen hier besonderer Aufmerksamkeit bedürfen, sind solche *subalternen Gruppen* (Gramsci 1994) jedoch oftmals von den Ausdrucksmöglichkeiten, ihre

Interessen zu artikulieren, ausgeschlossen. Sich z. B. in einer Ratssitzung oder anderen Gremien am Lebensort in den dort geregelten Formen zu beteiligen, ist für Menschen in prekären Wohn- und Lebenssituationen selten Teil ihres Alltags. Insofern haben sie oftmals nicht nur Barrieren zu überwinden, Zugang zu solchen Formen der Entscheidungsfindung zu erhalten, sie haben auch meist keine Erfahrungen damit, für ihre Interessen zu argumentieren und sie auch gegen stärkere Interessen durchzusetzen. Es muss außerdem davon ausgegangen werden, dass gesellschaftlich marginalisierte – wörtlich an den Rand gedrängte – Bevölkerungsgruppen, sich selbst oftmals gar keine eigenen Interessen (mehr) zugestehen.

Nun könnte die Soziale Arbeit hier ihr Mandat einsetzen und die Interessen solcher Gruppen anwaltschaftlich vertreten. Dies bedeutet jedoch auch, dass aus dem Fach- und Erfahrungswissen heraus es gar nicht mehr notwendig erscheint, die Betroffenen überhaupt noch nach ihren Interessen zu fragen. In der Konsequenz trägt dieses Vorgehen dazu bei, »ihnen ihre eigene Stimme zu nehmen« (Alisch und May 2022, S. 272).

> In dem Konzept der *Sozialraumentwicklung und Sozialraumorganisation* geht es darum, einen Raum zu schaffen, in dem die Betreffenden sich ihrer eigenen Ansprüche an gesellschaftliche Teilhabe vergewissern können und so eine aktive Selbstvertretung ihrer Interessen möglich wird (ebd.).

Das Konzept besteht aus zwei Handlungsschritten. In der *Sozialraumentwicklung* geht es darum, Prozesse anzustoßen, in denen Menschen sich über ihre eigenen Lebensentwürfe gewahr werden können und dafür auch Möglichkeiten in den Blick nehmen, die bisher keinen Raum hatten (also dem Wortsinn nach *u-topisch* erscheinen), aber auch solche, die grundsätzlich möglich wären, aber ihnen bisher nicht bewusst waren. Zum Beispiel ist es durchaus möglich, eine Mieter*inneninitiative zu gründen, um gemeinsam Interessen gegenüber der Wohnungsgesellschaft durchzusetzen. Allerdings erscheint diese Idee Menschen, deren Lebenssituation prekär ist und für die solche Formen der Interessensartikulation nicht zum Alltag gehören, zunächst undenkbar. Im Zentrum des Konzepts stehen die auf den Raum bezogenen Bedürfnisse und Interessen von Menschen und

3.2 Das Konzept Sozialraumentwicklung und Sozialraumorganisation

Gruppen in schwierigen Wohn- und Lebensverhältnissen und eben nicht mehr die Problemdefinitionen von Politik und Verwaltung oder deren Vorstellungen von Bedarfen, die sich in Programmatiken wie der sozialen Stadtentwicklung und deren Instrument des Quartiersmanagements zeigen.

In der *Sozialraumentwicklung* soll es Menschen und Gruppen ermöglicht werden, sich »Räume der Repräsentation ihrer Lebenserfahrung und -entwürfe anzueignen« (Alisch und May 2022, S. 271) und ihre Möglichkeiten der Vernetzung, der Selbstorganisation und in der Folge der gesellschaftlichen Teilhabe deutlich auszubauen. Das Konzept stützt sich auf die *Politik der Bedürfnisinterpretation* der Philosophin Nancy Fraser (1994), die argumentierte, dass Bedürfnisse gesellschaftlich hergestellt sind und in ihrer gesellschaftlichen Bedeutung abhängig von Interpretationen sind. In der Sozialen Arbeit wird vielfach vorab interpretiert, was Adressat*innen »brauchen«, was ihr »Bedarf« ist und auf welches »Problem« mit entsprechenden Leistungen reagiert wird: »Als bekannt angenommen werden dabei die Bedürfnisse der Inanspruchnehmenden dieser Leistungen« (Rubin 2018, S. 66). Die Sozialarbeitswissenschaftlerin Yvonne Rubin kritisiert im Anschluss an Fraser, dass durch dieses Vorgehen völlig aus dem Blick gerate, inwiefern »die Interpretation der Bedürfnisse von Personen selbst ein Gegenstand politischer Auseinandersetzungen ist, manchmal sogar *der* eigentliche Gegenstand« (Fraser 1994, S. 223, zitiert nach Rubin 2018, S. 67).

Die Aufgabe der Sozialen Arbeit ist es in diesem Schritt, die Artikulation von Bedürfnissen und Interessen zur Geltung zu bringen in Prozessen, wo eine Verständigung über eigene, gemeinsame und auch sich widersprechende Interessen stattfindet. Über Methoden und Verfahren der Partizipation werden Gruppen von Menschen zu erreichen versucht, »die eine spezifische Erfahrung des Mangels an Verwirklichungsbedingungen (Capabilities) oder gar von Unterdrückung teilen und deshalb zunächst einen eigenen Raum […] benötigen«, um ihre Bedürfnisse hervorzubringen (Alisch und May 2022, S. 272).

Zum Beispiel haben zugewanderte Menschen, die in einem Wohnquartier alt geworden sind, unterschiedliche Formen von Alltagsdiskriminierung erfahren und erleben nun, dass sie nach einem arbeitsreichen Leben an ihrem Wohnort kaum soziale Routinen des Alltags entwickeln konnten. In einem Prozess der *Sozialraumentwicklung* sollten dann Menschen im Wohnquartier zusammengebracht werden, die ähnliche Erfahrungen teilen. Ihnen werden Gelegenheiten gegeben, sich dieser Erfahrungen, aber auch möglicher geteilter Bedürfnisse zu vergewissern und so gemeinsame Interessen zum Ausdruck zu bringen (Sozialraumentwicklung erster Ordnung).

> Solche sozialraumbezogene Arbeit ist deshalb gefordert, »räumliche und soziale Gelegenheiten so zu schaffen, dass die Betreffenden auf ihre je eigene Weise die Möglichkeit haben, sich ihrer Ansprüche an gesellschaftliche Teilhabe zu vergewissern und damit eigene Interessen formulieren« (Alisch und Schwarz 2024, S. 16). Anschließend geht es darum, Räume zu schaffen, in denen die gemeinsamen, aber auch die sich widersprechenden Interessen unterschiedlicher Gruppen sichtbar und somit besprechbar werden können (Sozialraumentwicklung zweiter Ordnung).

In geeigneten, nicht ausschließenden Verfahren der Partizipation werden soziale Öffentlichkeiten geschaffen, um im Sinne einer übergreifenden Politik der Bedürfnisinterpretation Prozesse der *Aushandlung* anzustoßen und zu begleiten. Dabei soll es gelingen, die Perspektive der jeweils Anderen einzunehmen, zu verstehen und die eigenen Ansprüche gegenüber denen Anderer an gesellschaftlicher Teilhabe abzuwägen (Alisch und Ritter 2021). Solche Prozesse erfordern eine Allparteilichkeit der Moderation, die allerdings nur dann beansprucht werden kann, wenn wirklich *alle* Beteiligten die gleichen Möglichkeiten hatten, ihre Bedürfnisse zu artikulieren (Alisch und May 2022, S. 173). Dies erfordert auch, sich in der Begleitung solcher Prozesse an die Orte, Zeiten und Möglichkeiten der zu Beteiligenden anzupassen. So wären für Gruppen, in denen mehrere Sprachen gesprochen werden, entsprechende Formen der Übersetzung zu organisieren oder neben dem gesprochenen oder geschriebenen Wort andere Formen der Visualisierung einzubauen. Zum Beispiel kann die sogenannte Nadelmethode, bei der bedeutsame Orte am Wohnort, der Stadt oder der Welt mit Stecknadeln auf einer Karte markiert und so in einer Gruppe sichtbar gemacht werden, als Ausgangspunkt einer für alle Beteiligten verstehbaren Kommunikation über raumbezogene Interessen sein. Auch bild- oder fotobasierte Methoden sind dazu erdacht worden, sich über eigene und ggf. gemeinsame Interessen auszutauschen.

Bedürfnisorientierung, Partizipation und die Stärkung demokratischer Selbstorganisation stellen wesentliche Leitlinien für *Sozialraumentwicklung* dar. Grundsätzlich ist dieser Schritt immer darauf gerichtet, »unter *Teilnahme* der Betroffenen ein Stück mehr gesellschaftliche *Teilhabe* zu verwirklichen« (May und Alisch 2013, S. 20).

Der weitere, übergreifende Schritt dieses Sozialraumkonzeptes wird als *Sozialraumorganisation* bezeichnet. Wenn es über verschiedene Methoden der Partizipation (z. B. Zukunftswerkstätten, Autofotografie) gelungen ist, die auf den Raum bezogenen Interessen von Menschen und Gruppen in einem Prozess der Sozialraum*entwicklung* hervorzubringen und mit den Interessen anderer in Aushandlung zu bringen, müssen nun die Institutionen (kommunale Verwaltung, Träger der Sozialen Arbeit, Wohnungsgesellschaften, Vermieter*innen, Stadtplanung u. a.) einbezogen werden. Diese Akteur*innen sind wesentlich, um den Zugang zu den Ressourcen zu schaffen, die erforderlich wären, um die hervorgebrachten Interessen zu realisieren. Die Aufgabe der Sozialen Arbeit in der *Sozialraumorganisation* orientiert sich ebenfalls an den Raumnutzungen und Raumaneignungen der Menschen und nicht an den Grenzen im geografischen Raum, die von Politik und Verwaltung festgelegt werden. Diese entsprechen nicht unbedingt den Alltagslogiken von Einzelnen und Gruppen. Wenn eine wirklich umfassende Teilnahme und Teilhabe aller angestrebt wird, kann dies »nur auf mehreren, sich gegenseitig überlappenden Ebenen – nicht nur territorialer, sondern auch sozio-ökonomischer sowie politisch-institutioneller Räume« – verwirklicht werden (Alisch und May 2022, S. 274).

Sowohl *Sozialraumentwicklung* als auch Sozialraumorganisation sind immer als fortlaufende Prozesse zu verstehen. Sie erledigen sich nicht als Projekt, das ein bestimmtes Problem angeht oder eine bestimmte ausdifferenzierte Gruppe adressiert, sondern es ist als Handlungsprinzip und als Haltung zu verstehen, sich mit den Teilhabechancen auseinanderzusetzen. Prozesse der *Sozialraumentwicklung* sind die Grundlage dafür, Sozialraumorganisation »spiralförmig mehr und mehr in seinen demokratischen Aushandlungsprozessen« (ebd.) zu weiten, immer verbunden mit dem Ziel, wirklich »allen Beteiligten die gleichen Chancen auf eine umfassende Teilhabe und Teilnahme an Gesellschaft zu eröffnen« (ebd.).

3.3 Die Wohnverhältnisse in die Hand nehmen: Prinzipien und Vorgehen im Community Organizing

Das wesentliche Ziel von Community Organizing (CO) ist »die Initiierung von handlungsmächtigen Zusammenschlüssen von Menschen unterschiedlicher Kulturen auf lokaler Ebene bzw. im Stadtteil« (Fischer und Stock 2023, S. 64). In diesem Ansatz in der Tradition von Saul Alinsky wird ausdrücklich betont, dass es um Menschen geht, deren Interessen auf allen Ebenen politischer Entscheidungen nur schwach oder gar nicht vertreten sind.

Der kritische und auf die Veränderung der Machtverhältnisse ausgerichtete skandalisierende Ansatz des CO wurde in Deutschland zunächst wenig aufgegriffen. Ein Grund dafür lag in der Einbettung Sozialer Arbeit in Kirchen, Wohlfahrtsverbänden und staatlicher Verwaltung. Erst mit den Forderungen zur Politisierung der Sozialen Arbeit in den späten 1960er Jahren und einer Stadtmodernisierung, die sich durch den großflächigen Abriss genau jener Stadtviertel, in denen die sozial und ökonomisch benachteiligten Bevölkerungsgruppen lebten, ohne Beteiligung der Bewohner*innen auszeichnete, fand eine Diskussion um CO innerhalb der deutschen Gemeinwesenarbeit statt. Penta und Düchting sehen genau darin das große Missverständnis, das seit den 1960er Jahren bis heute anhält, denn mit »dieser Vereinnahmung wurde CO in den Kanon der Methoden integriert, ›versozialarbeiterisiert‹ und damit seiner politischen Motivation beraubt« (Penta und Düchting 2014, S. 3). Auch deshalb haben wir der Vorgehensweise des CO hier ein eigenes Kapitel gewidmet und es nicht den Ansätzen von Sozialraum- und Gemeinwesenarbeit (▶ Kap. 3.1) zugeordnet. Tatsächlich sind es meist Sozialarbeiter*innen, die sich in der Funktion der Organizer sehen, die Methoden und Techniken des CO einzusetzen versuchen, um Menschen zu organisieren. Diese sollten jedoch verstehen, dass der Ansatz weit mehr ist, als ein Instrument oder eine Methode, die richtig angewendet, irgendwelche lokalen Probleme lösen kann.

Deshalb ist es wichtig zu wissen, dass die erste Rezeption von CO nicht zufällig in den 1960er und 1970er Jahren historisch in eine Zeit fällt, in der wesentliche und unsere Gesellschaft bis heute prägende außerinstitutionelle soziale und politische Bewegungen entstanden (insb. die Student*innenbewegung, Hausbesetzungen, Zweite Frauenbewegung, Rothschuh 2013, S. 377). Entsprechend wird CO oft als Teil Sozialer Bewegungen verstanden. Damit wird betont, dass die Aktivitäten eines Organizing-Prozesses entweder eine lokale Soziale Bewegung sind, die Veränderungen vor Ort erreichen will, oder eine solche Community wird der Kern einer überregionalen Bewegung (Penta und Düchting 2014, S. 7). In jedem Fall geht es darum, dass »ein sorgfältig entwickeltes und starkes Beziehungsgeflecht im Gemeinwesen aufgebaut wird, das es den Bürgern ermöglicht, mit den Entscheidungsträgern in Politik, Verwaltung und Wirtschaft gleichberechtigt zu verhandeln« (ebd., S. 3).

Seit den 1990er Jahren erfuhr CO einen Aufschwung, der sich nicht nur in theoretisch konzeptionellen Diskussionen in und neben der Gemeinwesenarbeit ausdrückte, sondern immer stärker auch in konkreten Community Organizations (CO), die als »Bürgerplattformen« bezeichnet werden, und der Gründung des Forum Community Organizing e. V. (FOCO) im Jahr 1995 und des Deutschen Instituts für Community Organizing (DICO) im Jahr 2006. Dieses versteht sich als Kompetenzzentrum für CO, bildet professionelle Community Organizer aus und begleitet den Aufbau von Bürgerplattformen (z. B. https://www.buergergesellschaft.de/praxishilfen/community-organizing/beispiele-aus-der-praxis/wie-ein-schwacher-stadtteil-stark-wird/).

Community Organizing ist ein Prozess der (Selbst-)Organisation von Menschen, die sich organisiert im gemeinsamen Handeln zusammenschließen. Die »quasi-permanenten Zusammenschlüsse« (Penta und Düchting 2014) der Bürgerplattformen sollen ein neuer und wichtiger

Machtfaktor im Gemeinwesen werden.«So geschieht eine Veränderung der Machtbeziehungen zugunsten der Menschen, die weder über viel Geld noch über Institutionen oder über Medien verfügen« (Rothschuh 2013, S. 377), um ihre Interessen umzusetzen. Es geht im Kern darum, einerseits die Beziehungen der Menschen untereinander zu entwickeln, sie können aber auch als lokale Gemeinschaft Beziehungen nach außen (z. B. in die Kommunalpolitik) entwickeln und so konkrete Verbesserungen erreichen (ebd.).

In der Tradition von Alinsky lassen sich vier wesentliche Prinzipien benennen, die CO bzw. die Arbeit von Bürgerplattformen unterscheiden von Gemeinwesenarbeit und von anderen Formen des bürgerschaftlichen Engagements:

1. Personen, Gruppen und Institutionen werden über »sozioökonomische und ethnische Trennlinien hinweg in vertrauensvollen und respektvollen Beziehungen zusammen« gebracht (Penta und Düchting 2014). Grundlage sind gemeinsame Interessen, nicht Weltanschauungen.
2. Bürgerplattformen versuchen finanziell, parteipolitisch und ideologisch unabhängig zu arbeiten. Sie arbeiten auch deshalb mit wenigen Hauptamtlichen und minimaler Infrastruktur (ebd.).
3. Die Themen werden selbst festgelegt und die Bürgerforen »streben selbst erarbeitete, praktikable Lösungen an« (ebd.).
4. In Aktionen und Kampagnen wird eine »hartnäckige und erfolgsorientierte Handlungsfähigkeit« entwickelt. Es geht vor allem darum »von sich aus gemeinsam agieren zu können, statt immer nur (oft alleine) reagieren zu müssen« (ebd.).

»CO verbindet die Mikro-Ebene der Menschen mit ihren scheinbar privaten Sorgen, ihren Emotionen und Lebensvorstellungen mit der Meso-Ebene der sozialen Beziehungen und der gemeinschaftlichen Themen sowie mit der Makro-Ebene der politischen, gesellschaftlichen und wirtschaftlichen Wirklichkeit. Was wollen wir mit unserer Organisation erreichen?« (Rothschuh 2013, S. 9).

3.3 Prinzipien und Vorgehen im Community Organizing

Die vier wesentlichen Phasen des Community Organizing sind im Handbuch Community Organizing (FOCO und Stiftung Mitarbeit 2013) ausführlich beschrieben und werden hier nur kurz skizziert:

- Phase 1: *Zuhören: Beziehungsaufbau über persönliche Gespräche (»One on Ones«)*
  Dies basiert auf dem CO-Prinzip, wonach Menschen aus einem Eigeninteresse heraus aktiv werden oder aufgrund von vertrauensvollen Beziehungen. Solche vertrauensvollen Beziehungen aufzubauen und die Interessen der Einzelnen herauszufinden, ist ebenso Ziel dieser Phase, wie im Sinne eines Schneeballsystems in jedem Gespräch nach weiteren Personen zu fragen, die angesprochen werden könnten (auch Richers 2014 zur Aktivierenden Befragung).

- Phase 2: *Versammlung, Machtanalyse und Nachforschungen*
  Gelingt es, die Interessen und entsprechend aktivierbare Themen in Erfahrung zu bringen, werden Menschen gleicher Interessen in einem »Meeting« zusammengebracht und bilden die Kerngruppe der weiteren Arbeit. »In dieser Phase geht es darum, die Zielperson oder Zielinstitution (Target) zu identifizieren, die der CO das geben kann, was sie haben will« (Bürgergesellschaft).[2] Dies kann bezogen auf das Wohnen als soziale Frage z. B. die Wohnungsbaugesellschaft sein, die ihre Häuser nicht instandhält, die Stadtverwaltung oder Gemeinde, die die Infrastruktur vernachlässigt hat oder durch ihre Verkehrsplanung die Wohnbedingungen verschlechtert, oder ein Unternehmen, dass die Wohn- und Lebensqualität der Anwohner*innen gefährdet.
  In dieser Phase kommt es darauf an, eine Schwerpunktsetzung und ein Ziel mit einem realistischen Zeitrahmen zu formulieren und auch wirklich einen Konsens darüber herzustellen.
  In diesen Nachforschungen geht es auch darum, alle Bedingungen, die es braucht, um das gemeinsame Ziel zu erreichen, zu präzisieren: Gibt es Verbündete, welche Ressourcen stehen zur Verfügung, was muss über die Geschichte des zu lösenden Problems in Erfahrung gebracht werden.

---

2 https://www.buergergesellschaft.de/praxishilfen/community-organizing/worum-geht-es/was-ist-community-organizing/methodischer-ablauf.

- Phase 3: *Die Aktionsphase*
  In dieser Phase werden Orte geschaffen, an denen die Mitglieder der CO mit den Personen zusammentreffen, die bezogen auf das Problem die Macht innehaben. Gelingt ein Treffen nicht sofort, wird mit öffentlichen Aktionen Druck auf die adressierte Person oder Institution ausgeübt. Hier geht es weniger um Protestaktionen als vielmehr um öffentlich sichtbares Handeln. Im Zusammenhang mit der Verbesserung der Wohnsituation in einem Stadtteil beschreiben Fischer und Stock (2023, S. 74) z. B. groß angelegte Reinigungsaktionen mit unübersehbaren gut 300 Mitwirkenden oder die Präsenz bei Veranstaltungen vor Ort, um auf sich aufmerksam zu machen. »Dabei gilt die Grundregel: Die Aktivist/innen sind jederzeit zur Kooperation bereit, wenn die Zielperson mit ihnen kooperieren will. Gelingt es, die Zielperson zu Zugeständnissen zu bewegen, wird die Community Organization als Gesprächs- und Verhandlungspartner ernst genommen. Das ist ein Erfolg« (Bürgergesellschaft.de).
- Phase 4: *Der Organisationsaufbau*
  CO geht deutlich über eine reine situative, problembezogene Protestbewegung hinaus und strebt den Aufbau einer nachhaltigen demokratischen Struktur an, die als ebenfalls mächtige Akteurin in der Öffentlichkeit wahrgenommen wird und die von den Beteiligten mit bisher schwachen Interessen als Ausdruck funktionierender Demokratie erkannt wird. Nicht immer steht eine Bürgerplattform am Ende eines solches Prozesses. Vielmehr hat sich in Deutschland eine Vielfalt an Strukturen entwickelt, die auf dem CO-Ansatz basieren. In Deutschland bedeutet eine entsprechende Struktur oft die Gründung eines Vereins, der meist durch Mitgliedsbeiträge oder Spenden finanziert ist. Zu den Instrumenten des CO gehört deshalb auch das Fundraising, also das Einwerben von Geld, ohne in eine Förderabhängigkeit zu geraten.

Mit dem weiten Begriff des Wohnens, den wir in diesem Buch anlegen, ist sowohl das wohnende Subjekt in seiner Privatheit einer Wohnung oder eines Hauses angesprochen als auch der öffentliche Raum, die Nachbarschaft oder noch weiter die Stadt, Gemeinde oder das Land, in dem man sich eingewohnt hat. Insofern können viele stadtteil- oder quartiersbezogene Bürgerplattformen unmittelbar als relevante Strategie – auch der Sozialen Arbeit – verstanden werden, Wohnverhältnisse zu verändern. Es geht jedoch auch unmittelbarer: Mit der sich seit Jahren zuspitzenden Wohnungsnot, hat sich insbesondere in deutschen Großstädten eine wohnungspolitische Bewegung etabliert, die eine »Repolitisierung des Wohnens« fordert (Vogelpohl et al. 2017) und dem Appell, dass Wohnraum keine Ware mehr sein darf, konkretes Handeln folgen lässt (Hurlin et al. 2021, S. 294). In einer Studie in Hamburg, Berlin, Leipzig und Jena wird aufgezeigt, dass Organizing eine wesentliche Strategie der wohnungspolitischen Bewegung geworden ist (ebd., S. 303). Dabei folgen die Protagonist*innen dem Ansatz des Transformativen CO, das nicht im Kleinen überschaubare und schnell zu erreichende Ziele zu verwirklichen sucht, sondern »auf Basis einer revolutionären Zukunftsvision eine gesellschaftliche Machtumverteilung durch neue strategische Bündnisse anstrebt« (ebd., S. 304). Ansätze des Transformativen CO zielen, so Bescherer,

> »stärker als Gemeinwesenarbeit oder Quartiersmanagement auf gesellschaftliche Widersprüche abseits lokaler *disorder*-Phänomene (Hundekot, Trinkerszenen etc.) und gehen über die Anpassung lokaler Infrastrukturen hinaus, ohne jedoch Anwohner*innen dogmatisch als ›revolutionären Subjekten‹ oder aber ›verblendeten Kleinbürgern‹ zu begegnen« (Bescherer 2021, S. 102).

Entsprechende Organisationen betonen ihre Unabhängigkeit von Trägerstrukturen und auch von Förderkriterien, da diese zwangsläufig eine Begrenzung der transformativen Bestrebungen bedeuten würden. Im Zusammenhang mit wohnungspolitischen Bewegungen kommen wir darauf noch einmal zurück (▶ Kap. 4.1).

Anhand der Praxisbeispiele wohnungspolitischer Bewegungen in den vier Großstädten konnten Vogelpohl et al. (2017) zeigen, dass gerade vorher nichtorganisierte Mieter*innen sich nun »mit Impulsen des Community Organizing selbst ermächtigt haben« (ebd.). Die Autor*innen der Studie vermerken, dass der explizite Bezug auf den CO-Ansatz in der wohnungspolitischen Bewegung zugenommen hat und systematisch an der Weiterentwicklung des Organizing als Strategie gearbeitet werde. Die Bewegung versucht, ihre Anliegen auch durch Strategien von Vernetzung und Kooperation sowie durch Institutionalisierung und Professionalisierung durchzusetzen. Letzteres ist auch durchaus wichtig: Hurlin et al.

(2021) beschreiben, wie es z. B. in Hamburg gelungen ist, die Privatisierung von Grundstücken zu verhindern bzw. rückgängig zu machen, um dort Platz für sozialen Wohnungsbau zu erhalten. Der wohnungspolitischen Bewegung war es auch gelungen, sich Mitbestimmungsrechte für die weitere Entwicklung zu sichern. Damit war die CO jedoch auch gefordert, selbst Ideen und Pläne einzubringen, die mit den Stadtentwicklungsplanungen professionell mithalten können (ebd., S. 309).

In den vielfältigen Projekten und Initiativen, die CO sowohl transformativ mit dem Ziel nachhaltiger Veränderungen verstehen als auch dort, wo Menschen sich im konkreten lokalen Gemeinwesen ermächtigen, wird ein Versuch sichtbar, CO doch auch mit den Strategien von Sozialraum- und Gemeinwesenarbeit zu verbinden, ohne die Ziele des CO aufzugeben (Fischer und Stock 2023). Hier gilt es, eine eigene Position dazu zu finden, ob die politisierende und demokratisierende Strategie, Machtverhältnisse zu verschieben, vereinnahmt und »versozialarbeitert« wird, oder jede Chance genutzt wird, ein »Empowern« schwacher Interessen auch dort voranzutreiben, wo es im Kontext von Programmen und Projekten nicht explizit vorgesehen ist.

Grundsätzlich gilt: »CO kann ein Weg sein, für das Sich-Einmischen von Menschen und Gruppen, die sonst kaum etwas zu sagen haben: auf der Grundlage der Eigeninteressen der Menschen- und Sozialrechte; durch ein Netz von sozialen Beziehungen; in der Erringung von konkreten, fühlbaren Erfolgen zu Themen, die die Menschen bewegen und als ein Weg aus der empfundenen Ohnmacht« (Rothschuh 2013, S. 9).

3.4 Wohnen im öffentlichen Raum: Niedrigschwellige Soziale Arbeit

Im ersten Kapitel haben wir ausgeführt, dass Wohnen nicht nur in den eigenen vier Wänden stattfindet, sondern auch in der Nachbarschaft und

3.4 Wohnen im öffentlichen Raum: Niedrigschwellige Soziale Arbeit

nicht zuletzt in öffentlichen Räumen. Da, wo Menschen sich im öffentlichen Raum regelmäßig treffen, eignen sie sich diesen Raum an. Das gilt in besonderer Weise für wohnungslose Menschen, aber auch für Menschen, die in Einrichtungen nach deren Regeln ›untergebracht‹ sind und im öffentlichen Raum einen Freiraum gewinnen können. Es gilt aber ebenso in der Nachbarschaft, in der der öffentliche Raum die Möglichkeit des Treffens und des Austauschs bietet. Gerade für Jugendliche ist der öffentliche Raum Aneignungsraum, der ihnen jenseits von Familie und Schule die Auseinandersetzung mit der Peer-Group wie auch mit der sie umgebenden Gesellschaft ermöglicht (Scherr 2016).

Soziale Arbeit muss für den Zugang zu Menschen im öffentlichen Raum ihren angeeigneten Raum und die damit verbundenen Interessen akzeptieren. Das ist ein zentraler Aspekt von *Niedrigschwelligkeit*, der als Handlungsweise in der Wohnungslosenhilfe mit dem Housing First Ansatz umgesetzt wird. Dieser Ansatz soll zunächst vertieft werden, bevor Niedrigschwelligkeit für die Wohnungslosenhilfe und andere Handlungsfelder der Sozialen Arbeit weiter ausgeführt wird, um sie als partizipative Handlungsweise einer Sozialen Arbeit, die sich auf das Wohnen bezieht, zu begründen.

Wenn es in der Wohnungslosenhilfe darum ging, Wohnraum – sei es auch nur als Notschlafstelle – zur Verfügung zu stellen, war dies lange Zeit an Bedingungen für die wohnungslosen Menschen gebunden (▶ Kap. 2.2). Diese Praxis, die eine eingeschränkte ›Fähigkeit‹ zum Wohnen unterstellt, findet sich auch in anderen Handlungsfeldern, in denen Adressat*innen ›untergebracht‹ werden (▶ Kap. 2.3). Meuth (2017) fasst die defizitäre Perspektive mit Gaiser und Müller (1996) als »Wohnen Lernen« zusammen. Das bedeutet, dass – ausgehend von der Unterstellung einer Wohnunfähigkeit – zuerst Bedingungen erfüllt werden müssen, die eine Fähigkeit des Wohnens erkennen lassen. Solche Bedingungen sind bspw. die Annahme von Beratungsangeboten, Drogenfreiheit oder die erfolgreiche Behandlung von Krankheiten. Derartige Unterbringungsangebote sind voraussetzungsvoll und hochschwellig. Sie können deshalb nicht von allen Wohnungslosen wahrgenommen werden. Demgegenüber stehen Ansätze, die zunächst in den USA erprobt wurden und seit einigen Jahren in Europa zunehmend beachtet und umgesetzt werden und sich unter der Bezeichnung *Housing First* zusammenfassen lassen. »Hierbei erhalten Menschen bedingungslos eine Mietwohnung und können dann individuell passende Hilfen in Anspruch nehmen, wenn sie das möchten« (Lutz et al. 2021, S. 70). Das Unterstützungsangebot ist zweigeteilt: Zunächst geht es um eine Wohnung auf dem freien Wohnungsmarkt, also außerhalb von Einrichtungen, deren Mieter*innen die Adressat*innen selbst sind. Sie werden bei der Wohnungssuche und der Anmietung unterstützt. Die Wohnungslosenhilfe bietet dann weitere Beratung an als freiwilliges Angebot, das die Adressat*innen unabhängig von ihrer Wohnung nutzen können oder nicht (Meuth 2017, S. 11 f.).

Housing First (Definition)

Beim Housing-First-Ansatz »ist der Bezug einer eigenen Wohnung Ausgangspunkt und nicht Ziel der sozialen Hilfen. Der Grundsatz, dass eigener Wohnraum für ein menschenwürdiges Leben unerlässlich ist, soll damit für alle Menschen umgesetzt werden und insbesondere für diejenigen, die im Hilfesystem häufig als ›nicht wohnfähig‹ gelabelt wurden. Die Kategorie der Wohnfähigkeit verschiebt das soziale Problem von den Strukturen zurück zum Individuum, indem behauptet wird, Menschen müssten sich durch die Aneignung spezifischer Fähigkeiten für das Wohnen qualifizieren. Housing First greift nicht auf solche Kategorien zurück, sondern ist darauf ausgerichtet, zunächst die existenzielle Notlage zu beenden und damit das Menschenrecht auf Wohnen umzusetzen« (Steckelberg 2023, S. 5).

Tatsächlich haben sich die sogenannten Stufensysteme im Umgang mit Wohnungslosigkeit für viele Betroffene als wenig hilfreich oder sogar nachteilig erwiesen. Wie der Sozialwissenschaftler Volker Busch-Geertsema darstellt, sehen die Stufensysteme »einen schrittweisen Aufstieg zwischen verschiedenen Sonderwohnformen mit unterschiedlichen Graden von Autonomie und Kontrolle vor[...], bevor eine Vermittlung in abgeschlossenen Wohnraum mit vollen Mieterrechten möglich ist« (Busch-Geertsema 2011, S. 41). Der Aufstieg ist verbunden mit einer Bewährung der Betroffenen durch die Teilnahme an Beratungsangeboten, die Abstinenz von Drogen und mit anderen Voraussetzungen, die durch die Träger

3.4 Wohnen im öffentlichen Raum: Niedrigschwellige Soziale Arbeit

der Hilfen und der Unterbringungseinrichtungen festgelegt werden. Werden die Anforderungen der nächsten Stufe nicht erfüllt oder gibt es einen Rückfall, verbleiben die Menschen in einem Zwischenbereich oder fallen sogar auf die erste Stufe zurück. Allerdings ist der Aufstieg bis zur eigenen Wohnung nicht garantiert, sondern von externen Faktoren abhängig: »Zu diesen Einflüssen gehören der Mangel an ausreichendem und bezahlbarem Wohnraum insbesondere für Alleinstehende und Zugangsbeschränkungen und Vorbehalte von Wohnungsunternehmen und Privatvermietern gegenüber Haushalten mit Schulden und offenkundigem Unterstützungsbedarf« (ebd.). Die Folgen dieser Praxis für die Wohnungslosen, die so zusätzliche Ausgrenzung erfahren, sind ebenso gut belegt wie die erhöhte Wohnstabilität und die Integration der ehemals Wohnungslosen in Programmen, die mit dem Ansatz des Housing First umgesetzt werden (Busch-Geertsema 2016).

Allerdings darf für die erfolgreiche Umsetzung der Ansatz nicht verwässert werden. Basierend auf dem Pathways-Modell, das in den frühen 1990er Jahren für psychisch kranke Wohnungslose in den USA entwickelt wurde (Tsemberis 2010), hat die European Federation of National Organisations Working with the Homeless (FEANTSA) einen Leitfaden für Housing First in Europa mit acht zentralen Prinzipien des Ansatzes erstellt (Pleace 2016, S. 27–37):

1. Wohnen ist ein Menschenrecht (Orientierung am »Recht auf Wohnen«);
2. Wahlmöglichkeiten für und Selbstbestimmung der Betroffenen (sie entscheiden als Nutzer*innen ob und inwieweit sie Angebote wahrnehmen);
3. Trennung von Wohnversorgung und Therapie (die Wohnung ist nicht an die Teilnahme an Unterstützungsangebote gebunden);
4. Recovery-Orientierung (Wiederherstellung des Wohlbefindens im Hinblick auf die physische und psychische Gesundheit, das soziale Umfeld und die soziale Inklusion);
5. Harm-Reduction (Änderung von Drogen- und Alkoholkonsum unter Berücksichtigung aller Ursachen und Auswirkungen);
6. aktives Engagement ohne Druckmittel (positive Einbindung und freundliche Aufforderung, Unterstützung wahrzunehmen);

7. personenzentrierte Planung (Hilfen richten sich an der Person aus und werden mit ihr organisiert);
8. flexible Unterstützung so lange wie notwendig (auch nach dem Ende des Mietverhältnisses).

Die Bedeutung, die der Freiwilligkeit und den Interessen der Wohnungslosen zukommt, zeigt den paradigmatischen Wechsel im professionellen Umgang mit ihnen als Nutzer*innen und Koproduzent*innen der Dienstleistung: »Nur wenn die angebotene Unterstützung als individuelle Hilfestellung mit Gebrauchswert erlebt werden kann, kommt auch die notwendige Koproduktion zustande, die für das Gelingen jeder Dienstleistung konstitutiv ist« (Busch-Geertsema 2017, S. 75 f.). Mit dieser dienstleistungstheoretischen Perspektive, die die Betroffenen nicht zuerst als hilfsbedürftige Problem- oder Symptomträger*innen sieht, gehen eine veränderte Zielsetzung und Vorgehensweise einher. Vorrangig sind »die Wohnstabilität, die Förderung und Unterstützung von Gesundheit und Wohlbefinden, Entwicklung sozialer Netzwerke, Integration ins Wohnumfeld und die Ausweitung von Möglichkeiten zu gesellschaftlicher Teilhabe« (Pleace 2016, S. 43). Das dafür notwendige Unterstützungsangebot umfasst intensive Fallarbeit, interdisziplinäre Teams und eine Geh-Struktur der Angebote (Hausbesuche, Gespräche vor Ort etc.). Der Ansatz verlangt also von den Träger*innen eine anders organisierte (und finanzierte) Hilfe, die flexibel an den jeweiligen Unterstützungsbedarf angepasst wird. Die Fachkräfte müssen damit auch ihre machtvolle Position aufgeben, die sie in den Stufensystemen haben. »Die Dienste müssen um Mitarbeit werben, überzeugende Angebote machen und immer wieder ihren Nutzen verdeutlichen. Sie müssen bereit sein, Wahlmöglichkeiten für Klientinnen und Klienten zu erschließen und offen zu halten« (Busch-Geertsema 2011, S. 50). Eine derartige Koproduktion der sozialen Dienstleistung und die entsprechende Perspektive auf die Adressat*innen erfordert eine bewusst veränderte Haltung der Institutionen und der Professionellen: »Die Autonomie der Klientel möglichst weitgehend zu respektieren, erfordert ein hohes Maß an Selbstreflexion und den Verzicht auf ›gut gemeinte‹ Interventionen ohne Zustimmung der Nutzerinnen und Nutzer« (ebd.).

3.4 Wohnen im öffentlichen Raum: Niedrigschwellige Soziale Arbeit

Neben dieser anspruchsvollen Vorgehensweise kann der Ansatz auch bei Wohnungslosen mit multiplen Problemen, starken Einschränkungen und Schwierigkeiten nach vielen Jahren auf der Straße an seine Grenzen kommen. Nicht zuletzt bedarf es zur Beseitigung der Wohnungslosigkeit schlicht eines entsprechenden Angebots an Wohnungen. Housing First kann dieses strukturelle Problem nicht lösen, ist im Gegenteil sogar darauf angewiesen, dass der Zugang zum engen Wohnungsmarkt für Wohnungslose gefördert wird. Dabei sind jedoch weitere Probleme zu bearbeiten, die den Wohnungslosen den Zugang erschweren: »Schufa-Anfragen, Bezahlbarkeit, Ablehnung von Wohnungssuchenden mit Unterstützungsbedarf« (Busch-Geertsema 2017, S. 78).

Für die Soziale Arbeit zeigt sich in der Diskussion um Housing First ein notwendiger veränderter Umgang mit den Betroffenen und ihrer Problemlage. Es zeigt sich aber auch die Notwendigkeit der Ausrichtung auf die Nachbarschaft, auf übergeordnete Interessen und die benachteiligenden Strukturen (▶ Kap. 1.2.1 und ▶ Kap. 3.2). Die Soziale Arbeit kann sich also nicht auf die individuelle Unterstützung beschränken. Notwendig ist auch

> »das partizipativ ausgerichtete Engagement und die Lobbyarbeit für wohnungslose Menschen gegenüber Ämtern, in der Öffentlichkeit und in Nachbarschaften und kommunalen Netzwerken, ebenso wie ein empowernder Ansatz, der Menschen in Wohnungslosigkeit unterstützt, für ihre Interessen einzutreten« (Steckelberg 2023, S. 5).

Im Ansatz des Housing First werden darüber hinaus zentrale Merkmale der Profession Soziale Arbeit deutlich. Eine solche akzeptierende Herangehensweise ist auch in anderen Handlungsfeldern der Sozialen Arbeit wesentlich, insbesondere wenn es um einen niedrigschwelligen Zugang zu Adressat*innen geht, die über die institutionellen Angebote sonst kaum zu erreichen sind. So sind gerade die ambulanten und aufsuchenden Beratungsangebote der Wohnungslosenhilfe dem Prinzip der Niedrigschwelligkeit verpflichtet, die nur erreichbar ist durch Freiwilligkeit der Angebote, der vorbedingungslosen Orientierung an den Interessen und Bedürfnissen der wohnungslosen Menschen, der Umsetzung an ihren Orten und einer akzeptierenden und zugewandten Haltung. Deshalb geht es in diesen Einrichtungen und Angeboten auch ganz konkret um die

»Versorgung hinsichtlich Ernährung, Kleidung, Körperhygiene, medizinischer Hilfen, menschlicher Wärme und zahlreiche weitere Bedarfe, die Menschen haben, um ihr Leben angemessen zu gestalten« (Lutz et al. 2021, S. 135). Solche Angebote sind aber auch notwendig, um die Begrenztheit hochschwelliger Hilfen auszugleichen und »auch jene Menschen aufzufangen, die vom etablierten Hilfesystem enttäuscht sind, Einrichtungen verließen oder gar weggeschickt werden, da sie sich angeblich nicht in vorgegebene Strukturen ›eingliedern‹ wollten« (ebd.).

Dasselbe gilt für die Akzeptierende Drogenarbeit (Stoever et al. 2021; Hunold et al. 2023) oder die Akzeptierende Jugendarbeit, die Ende der 1980er Jahre von dem Erziehungswissenschaftler Franz-Josef Krafeld als Ansatz für die Arbeit mit rechtsextremen Jugendcliquen entwickelt wurde. Mit der anschaulichen Umschreibung, die Jugendlichen dort abzuholen, wo sie stehen, sollen ihnen eigene Räume als Treffpunkte angeboten, die Cliquen als solche akzeptiert und eine Beziehungsarbeit auf der Basis gegenseitiger Akzeptanz etabliert werden (Krafeld 1996). Dieser Ansatz wurde kritisiert, weil sich die Umsetzung zuweilen in eigenen Räumen erschöpfte, in denen sich eine rechtsextremistische Haltung unter den Jugendlichen verfestigen konnte. Gleichwohl ist die akzeptierende Herangehensweise in vielen Handlungsfeldern ein Praxisstandard, in denen ein niedrigschwelliger Zugang notwendig ist, so z. B. Offene Kinder- und Jugendarbeit, Streetwork, Aufsuchende Arbeit, Mobile Jugendarbeit (Bollig 2020; Diebäcker und Wild 2020).

Wohnen im umfassenden Verständnis bezieht die Umgebung mit ein (▶ Kap. 1.2.1). Hier vollzieht sich ein Großteil des Alltags, soziale Kontakte werden geknüpft und gepflegt. Wohnen findet deshalb auch in öffentlichen Räumen statt. Das gilt in besonderer Weise für die Menschen ohne Wohnung. Aber auch für die Menschen, die eine Wohnung haben, ist der öffentliche Raum als persönlicher Alltagsraum von Bedeutung. In dem weiten Verständnis von Wohnen, wie wir es hier anlegen, »sind auch öffentliche Räume, Plätze oder Parkanlagen Wohn-Räume für Menschen, die Erfahrungen mit Wohnungsnotfallsituationen haben« (Groll und Ruttge 2021, S. 176). Die Autor*innen zeigen, dass an Orten in öffentlichen Räumen insofern Wohnsituationen hergestellt werden, als die dem Wohnen zugeschriebenen Funktionen des Schutzes nach außen, der Regelung in die wohnende Gemeinschaft hinein und des Herstellens von

3.4 Wohnen im öffentlichen Raum: Niedrigschwellige Soziale Arbeit

Privatheit in der Öffentlichkeit organisiert und auch verteidigt werden (ebd., S. 178).

Sozialarbeiter*innen, die Menschen in solchen Räumen aufsuchen, sind gleichsam Gäste im erweiterten Wohnzimmer. Das gelingt nicht, wenn die Soziale Arbeit in ihren Einrichtungen verbleibt mit hochschwelligen Zuständigkeitsklärungen, Terminvergaben und der Beratung in Büroräumen. Begibt sie sich in die Wohnungen im öffentlichen Raum, muss Soziale Arbeit niedrigschwellig sein. Niedrigschwelligkeit wurde in diesem Abschnitt bereits im Zusammenhang des Housing-First-Konzepts skizziert und soll noch einmal als grundlegende Herangehensweise für die Soziale Arbeit im Umgang mit Wohnen im öffentlichen Raum dargestellt werden.

Die Sozialarbeiterin Astrid Konter fasst die wesentlichen Kennzeichen niedrigschwelliger Sozialer Arbeit im Anschluss an Mayrhofer (2012; aber bspw. auch Arnold und Höllmüller 2017) so zusammen:

- »größtmögliche Ausrichtung auf die Erfordernisse und Bedürfnisse der AdressatInnen
- Akzeptanz, z. B. bei Sucht oder psychischen Auffälligkeiten
- Freiwilligkeit der Nutzung durch die AdressatInnen ohne Sanktionen bei Nichtinanspruchnahme
- möglichst geringe Erwartungen an NutzerInnen, z. B. wird eine sogenannte Krankheitseinsicht nicht vorausgesetzt
- möglichst wenig Bedingungen, z. B. bezüglich des Aufenthaltsstatus
- Reduktion des strukturellen Rahmens auf ein Minimum mit möglichst wenig Regeln
- Ermöglichung struktureller Angebote wie z. B. die Einrichtung einer Postadresse
- besonderer Schutz der Privat- bzw. Persönlichkeitssphäre bis hin zur Anonymität
- Möglichkeit, die Unterstützung unauffällig in Anspruch zu nehmen
- Sozialraumorientierung, Lebensweltorientierung, Alltagsnähe
- geringstmögliche Verwaltungsintensität« (Konter 2019).

Die Soziale Arbeit muss sich also am Alltag der Menschen orientieren, d. h. dort handeln, wo der Alltag gelebt wird, sich mit den Alltagsproblemen beschäftigen und sie im besten Fall lösen oder an andere Stellen im institutionellen Netzwerk verweisen (Mayrhofer 2012, S. 147). Die niedrigschwellige Arbeit kann hier die Funktion haben, bisherige negative Erfahrungen mit Einrichtungen der Sozialen Arbeit oder der Verwaltung auszugleichen und solche Unterstützungsangebote wieder zugänglich zu machen. Sie geht dabei behutsam und akzeptierend vor, sucht den Beziehungsaufbau als Basis für die weitere Arbeit und nimmt die Menschen in ihrem Alltag sowie ihren »Sozialitäten« (Kunstreich 2014, 16 ff.) wahr und ernst. Das ist der Ausgangspunkt für die gemeinsame Klärung, welche Probleme wie bearbeitet werden sollen. Dabei können und sollen die sozialen Netzwerke der Adressat*innen, ggf. auch die Nachbarschaft einbezogen werden. Soziale Arbeit vollzieht sich als ›Koproduktion‹ mit den Adressat*innen. Das Angebot der Sozialen Arbeit ist insofern offen zugänglich und freiwillig, es muss für sie nützlich und nutzbar sein und das so entstehende Verhältnis kann von den Adressat*innen entsprechend jederzeit beendet werden. All das erfordert von der Sozialen Arbeit Verhandlungsbereitschaft und -kompetenz, die ständige Reflexion der eigenen Position und Rolle und nicht zuletzt die Anpassung ihrer Organisation und Finanzierung an die aufgedeckten Probleme.

3.5 Zusammenfassung

Die Zusammenhänge von Wohnen und Sozialer Arbeit lassen sich für viele Handlungsfelder zeigen, auch wenn dies oft in der Praxis gar nicht explizit so benannt wird. Gleichwohl erscheint es Sozialarbeiter*innen selbstverständlich, dass sie sich in irgendeiner Weise sehr eng mit der Wohnsituation ihrer Adressat*innen befassen. In diesem Kapitel ging es deshalb um die Auseinandersetzung mit Handlungskonzepten, die in den unterschiedlichen Arbeitsbereichen der Sozialen Arbeit im Kontext von Wohnen relevant sind. Mit Handlungskonzepten sind nach dem Lehrbuch von Karl-Heinz A. Geißler und Marianne Hege (2001, S. 24, zitiert nach Michel-Schwartze 2008, S. 13) »Handlungsmodelle, die einen sinnhaften Zusammenhang von Zielen, Inhalten, Methoden und Verfahren herstellen« (ebd.) gemeint, die in ihrem jeweiligen »gesellschaftlich-historischen Entstehungs- und Anwendungszusammenhang« (ebd.) zu verstehen sind. Konzepte werden jedoch auch von Theorien abgeleitet, die auf wissen-

3.5 Zusammenfassung

schaftlichen Erkenntnissen basieren und »mit Wertvorstellungen, Normen und/oder fachlichen Standards in Beziehung stehen« (ebd.). Diese Einordnung haben wir jeweils zu transportieren versucht. Dabei bildet Partizipation eine konzeptionelle Klammer, denn auch im Zusammenhang des Wohnens schafft Soziale Arbeit Voraussetzungen für und Möglichkeiten zur Partizipation an Entwicklungs- und Entscheidungsprozessen. Das sind insbesondere Gelegenheiten und Räume zur Begegnung, zum Kontakt und zum Aushandeln von Interessen innerhalb eines Wohngebiets, aber auch mit der kommunalen Politik und Verwaltung. So trägt die Soziale Arbeit dazu bei,

> »dass zu einem öffentlichen Thema wird, was Menschen in ihren Lebenszusammenhängen als ungerecht erleben; dass Konflikte sichtbar werden; dass öffentlich verhandelbar wird, was gerecht und ungerecht ist und welche Potenziale und Strategien es gibt, um Verbesserungen zu erreichen. Indem sie dies tut, vermittelt sie zwischen dem Sozialen und dem Politischen« (Schnurr 2018, S. 1132).

Partizipation zu organisieren ist Demokratiearbeit (ebd.). Sie ist notwendig, wenn Stadtentwicklung auf sozialen Ausgleich und eine gesamtstädtische Integration zielt und die Verdrossenheit gegenüber Politik und Verwaltung nicht noch verstärken will (Dangschat und Hamedinger 2007). In Kapitel 3.1 haben wir *Konzepte von sozialraumbezogener Sozialer Arbeit* vorgestellt – insbesondere das *Fachkonzept Sozialraumorientierung* – und deren eher territoriale Ausrichtung im Zusammenhang von Partizipation diskutiert. Es wurde deutlich, dass die territoriale Perspektive allein zu einem verkürzten Blick auf das Wohngebiet als Sozialraum führt, mit dem der Alltag der Menschen, ihre Probleme und Bedürfnisse nur teilweise berücksichtigt und bearbeitet werden können. Andererseits ist diese Perspektive in der Praxis der Sozialen Arbeit sowie in den kommunalen Verwaltungen und politischen Gremien stark verbreitet. Damit prägt sie aber auch die Herangehensweise an die Bewohnerschaft und an deren Probleme, die ihnen von außen zugeschrieben werden. Dann besteht die Gefahr, dass Partizipation sich darin erschöpft, dass Menschen in einem Wohngebiet für die Bearbeitung dieser Probleme aktiviert werden. Während sie sich also für die Lösung von Problemen engagieren sollen, die in ihrem Alltag keine große Bedeutung haben, sind sie im Umgang mit den für sie relevanten (und meist strukturell bedingten) Problemen ohne institutionelle Unterstützung auf sich selbst und ihre begrenzten Ressourcen zurückgeworfen. Mit *Sozialraumentwicklung und Sozialraumorganisation* haben wir in Kapitel 3.2 ein Handlungskonzept eingeführt, das auf die Hervorbringung und Artikulation von Bedürfnissen und Interessen auch, aber nicht nur in Bezug auf die eigene Wohnsituation und Vorstellungen eines angemessenen Wohnens gerichtet ist. Als Handlungskonzept für die Soziale Arbeit geht es vor allem darum, Menschen, die bisher gesellschaftlich daran gehindert wurden, eigene Bedürfnisse hervorzubringen, gemeinsame Interessen mit anderen zu entwickeln und zu realisieren, in entsprechenden Prozessen zu unterstützen. Dies wird als *Sozialraumentwicklung* bezeichnet. Es soll ermöglicht werden, sich über eigene Lebensentwürfe und darin eben auch eigene Vorstellungen des Wohnens gewahr zu werden. Dies ist damit verbunden, sich der eigenen Ansprüche an gesellschaftliche Teilhabe zu vergewissern und so die Selbstvertretung der eigenen Interessen zu ermöglichen. Aufgabe der Sozialen Arbeit ist es neben dieser Hervorbringungsarbeit über Methoden und Verfahren der Partizipation (Sozialraumentwicklung erster Ordnung) die Verständigung über die eigenen, gemeinsamen und zu anderen widersprüchlichen Interessen zu gestalten (Sozialraumentwicklung zweiter Ordnung). Prozesse der *Sozialraumorganisation* umreißen den zweiten konzeptionellen Schritt, in dem die institutionellen Akteur*innen im Raum (kommunale Politik, Verwaltung, Träger Sozialer Arbeit, Vereine, Verbände u. Ä.) einbezogen werden und über sie die Zugänge zu den Ressourcen zur Realisierung der hervorgebrachten Bedürfnisse erschlossen werden.

Mit dem *Community Organizing* (CO) und seinen Varianten hatten wir bereits bei der Auseinandersetzung mit grundlegenden raumbezogenen politischen Ansätzen ein Konzept eingeführt, dessen Ziel die Veränderung bestehender Machtverhältnisse ist (▶ Kap. 1.4.4). In diesem Kapitel wurde diese Perspektive vertieft und die Prinzipien und Verfahren, mit deren Hilfe das Konzept CO realisiert wird, ausgeführt. Das Vorgehen ist von den internationalen und den deutschsprachigen Vereinigungen, die CO als konzeptionellen Kern von Strategien unterstützen (FOCO und DICO), umfangreich dokumentiert und so aufbereitet worden, dass interessierte Initiativen oder Sozialarbeitende handlungspraktisch unterstützt werden. Wohl wissend, dass gerade CO bewusst als Gegenentwurf der wohlfahrts-

3.5 Zusammenfassung

staatlich abhängigen Sozialen Arbeit entwickelt wurde und sich gerade Transformatives CO als politische Strategie und nicht als Konzept oder gar Methode versteht, sehen wir in den Prinzipien und der methodischen Vorgehensweise sehr wohl Anregungen für die Soziale Arbeit, Menschen darin zu stärken, die Veränderung ihrer Wohnverhältnisse selbst in die Hand zu nehmen. Darauf werden wir im Kapitel 4 noch einmal zurückkommen (▶ Kap. 4).

Mit *Niedrigschwelligkeit* wurde in Kapitel 3.4 eine Handlungsweise für die Wohnungshilfe ausführlich ausgearbeitet. Deutlich wurde die enge Verbindung zur Partizipation insbesondere im Ansatz des Housing First und in der dienstleistungstheoretischen Perspektive der Koproduktion mit den Betroffenen. Niedrigschwelligkeit ermöglicht aber auch den Zugang zu Menschen, die sich den öffentlichen Raum als Wohnraum aneignen, weil sie keine Wohnung haben, ihre Wohnverhältnisse beengt sind oder sie sich in ihrer Wohnung isoliert fühlen. Wenn die Soziale Arbeit sich an den Alltagsorten und -problemen der Menschen orientiert, handelt sie niedrigschwellig. Das ist gerade dann notwendig, wenn die Menschen institutionelle Hilfen und Angebote als hochschwellig erleben oder dort ausgeschlossen werden. Soziale Arbeit akzeptiert diesen Alltag und versucht in der Koproduktion mit den Adressat*innen die für sie relevanten Probleme zu bearbeiten. Damit kann Soziale Arbeit selbst partizipativ werden und beim Aufbau von sozialen Netzwerken und der Integration des Gemeinwesens unterstützen.

4 Herausforderungen für die Soziale Arbeit: Eine Position zum Wohnen finden

Wir haben uns bisher auf solche Handlungsfelder der Sozialen Arbeit konzentriert, bei denen das Wohnen durch den Bezug zum Sozialräumlichen recht naheliegend ist – und dort, wo z. B. Gemeinwesenarbeit organisiert wird, geschieht dies nicht explizit als Arbeit am Wohnen, sondern mit dem Fokus auf den sozialen Raum der lokalen sozialen Beziehungen. Dennoch ist eigentlich klar, dass Soziale Arbeit auch darüber hinaus direkt oder indirekt an das Wohnen anknüpft,»sei es in der Beratung in Lebenskrisen, in stationären Angeboten der erzieherischen Hilfen, in der Familienhilfe vor Ort« (Beck 2021, S. 361). Mit dem Wohnen in Institutionen, der ›Unterbringung‹ von Menschen in besonders prekären Lebenssituationen, haben wir ein weiteres Feld von Bezügen Sozialer Arbeit zum Wohnen erschlossen (▶ Kap. 2.3).

Sylvia Beck und Christian Reutlinger haben herausgearbeitet, dass Soziale Arbeit in ihren Fachdiskursen das Thema Wohnen kaum grundständig verankert habe (Beck und Reutlinger 2019). Schon deshalb haben wir bewusst die Konzeptionen von Nachbarschaft, Sozialraum und Gemeinwesen erörtert, die – wie gezeigt – explizit in der Sozialen Arbeit, aber auch in den sie rahmenden Programmen und Politiken eine wichtige Rolle spielt.

Kapitelüberblick

In diesem Kapitel soll der Blick daher ein stückweit in die Zukunft der Auseinandersetzung Sozialer Arbeit zum Wohnen gerichtet werden. Dazu eröffnen wir vier Perspektiven. Zunächst wird die Diskussion aktueller wohnungspolitischer Bewegungen dargestellt und skizziert, in welchem Verhältnis Soziale Arbeit hierzu stehen kann oder gar muss (▶ Kap. 4.1). Vertieft werden die Überlegungen zum Verhältnis Sozialer Arbeit zu Ansätzen gemeinschaftlichen Wohnens (▶ Kap. 4.2) sowie zu den gesellschaftlichen Transformationen im Hinblick auf Klimagerechtigkeit (▶ Kap. 4.3) und auf Digitalisierung (▶ Kap. 4.4). Diese Prozesse werden durchaus breit verbunden mit Wohnungsfragen verhandelt, allerdings wird bisher selten die Perspektive marginalisierter Gruppen in diese Diskussionen einbezogen. Hier sehen wir die Soziale Arbeit herausgefordert.

4.1 Soziale Arbeit und wohnungspolitische Bewegungen

Sozialräumliche Segregationsprozesse, die Aufwertung ganzer Stadtviertel in attraktiven Lagen – als Gentrifizierung längst auch jenseits einer wissenschaftlichen Diskussion öffentlich bekannt und kritisiert – haben ganz wesentlich ihre Ursache im Umgang mit Wohnraum als Ware und Spekulationsobjekt. Übernommen von Madden und Marcuse (2016, S. 4) fasst Andrej Holm die Perspektive der kritischen Wohnforschung dazu zusammen: Demnach ist »die Spannung zwischen dem ›Wohnen als Immobilie‹ und dem ›Wohnen als Zuhause‹ als systemische Ursache für die Permanenz der Wohnungsfrage« anzusehen (Holm 2022, S. 244). Wohnungspolitisch gesehen hat sich die Wohnung als Ware (*Commodity*) auch gegenüber der Diskussion um die soziale Frage nach dem Grundrecht auf Wohnen recht deutlich durchgesetzt, insbesondere seit der neoliberalen Wende in den 1980er Jahren.

Deshalb markieren die *Dekommodifizierung* – also die Versuche, Wohnung nicht mehr als Ware zu handeln – und damit auch die »Demokratisierung des Wohnungswesens« (ebd.) die Diskussionen über nachhaltige Strategien, die Wohnungsfrage als soziale Frage zu verstehen und das Gemeinwohlinteresse wieder zu stärken. Dieses war durch die ordnenden und regelnden Strukturen auf dem Mietwohnungsmarkt, den Gesetzgebungen zum sozialen Wohnungsbau, den Mietpreis- und Belegungsbindungen sowie der Gestaltung und Förderung von »nicht-profitorientierten Wohnbauträgern wie Genossenschaften, gemeinnützigen Wohnungsunternehmen und kommunalen Wohnungsbaugesellschaften« (ebd.) ja durchaus im 20. Jahrhundert Teil der Geschichte der Wohnungspolitik in Deutschland (▶ Kap. 1.4.2).

Demnach »versprechen der Umbau der Eigentümerstruktur und der Ausbau von nicht-profitorientierten Wohnbauträgern den nachhaltigsten Effekt für die Wohnversorgung« (ebd.). Deshalb sind es letztlich drei Instrumente, die perspektivisch in einer kritischen Wohnpolitik und bei den sich zugehörig fühlenden wohnungspolitischen sozialen Bewegungen als Teil einer Dekommodifizierung der Wohnraumversorgung eingebracht werden.

> **Instrumente der Dekommodifizierung**
>
> (Neue) Genossenschaften, eine (neue) Wohnungsgemeinnützigkeit und kommunaler Wohnungsbau als soziale Infrastruktur – diese Vorschläge zielen darauf, den Wohnungsbestand dauerhaft »den Verwertungslogiken von Marktakteuren zu entziehen« (Krennerich 2019, S. 29).

Auf diese Weise sollen auch jene Menschen mit angemessenem Wohnraum versorgt werden, deren Einkommen so gering ist, dass es ihnen auch bei einem erhöhten Wohngeld nicht gelingt, am freien Wohnungsmarkt Wohnraum zu erhalten oder die Wohnnebenkosten zu decken.

Wenn von neuen Genossenschaften und einer »neuen Wohnungsgenossenschaftsbewegung« (Metzger 2020, S. 529) die Rede ist, wird damit eigentlich eine gewisse Rückkehr zur ursprünglichen Idee dieser Organisationsform verbunden. So waren Wohnungsgenossenschaften schon im frühen 20. Jahrhundert eine Antwort auf die Wohnungsfrage und die unzulänglichen Versuche, über einen Wohnungsmarkt, angemessenen und bezahlbaren Wohnraum zu schaffen. Ronneberger (2021, S. 19) hat hervorgehoben, dass mit der Idee, kollektiv und entlang eigener und gemeinsamer Interessen Wohnraum zu schaffen, visionäre Gesellschaftsentwürfe und entsprechend neue Wohnmodelle verbunden waren. In diesen sollte Mitbestimmung ein wesentliches Kriterium im Zusammenleben sein. In neueren und eher kleineren Wohngenossenschaften sind diese Werte von Mitbestimmung wieder besonders wichtig und erstrecken sich nicht nur auf das Zusammenleben nach innen. Sie sind vielmehr auch häufig auf die Mitsprache bei Fragen der jeweiligen Stadtentwicklung gerichtet. Hier sind insbesondere das »Miethäuser Syndikat« zu nennen oder die »Recht auf Stadt«-Bewegung, die sich mit Protesten und Aktionen insbesondere gegen Gentrifizierung zur Wehr setzt. Seit den 2010er Jahren ist eine gestiegene Aufmerksamkeit gegenüber Genossenschaften zu erkennen (Metzger 2020, S. 533). Das »Miethäuser Syndikat« steht für eine Alternative zu den rechtlichen Rahmungen von Genossenschaften, in welcher

> »durch die Kombination verschiedener Rechtsformen (GmbHs und Verein) die Spekulation mit Wohnraum ausgeschlossen wird [...]. Das Syndikat stellt ein solidarisches Netzwerk von Wohnprojekten dar, welches eine weitgehende Selbstbestimmung der Bewohner_innen der einzelnen Projekte sicherstellt. Die Zahl der Projekte im Verbund ist seit dem Jahr 2000 bundesweit von sechs auf über 130 gewachsen« (ebd., S. 534).

Holm und andere (2021) sehen in modernen Wohngenossenschaften einen der »Bausteine für ein Neues Soziales Wohnen«, denn mit

> »ihren horizontalen Planungskulturen, ihren alternativen Finanzierungswegen und den Strukturen des kollektiven Eigentums haben die Gemeinschaftsprojekte eine Reihe von Erfahrungen gesammelt, die für eine grundsätzliche Umgestaltung der Wohnungsversorgung Modellcharakter haben können« (Holm 2022, S. 245).

Dennoch hätten solche selbstorganisierten Wohnbauprojekte noch einen Nischenstatus, da sie ihr Handeln bisher auf solche Grundstücke beschränken müssen, die für eine marktliche Verwertung uninteressant sind (ebd.; ausführlich Metzger 2020).

Der Prozess, die Gemeinwohlorientierung von Wohnungsgenossenschaften zu stärken – und somit auch die eingeschriebene Exklusivität von Vorteilen und Rechten für die Mitglieder zu überwinden – hält an (Holm., S. 246). Diese Orientierung wäre wichtig, damit auch Haushalte, die in allen Wohnungsmarktsegmenten marginalisiert sind und in irgendeiner

Lebensphase als Klientel der Sozialen Arbeit in Erscheinung treten, ebenfalls an solchen Wohnperspektiven partizipieren können. Metzger stellt fest: »Ansätze zu solidarischen Lösungen, die bereits einzelne Genossenschaften leisten können, sind beispielsweise die Einrichtung einer Beratung für Mitglieder mit Mietschulden, ein genossenschaftseigenes Wohngeld oder eine einkommensabhängige Miete« (2020, S. 534).

Mit dem Vorschlag einer (Re-)Kommunalisierung von Wohnraum wird versucht oder zumindest gefordert, »das Wohnen analog zu vulnerablen und kritischen Infrastrukturen wie Wasser, Wärme oder Strom als Infrastruktur zu verstehen« (Jensen 2020, S. 151). Auch diese Infrastrukturen wurden wie die Bestände kommunalen Wohnungsbaus im Zuge neoliberaler Politiken privatisiert. Die Politikwissenschaftlerin Inga Jensen macht eine (Re-)Kommunalisierungswelle im Bereich der Wasser- und Stromversorgung seit etwa 2007 aus. Für die Krise des Wohnens zeichnet sich mit einer solchen Strategie eine Möglichkeit ab, die Wohnung nicht länger als Ware und Spekulationsobjekt zu verstehen. Dies sei konzeptionell sehr sinnvoll:

»[S]o kann Wohnen, ähnlich wie auch netzgebundene Infrastrukturen, als elementares Grundbedürfnis verstanden werden, dessen ausreichende Sicherung aufgrund der der kapitalistischen Marktwirtschaften inhärenten Profiorientierung durch private Unternehmen nicht gewährleistet wird« (ebd.).

Denn solche Infrastrukturen als Teil von Daseinsvorsorge sind »Einrichtungen, die gewährleisten, dass wichtige Grundbedürfnisse allen Menschen in rechtsverbindlicher Weise kostenfrei oder zumindest kostengünstig zur Verfügung« stehen (AG linksnetz 2013, zitiert nach Holm 2022, S. 248). Ingrid Breckner sieht darin die Chance, dass für alle Bevölkerungsgruppen, deren Einkommen nicht ausreicht, um sich auf existierenden Wohnungsteilmärkten mit Wohnraum zu versorgen, ein Rechtsanspruch auf humane Wohnverhältnisse abgesichert werden könnte. Ohne dass sie explizit auf die Soziale Arbeit und ihre Adressat*innen hinweist, wäre aus ihrer Sicht mit dem Verständnis von Wohnraum als zentrale Infrastruktur der Daseinsvorsorge »auch der bestehende, realen Marktentwicklungen stets hinterherhinkende sozialpolitische Flickenteppich der Notversorgung mit Wohnraum mittels Wohngeld, Mietpreisbremsen und zeitlich befristeter Wohnraumförderung optimierbar« (Breckner 2023,

S. 28). Ihr Beispiel bezieht sich auf die prekären Wohnverhältnisse ansässiger und zugewanderter Wohnungsloser in teuren Unterkünften, die sich so vermeiden ließen. Auch andere vulnerable Personenkreise in Wohnungsnöten ließen sich hier anführen.

Unter dem Begriff der »Neuen Wohnungsgemeinnützigkeit« wird seit Längerem diskutiert, die im Jahr 1989 abgeschaffte Wohnungsgemeinnützigkeit wieder einzuführen:

> »Gemeint sind damit vor allem ein kommunaler, gemeinnütziger oder genossenschaftlicher Wohnungsbesitz, aber auch Formen der Mieterselbstverwaltung, die einen späteren Verkauf der Grundstücke zur Realisierung eines Gewinns ausschließen und die Langzeiteffekte der Wohnungsbewirtschaftung sozialisieren« (Holm 2019, S. 107).

Die Prinzipien der Gemeinnützigkeit klingen auch heute noch, so stellt Holm fest,

> »wie ein Anforderungsprofil für eine Antwort auf die aktuellen wohnungspolitischen Herausforderungen: Sozialer Versorgungsauftrag, strikte Kostenmietorientierung, Gewinnbeschränkung und dauerhafte Zweckbindung der Einnahmen stehen für eine Wohnungsversorgung im Interesse der Allgemeinheit« (Holm 2022, S. 247).

In allen Publikationen zu solchen Vorschlägen, wird dafür argumentiert, Wohnraum aus rein wirtschaftlichen Verwertungslogiken herauszulösen und Wohnen als Zuhause sowie als Grund- und Menschenrecht zu sichern. Solche marktunabhängigen Konstrukte sieht auch die Erziehungswissenschaftlerin Sylvia Beck (2021, S. 276) als besonders relevant und zunehmend gefordert, um der strukturellen Wohnsicherheit vulnerabler Gruppen entgegenzuwirken. Als ein Beispiel beschreibt sie: »Gerade für ältere Menschen (und insb. für Frauen) zeigt sich darin eine große Unsicherheit, für die in den nächsten Jahren angesichts langsam wachsender Renten und prognostiziert steigender Altersarmut eine weitere Zuspitzung zu erwarten ist«, die der Ökonom und Wohnungsforscher Matthias Günther als »graue Wohnungsnot« beschreibt (Günther 2018).

Insofern erscheinen die Schlussworte von Andrej Holm zu Konzepten einer alternativen Wohnungspolitik auch wie eine Aufforderung für die Profession bzw. die Institutionen der Sozialen Arbeit, sich als Akteurin, die sich für die schwachen Interessen der am Wohnungsmarkt ausgegrenzten

Personengruppen einsetzt, zu verstehen: »Wenn das Wohnen tatsächlich eine zentrale soziale Frage unserer Zeit ist, dann wird sich eine breite gesellschaftliche Mehrheit finden, die dafür eintritt, das Wohnen von der Immobilie in ein Zuhause zu überführen« (Holm 2022, S. 249).

Der Widerstand gegen eine Wohnungspolitik, die die Versorgung mit Wohnraum für alle Bevölkerungsgruppen nicht sicherstellt und Wohnungsnöte durch Mietüberbelastungen, drohende Zwangsräumungen und Verschuldung billigend in Kauf nimmt, äußert sich auch in sichtbaren Aktionen wohnungspolitischer Bewegungen, die über kleine Wohnprojekte hinaus Einfluss zu nehmen versuchen.

Die Stadtsoziologin Ingrid Breckner beschreibt die unterschiedlichen Formate, mit denen wohnungspolitische Bewegungen aktuell und wohl auch zukünftig auf die Wohnungskrise, eine unzulängliche Wohnpolitik, Wohnraummangel und Wohnungsnöte Einfluss zu nehmen versuchen (2023, S. 22): Mieter*innenbewegungen und auch immer noch Hausbesetzungen sind Protestformen, die eine breite Öffentlichkeit über die Medien, wenn auch oft nur temporär, erreichen. Weit über Demonstrationen und Veranstaltungen hinaus werden Volksabstimmungen oder Bürger*innenentscheide als Instrumente eingesetzt – oder zumindest damit gedroht, um den politischen Druck für Veränderungen in der Wohnungspolitik zu erhöhen und der Forderung, dass Wohnen keine Ware sein darf, Nachdruck zu verleihen. Dies zeigen beispielhaft die Hamburger Initiative der Mietervereine »Keine Profite mit Boden und Miete« (ebd.; https://keineprofitemitbodenundmiete.de) oder die Berliner Kampagne »Deutsche Wohnen & Co enteignen« (https://dwenteignen.de/), der sich Bewegungen aus anderen Großstädten solidarisch angeschlossen hatten.

Der kampagnengeleitete Protest setzt auf Öffentlichkeitswirksamkeit und Mobilisierung, die sich u. a. in regelmäßigen Demonstrationen gegen den »Mietenwahnsinn« oder Aktionen wie in Leipzig »Häuser denen, die sie brauchen« münden (Hurlin et al. 2021, S. 297, 298). Zahlreiche Mieter*inneninitiativen verfolgen eine Strategie des transformativen Community Organizing (▶ Kap. 3.2) und bilden damit eine Basis für das Bestärken der oben beschriebenen Ansätze einer neuen Wohnungspolitik. Mit dieser Strategie ist es möglich, auch Mieter*innen zu erreichen, die bisher kaum in eigener Sache aktiv waren, wie in der Studie von Hurlin et

4.1 Soziale Arbeit und wohnungspolitische Bewegungen

al. (2021) gezeigt werden konnte. Dennoch sind die Debatten innerhalb der wohnungspolitischen Bewegung kontrovers und von einem Spannungsverhältnis zwischen zwei strategischen Richtungen gekennzeichnet:

»Zum einen der *munizipalistische* Weg, d. h. der Versuch, mittels lokaler progressiver Bündnisse aus Bewegung und Parteien ein kommunales Gegengewicht in den Parlamenten zur zentralstaatlichen Regulation aufzubauen und von außen Druck auf diese lokalen Parlamente auszuüben; zum anderen der *syndikalistische* Weg, d. h. mittels autonomer Initiativen aus betroffenen Mieter:innen deren Interessen direkt gegenüber den Wohnungsunternehmen oder Vermieter:innen durchzusetzen« (Hurlin et al. 2021, S. 309).

Beide Strategien werden parallel verfolgt. Auch dieses Spannungsverhältnis führt den Geografen und Stadtforscher Sebastian Schipper dazu, die »außerparlamentarischen wohnungspolitischen Initiativen« auf bundespolitischer Ebene überwiegend nur als »Stichwortgeberinnen und Zuschauerinnen« zu sehen (Schipper 2018, S. 110). Ihr Einfluss sei begrenzt darauf, »kurzfristig mediale Aufmerksamkeit für die Wohnungskrise zu produzieren und radikalere Forderungen hörbar zu machen« (ebd.).

Insofern scheinen wohnungspolitische Bewegungen nicht unbedingt die Ausdrucksweise derer zu sein, die von Wohnungsnot betroffen sind. Diese Haushalte erkennen selten ihre Betroffenheit als Ausdruck eines strukturellen, politischen und gesellschaftlichen Problems, sondern suchen individualisiert nach Lösungen für das akute Existenzproblem:

»Haushalte in prekären Einkommensverhältnissen versuchen häufig zunächst mit Mehrfacherwerbstätigkeit, Zuverdiensten, temporärer oder teilweiser Vermietung eigenen Wohnraums Nöte des Wohnens zu lindern und verfügen deshalb über wenig Zeit, sich in sozialen Bewegungen oder in der lokalen Wohnungspolitik zu engagieren« (Breckner 2023, S. 24).

> In diesem Kontext und im Sinne einer Sozialraum- oder Gemeinwesenarbeit (▶ Kap. 3.1 und ▶ Kap. 3.2) wäre es Aufgabe Sozialer Arbeit – der ja die Probleme der betreffenden Personen und Familien bekannt sind – Menschen dabei zu beraten und zu unterstützen, die politischen und rechtlichen Wege einzuschlagen, um Folgen von Wohnungsnot sichtbar und lösbar zu machen.

Dies kann durchaus mit den Methoden und kommunikativen Techniken eines Community Organizing (▶ Kap. 3.3) und dem Schaffen von Gelegenheiten gelingen, die eigenen Bedürfnisse und Interessen zu artikulieren. Im Sinne von Sozialraumorganisation (▶ Kap. 3.2) oder politischer Lobbyarbeit geht es für die Soziale Arbeit darum, sich nicht auf Fragen von Zuständigkeiten für das Thema Wohnen einzulassen, sondern dies offensiv als Thema Sozialer Arbeit anzunehmen – insbesondere, wenn bereits sonst alle Akteur*innen der allgemeinen Wohnungspolitik durch »soziale Blindheit« (Holm 2015, S. 36) geschlagen sind und die Bedürfnisse der Wohnenden keine Rolle zu spielen scheinen.

4.2 Soziale Arbeit und gemeinschaftliches Wohnen

Der Übergang von wohnungspolitischen sozialen Bewegungen zum Verhältnis Sozialer Arbeit zum gemeinschaftlichen Wohnen sind fließend. Während Soziale Arbeit bezogen auf die sozialen Bewegungen vor allem gefragt ist, sich politisch deutlicher zu positionieren, kann es im Zusammenhang mit Ansätzen gemeinschaftlichen Wohnens um konkrete Kompetenzen Sozialer Arbeit gehen, die Handlungsfähigkeit ihrer Adressat*innen (wieder-)herzustellen und so für das Grundrecht Wohnen einzutreten.

Die Definition gemeinschaftlichen Wohnens der Stadt- und Regionalplanerin Ricarda Pätzold bietet einige Anknüpfungspunkte für eine zukünftige Auseinandersetzung Sozialer Arbeit zu diesem Thema:

> Pätzold versteht unter gemeinschaftlichem Wohnen »jene Wohnformen, bei denen sich Menschen bewusst für ein gemeinschaftliches Leben und eine gegenseitige Unterstützung entscheiden. Die dabei gleichberechtigten Bewohnerinnen und Bewohner bilden unabhängig von familiären Bezügen einen Wohnverbund, der als Modell auf

4.2 Soziale Arbeit und gemeinschaftliches Wohnen

> Langfristigkeit angelegt und in wesentlichen Bereichen durch die Bewohnerinnen und Bewohner selbst organisiert ist« (Pätzold 2019, S. 176).

Darin verankert ist der Anspruch an wechselseitige Unterstützung, die Vorstellung von Wohnverhältnissen, die den Lebenssituationen angemessener sind als die im »modernen Wohnen« seit mehr als einem Jahrhundert gebauten Wohnräume für die Kleinfamilie (▶ Kap. 1.1) und die Idee der Langfristigkeit, womit temporäre Wohngemeinschaften hier nicht einbezogen sind.

Nicht in der Definition enthalten, aber dennoch wichtig, ist der Gedanke, dass gemeinschaftlich zu wohnen auch das bewusste Teilen von Ressourcen (und Kosten) bedeutet (ebd. S. 182). Empirisch kann festgestellt werden: »In gemeinschaftlichen Wohnprojekten schließen sich Personen in verschiedenen oder auch ähnlichen Lebenssituationen und aller Altersgruppen zusammen« (ebd.).

Betont wird in dieser wie in anderen Definitionen zum gemeinschaftlichen Wohnen, dass sich Menschen bewusst für solche Wohnformen entscheiden und sich weitgehend selbstorganisieren. Beck (2012, S. 34) sieht hier nicht nur ein Anwachsen entsprechender privat organisierter Projekte seit den 1990er Jahren in Form von Vereinen, Genossenschaften oder (g)GmbHs, die sie als »Bottom-up-Initiativen« fasst, sondern längst auch »Top-Down-Modelle«, die »durch kommunale und politische Akteure, Soziale Träger, aber auch Wohnbau-Akteure lanciert werden« (ebd.). Entsprechende Vernetzungen, die z. T. durch Kommunen und Landkreise initiiert werden, sollen grundsätzliches Interessen für andere Wohnformen wecken, beim Aufbau, Fragen der Finanzierung und Organisation unterstützen, beraten und Wissen vermitteln (ebd.). Beck hat bereits im Jahr 2012 auf solche Handlungsstrategien von Kommunen und sozialen Trägern verwiesen. Diese werden »als Initiantinnen und Beförderer von gemeinschaftlich ausgerichteten Wohnsiedlungen aktiv, wodurch sich im Kontext Wohnen mit Schnittstelle Gemeinwesen, z. T. auch platziert bei Wohnbauträgern, auch ein Feld Sozialer Arbeit (weiter-)entwickelt« (ebd., S. 45). Hierin bestehe die Gefahr einer neoliberalen Vereinnahmung selbstorganisierter Projekte gemeinschaftlichen Wohnens: Wenn hier –

ähnlich wie in anderen quartiersbezogenen Handlungsansätzen – nicht mehr die strukturellen Wohnverhältnisse, sondern die kleinräumigen lokalen Gemeinschaften in sozialen Nahräumen die Ebene des Handelns sein sollen (May 2021, S. 31).

Es besteht auch die Gefahr, dass gemeinschaftliches Wohnen »einer notwendig breiten öffentlichen Thematisierung grundlegender gesellschaftlicher Fragen entgegen« stehe (Beck 2021, S. 352). Dass und wie gemeinschaftliches Wohnen politisch positiv diskutiert werde, sei eine Gratwanderung zwischen einer Instrumentalisierung durch die Politik und tatsächlichen Lösungswegen, der Wohnraumnot entgegenzuwirken. Der Soziologe Carsten Praum (2024) sieht gerade in den Großstädten, in denen der Wohnungsmarkt stark überhitzt ist, die Herausbildung eines »Systems des gemeinschaftlichen Wohnungsbaus«, in dem sich das Zusammenspiel von gemeinschaftlichen Wohnprojekten, intermediären Organisationen sowie Stadtpolitik und -verwaltung konstituiere. Er problematisiert die Entwicklungen eines »Community-Kapitalismus«, in dem soziale Ressourcen jenseits von Markt, Staat und Familie aktiviert werden (van Dyk und Haubner 2021) sollen, um die Gemeinschaft als gesellschaftliche Institution der Zukunft anzurufen. Eine andere wohnungsmarktpolitische Kritik hat Pätzold zu beantworten versucht: In der politischen Diskussion wird gern hervorgehoben, dass es sich bei Formen gemeinschaftlichen Wohnens um »maßgeschneiderte, selbst geschaffene Angebote für spezifische Gruppen handele, die darüber hinaus nicht marktgängig wären« (Pätzold 2019, S. 179). Sie hält diesem Argument entgegen, dass letztlich sehr viele Wohnungen nicht den individuellen Lebenssituationen von Mieter*innen entsprechen, aber dennoch angesichts der Marktlage mühelos vermietbar sind. Insofern sei das Argument fehlender Marktgängigkeit allenfalls ein vorgeschobenes. Dieses Argument verhindert derzeit noch, Möglichkeiten gemeinschaftlichen Wohnens dann als Alternative zu verstehen und auszubauen, wenn die bisherige Wohnform der Lebenssituation nicht (mehr) entspricht.

Es erscheint daher durchaus sinnvoll, solche Formen des Wohnens aus einer Sozialarbeitsperspektive zu betrachten. In einer Studie zur subjektiven Bedeutung von gemeinschaftlichem Wohnen hat wiederum Sylvia Beck (2021) mit Bewohner*innen selbstorganisierter Initiativen gemein-

4.2 Soziale Arbeit und gemeinschaftliches Wohnen

schaftlichen Wohnens gesprochen. Dabei hat sie drei wesentliche Praxen gemeinschaftlichen Wohnens rekonstruiert.

- *Gemeinschaftliches Wohnen als soziales Sichern eines Sorgesettings:*
  Hier zeigt sich Wohnen in Gemeinschaft als Möglichkeit, selbstbestimmt zu altern und für das eigene Alter zu sorgen (ebd., S. 155) aber auch kollektiv für sich und andere Sorge zu tragen (ebd., S. 159), dabei tragfähige soziale Bezüge gestalten und Bedürfnisse gewährleisten zu können (ebd., S. 166), aber gleichzeitig nach außen gerichtet diese Form des Wohnens (im Alter) als ein soziales Thema zu lancieren und beharrlich mitzugestalten (ebd., S. 168). Der zentrale Verknüpfungsmodus für diese Lesart gemeinschaftlichen Wohnens ist es, »[g]emeinsam strukturelle Anerkennung herzustellen« (ebd., S. 178).

- *Gemeinschaftliches Wohnen als Schaffen eines identitätsstiftenden und passungsfähigen Alltagsgefüges:*
  Hier geht es darum, sich »auf andere (Wohn)Ideen einzulassen und Chancen aktiv nutzen zu [können]« (ebd., S. 196) und dabei »gemeinschaftliches Wohnen als Lernfeld und Aussöhnung mit Alternativ-Sein und Identitätsarbeit« zu erkennen (ebd. S. 208; Beck 2012). Im Sinne eines »Ankommens in *alternativer* Selbstverortung« (Beck 2021, S. 219) geht es darum, »strukturelle und räumliche Handlungsspielräume sowie sozialen Austausch und Solidarität« zu finden, zu gestalten und zu erfahren, welche »alltagspraktische Unterstützung und Sicherheit« vermitteln (ebd.).

- *Gemeinschaftliches Wohnen als Streben nach selbstbestimmtem Da-Sein:*
  Dabei geht es darum, sich mit dieser Wohnform der eigenen *Bleibe* sicher sein zu wollen und z.B. innerhalb einer Genossenschaft ›unkündbar‹ zu sein (ebd., S. 236), aber ebenso mehr Gemeinschaftsleben und spontane Unterstützung im Alltag erfahren zu wollen (ebd., S. 237). Dies kann mit Desillusionierung verbunden sein, was die Erwartungen an das gemeinschaftliche Wohnen angeht, das sich aber damit verbindet, sich zu emanzipieren und für eigene Vorstellungen auch einzustehen (ebd., S. 246).

Gerade hierin sieht Beck »ein Ringen um Selbstbestimmung hinsichtlich der eigenen Lebensverhältnisse« (ebd., S. 156). Über die Bewohnerin eines Wohnprojektes fasst sie zusammen:

> »Sie verknüpft damit zwei Aspekte, die subjektiv bedeutsam für ihren Entscheid, ihre Erfahrungen wie auch ihre Gestaltungsbemühungen im gemeinschaftlichen Wohnen und zugleich als lebensbewältigendes Muster zu sehen sind: Im gemeinschaftlichen Wohnen kämpft sie (zunehmend) darum, Kontinuität zu bewahren resp. herzustellen und darin Selbstbestimmung zu erlangen« (ebd.).

Aus der Analyse der sozialräumlichen Praxen gemeinschaftlichen Wohnens kommt Beck zu einer für die Soziale Arbeit wesentlichen Erkenntnis:

> »Wohnverhältnisse eigensinnig und kollektiv gestalten zu wollen/können, ist an Emanzipationsprozesse und widerständiges Handeln geknüpft, mit dem Ziel, Bedürfnisse im Wohnen anerkannt und strukturell gewährleistet zu sehen. Ein entsprechend notwendiger Aneignungs- resp. Gestaltungs- und Aushandlungsprozess im Kollektiv eröffnet bestenfalls Erfahrungen von Selbstbestimmung, Anerkennung und Selbstwirksamkeit, wodurch (soziale und örtliche) Zugehörigkeit, wachsende Überzeugung für das Wohnkonstrukt und weitergehender Gestaltungswille freigesetzt werden (können)« (Beck 2021, S. 268).

Praxen gemeinschaftlichen Wohnens sind auch Ausdruck alltäglicher Lebensbewältigung. Sie entwickeln eine Wohnweise, »über die sie alltägliche Zusammenhänge, aber auch ihre Lebens- resp. Selbstentwürfe gelingend(er) gestalten (wollen/können)« (ebd.). Diese Praxen könnten somit auch als Ansatz von *Sozialraumentwicklung* verstanden werden, bei der es den Wohnenden gelingt, eigene Bedürfnisse und Interessen auf die anderer zu beziehen und ihre gesellschaftlichen Teilhabechancen zu erhöhen.

Dass Menschen in Wohnungsnöten, die von Mietüberlastung betroffen sind und nur noch in schlechten Lagen und unter benachteiligenden Bedingungen Wohnraum finden, nicht in der beschriebenen Weise das gemeinschaftliche Wohnen für sich entdecken, ist naheliegend. Sie arrangieren sich, lesen ihre Lebenslage nicht selten als eigenes Versagen und versuchen, dieses strukturelle Problem individuell zu lösen, indem eine Verschuldung beim Energieversorger in Kauf genommen oder in anderen Lebensbereichen wie Ernährung, Gesundheit und Bildung gespart wird (Krennerich 2019, S. 30).

> Es kann also Aufgabe Sozialer Arbeit sein, z. B. innerhalb von Gemeinwesenarbeit entsprechende Prozesse von *Sozialraumentwicklung* anzustoßen, die es diesen sozialen Gruppen ermöglichen, ihre tatsächlichen Bedürfnisse in Bezug auf ein für sie angemessenes Wohnen hervorzubringen. Sie können sich so ihrer eigentlichen Lebensentwürfe gewahr werden, um im zweiten Schritt gemeinsame Interessen mit anderen zu erkennen. Im Sinne eines Empowerment für die eigenen und gemeinsamen Interessen ist es Aufgabe Sozialer Arbeit, über Sozialraumorganisation die Ressourcen für die Initiierung gemeinschaftlichen Wohnens zu erschließen. Dies hat noch einen eher visionären Charakter, soll allerdings dazu anregen, die Rolle Sozialer Arbeit bei der Verhandlung des Wohnens als soziale Frage zu stärken.

Dies gelänge einfacher, wenn solche Überlegungen einhergehen mit den wohnungspolitischen sozialen Bewegungen, denen solche Ansätze gemeinschaftlichen Wohnens einen weiteren Rahmen wohnpolitischer Einmischung geben. Auch die in Projekten und Initiativen gemeinschaftlichen Wohnens auftretenden Probleme, die je individuellen Ansprüche (an gegenseitige Unterstützung oder Kostenersparnis um den Preis des Teilens), das Verhältnis von Privatheit und Gemeinschaft sind auszuhalten und auszuhandeln. Das ist voraussetzungsvoll und erfordert mit Beck nicht nur »umfassende kommunikative Kompetenzen« (2012, S. 44), sondern einen Umgang mit in diesen Spannungsverhältnissen auftretenden Konflikten. Hier brauchen Gemeinschaften des Wohnens nahezu unabhängig von ihrer sozialen Zusammensetzung professionelle Unterstützung.

In einer in dieser Weise umfassenderen Auseinandersetzung mit gemeinschaftlichem Wohnen geht es also nicht nur darum, was Menschen im gemeinschaftlichen Wohnen zusammen schaffen, sondern wie sie individuell entsprechende Prozesse des Alltags gestalten. Beck sieht hierin einen sich wechselseitig bestärkenden Prozess, den sie als »*widerständige und einbettende Wohnkultur*« bezeichnet (ebd., S. 268). Diese zeigt sich durch kollektive Praxis einer sozialen Wohnraumversorgung (ebd., S. 275), räumt den »Wohnenden nicht nur (Wohn)Sicherheit, sondern auch Gestaltungs- und Mitsprachemöglichkeiten« ein (ebd., S. 285) und eröffnet

Erfahrungsräume. Gemeinschaftliches Wohnen – und das ist entscheidend – »hebt sich von dem ab, was der freie Wohnungsmarkt gemeinhin bietet« (ebd.). Die Widerständigkeit zeigt sich auch in einer kollektiven Praxis der Alltagsgestaltung (ebd., S. 288), die auch mit Formen der Anerkennung und Solidarität, des Lernens und der Identitätsarbeit, der Selbstorganisation, (Selbst-)Ermächtigung und Partizipation einhergehen (ebd., S. 315–340). Angesprochen sind hier Prozesse der Aushandlung der unterschiedlichen Interessen und Ansprüche. Das von Beck als »aktiv Passend-Machen« beschrieben wird, deutet auf Prozesse der Aneignung, »die ein Gefühl konkreter Handlungsfähigkeit, aber auch Gefühle von Dazugehören und Hingehören – als emotionale Bindung und Identifikation mit Ideen, Orten und Menschen – erst ermöglichen« (ebd., S. 285).

4.3 Soziale Arbeit und die Klimafolgen im segregierten Raum

Der menschengemachte Klimawandel zeigt sich global mit einer zunehmenden Erwärmung, veränderten Luft- und Meeresströmungen, Wetterextremen und -katastrophen sowie den daraus folgenden veränderten Lebensbedingungen und Migrationsbewegungen (Hennessy et al. 2022). Für Deutschland wird zunehmende Wärme und Trockenheit festgestellt mit einer steigenden Zahl heißer Tage und tropischer Nächte sowie länger andauernden Hitzeperioden in den Sommermonaten (Fischer-Hotzel und Jolk 2023).

Auf nationaler Ebene hat deshalb die Bundesregierung 2008 eine »Deutsche Anpassungsstrategie an den Klimawandel« (Bundesregierung 2008) entwickelt und seitdem mit Aktionsplänen und Fortschrittsberichten (Bundesregierung 2020) unterlegt. Sie gibt damit einen Rahmen vor für »die Verminderung der Verletzlichkeit bzw. den Erhalt und die Steigerung der Anpassungsfähigkeit natürlicher, gesellschaftlicher und öko-

4.3 Soziale Arbeit und die Klimafolgen im segregierten Raum

nomischer Systeme an die unvermeidbaren Auswirkungen des globalen Klimawandels« (Bundesregierung 2008, S. 5) in Deutschland. Die Umsetzung liegt größtenteils und bewusst in der Zuständigkeit und der Verantwortung der Kommunen, weil die Auswirkungen des Klimawandels regional und lokal unterschiedlich sein können.

»Große Städte sind mit ihrer baulichen Dichte und dem gerade im Innenstadtbereich oftmals hohen Versiegelungsgrad sowie geringer Durchgrünung meist stärker betroffen. Ein ungünstiges Zusammenspiel von Sonneneinstrahlung, Gebäudeeigenschaften und menschengemachter Wärmefreisetzung führt dazu, dass die Durchschnittstemperatur bis zu zehn Grad Celsius über der des Umlands liegt und auch nachts nur eine geringere Abkühlung stattfinden kann« (Fischer-Hotzel und Jolk 2023).

Die Kommunen sind gefordert, bei städtebaulichen Maßnahmen die Belüftung der Wohngebiete und die Verteilung sowie Ableitung des Niederschlags zu berücksichtigen. Insbesondere hinsichtlich der Gesundheit der Bevölkerung sollen sogenannte Hitzeinseln identifiziert und kommunale Hitzeaktionspläne entwickelt werden (ebd.).

Allerdings sind Risiken und Folgen des Klimawandels in den Städten und Kommunen ungleich verteilt und werden so auch Thema der Sozialen Arbeit:

»In fast allen europäischen Städten leben einkommensschwache Bevölkerungsgruppen eher in Gebieten mit hoher Dichte, starker Luftverschmutzung, geringer Durchlüftung und in hochwassergefährdeten Gebieten. Wohngebiete mit Frischluftzufuhr und ohne Hochwasserrisiko werden von Bevölkerungsgruppen mit höherem Einkommen und sozialem Status beansprucht« (Bauriedl 2022, S. 264).

Prozesse sozialräumlicher Segregation (▶ Kap. 1.3) reproduzieren soziale Ungleichheiten und Ungerechtigkeiten im Zusammenhang des Klimawandels. In den Kommunen müsste das berücksichtigt werden, denn: »Die Gewährleistung gesunder Lebens- und Arbeitsverhältnisse ist die zentrale Aufgabe einer nachhaltigen Stadtplanung« (HLNUG 2019, S. 6).

Bezogen auf die Gesundheit der Bevölkerung gibt es Ansätze, die sozialräumlich fruchtbar gemacht werden könnten. So werden bspw. im hessischen Methodenbaukasten zur kommunalen Klimaanpassung als mögliche Indikatoren zur Berücksichtigung der Hitzebelastung die »Hochaltrigendichte (75 Jahre und älter), Dichte von Kindern unter fünf

Jahren, Dichte von durch Armut Benachteiligten« benannt (ebd., S. 26). Diese Gruppen sind besonders von den Auswirkungen von Hitze in der bebauten Stadt betroffen. Die Stadtgeografin Sybille Bauriedl konstatiert: Insgesamt »konzentrieren sich kommunale Aktivitäten zur Anpassung an extreme Wetterereignisse bisher auf baulich-technische und organisatorische Maßnahmen und lassen außer Acht, dass die sozialen Ressourcen der Stadtbevölkerung entscheidend sind für deren Anpassungskapazität« (Bauriedl 2022, S. 264).

Hinzu kommt, dass auf der Ebene der Stadt »klimafreundlich« ein positives Label im Wettbewerb mit anderen Städten ist. Verbunden mit technischen Lösungen zur Nachhaltigkeit wie Schwammstadt oder Smart City (▶ Kap. 4.4) erscheint eine solche Stadt innovativ und ökonomisch attraktiv.

»So hat beispielsweise die Europäische Kommission ihr ›Green-Capital‹-Programm lanciert, in Großbritannien können Städte entlang des ›Sustainable City Index‹ gerankt werden und nordamerikanische Städte ordnen sich dem ›Green City Ranking‹ unter, an dessen Entwicklung unter anderem private Unternehmen wie Siemens beteiligt sind« (Mattissek und Mössner 2022, S. 192).

Die Klimaanpassung von Gebäuden oder Wohngebieten zieht damit eine Aufwertung nach sich, die sich in Immobilien- und Mietpreissteigerungen und einer Verdrängung jener Bewohner*innen ausdrückt, die ökonomisch schlechter gestellt sind (ebd., S. 192 ff.), was mit dem Begriff der *Environmental Gentrification* (ebd., S. 192) zusammengefasst wird. Ungleichheit und Ungerechtigkeit im Zusammenhang der Folgen des Klimawandels zeigen sich hier, indem »die Umweltkosten des Wohlstands auf diese Einkommensschichten abgeschoben werden, während von den Vorteilen einer sauberen Umwelt eher statushöhere Einkommensschichten profitieren können« (ebd.).

Es ist deshalb nicht verwunderlich, dass die Empfehlungen an die Kommunen zur Anpassung an den Klimawandel bisher vor allem technischer Natur sind und auf Maßnahmen abzielen, die auf der Ebene der Kommune oder der Region verortet sind. Eine Online-Befragung von Ländern und Kommunen aus dem Jahr 2020 (Kaiser et al. 2021) ergab, dass das Bewusstsein der Verantwortlichen in den Kommunen für Klimaanpassungen im Zusammenhang von Hitze und Gesundheit stark gewachsen ist (ebd., S. 30), aber 14 Prozent der Städte und Gemeinden und sogar 44 Prozent der Landkreise noch keine Maßnahmen umgesetzt haben. Zudem ist der größte Teil der Maßnahmen noch in Bearbeitung oder erst in Planung. Immerhin: »Bei den Maßnahmen, die bereits umgesetzt wurden, belegen die Betroffenheits- beziehungsweise Vulnerabilitätsanalysen Platz zwei« (ebd., S. 31). Gleichwohl werden auch diese Analysen nicht partizipativ und lebensweltbezogen durchgeführt. Bisher setzen die Kommunen vor allem Informations- und Kommunikationsmaßnahmen um, die auf ein der Hitze angepasstes Verhalten der Bürger*innen abzielen (ebd.).

Auch wenn es einzelne Anpassungsmaßnahmen für besonders betroffene Personen gibt – z. B. Hitzeschutz in Kitas oder für Wohnungslose (Fischer-Hotzel und Jolk 2023) –, sind die empfohlenen Instrumente Teil einer übergeordneten räumlichen Planung und Steuerung:

> »Vom Regionalplan über den Integrierten Stadtentwicklungsplan bis zur Bauleitplanung können verschiedene Aspekte der baulichen Hitzevorsorge und das Zusammenspiel von belasteten Wirkungsräumen und Ausgleichsräumen (Kalt- und Frischluftentstehungsgebiete, Luftleitbahnen, Grünflächen und anderes mehr) dargestellt werden« (ebd.).

Die Kommunen sind gefordert, dies bei den Baumaßnahmen im eigenen Bereich zu berücksichtigen und auch die Bevölkerung über deren Möglichkeiten zur Klimaanpassung zu informieren. Allerdings dürfen sie nicht von einer homogenen Stadt und einer ebenso homogenen Bewohnerschaft ausgehen. Die Möglichkeiten zur Klimaanpassung gehen mit ökonomischen Ressourcen einher: Wärmepumpen, Klimaanlagen, Photovoltaik, Beschattungssysteme oder Fassadenbegrünung erfordern finanzielle Investitionen und in der Regel den Besitz der anzupassenden Immobilie. Entsprechende Ressourcen sind in einer sozialräumlich segregierten Stadt ungleich verteilt.

Bereits im Jahr 2011 wurde im Zusammenhang einer Studie zur klimawandelgerechten Stadtentwicklung mit dem Begriff *Environmental Justice* auf die unterschiedliche Belastung von Bevölkerungsgruppen durch Umweltveränderungen hingewiesen (BMVBS 2011, S. 81), die im Zuge des Klimawandels besonders relevant wird,

»weil der Klimawandel insbesondere dort und von denjenigen sozialen Gruppen als besonders gravierendes Problem wahrgenommen werden dürfte, wo bereits eine Betroffenheit durch Alterungs- und Schrumpfungsprozesse vorliegt, die neben einer Angebotsverschlechterung (z. B. im sozialen Bereich) auch finanzielle Belastungen mit sich bringt (z. B. steigende Fixkosten im Bereich der technischen Infrastruktur)« (ebd., S. 83).

Die Autor*innen weisen außerdem auf die notwendige Berücksichtung unterschiedlicher Lebenswelten hin und mögliche Spannungen »durch den Dualismus der klimaoptimierten Vorstadtviertel und der schlecht durchlüfteten, hochverdichteten Quartiere mit niedriger Klima-Lebensqualität, die gegenüber Klimafolgen wie urbanen Hitzeinseln besonders exponiert – aber auch verwundbar sind« (ebd.) –, deren Bewohner*innen aber weniger verbrauchen und emittieren (ebd.).

Der Klimawandel verstärkt also die residentielle Segregation in den Städten. Um dem entgegenzuwirken, muss Stadtentwicklung klimagerecht sein. Der Kommune kommt die Aufgabe der Steuerung zu, sie kann sich nicht auf die Entwicklung und Umsetzung technischer Anpassungen in der Wirtschaft und im privaten Immobilienbesitz beschränken. Sie muss vielmehr die öffentlichen Räume gerade in solchen Wohngebieten gestalten, deren Bewohner*innen aufgrund ihrer mangelnden ökonomischen Ressourcen keine Klimaanpassungen in ihrer Wohnung vornehmen können. So errichtet bspw. die Stadt Wien zusätzliche Parks, Wasserspielmöglichkeiten und Nebelduschen im öffentlichen Raum und pflanzt jährlich bis zu 4500 Bäume, um Hitzeinseln vorzubeugen (Stadt Wien o. J.). Die Stadt München hat für den neu zu errichtenden Stadtteil Freiham das Ziel der Nachhaltigkeit gesetzt und mit ökologischen und sozialen Anforderungen, auch für private und gewerbliche Bauträger, verbunden. So entstehen barrierefreie Mehrfamilienhäuser mit Gemeinschaftsräumen, Begrünung, Versickerungen, Plätzen und einer Fahrradinfrastruktur (Landeshauptstadt München o. J.).

Bisher scheinen die Folgen des Klimawandels und die notwendige Klimaanpassung in den Kommunen kein Thema der Sozialen Arbeit zu sein. Dabei könnte gerade sie die Perspektive des Alltags ihrer Adressat*innen in der Stadtentwicklung einfordern – und einbringen. Die Soziale Arbeit nutzt eine Vielzahl an Methoden, mit deren Hilfe es

4.3 Soziale Arbeit und die Klimafolgen im segregierten Raum

möglich wird, Einblick in die Lebenswelten der Wohnbevölkerung zu erhalten und sie zugleich in die Gestaltung ihres Wohnorts partizipativ einzubeziehen (z. B. Autofotografie, Stadtteilbegehungen, Photovoice, Aktivierende Befragung, Stadtteilbeiräte, s. bspw. Wendt 2021 oder socialnet GmbH o. J.). Sie könnte die so gewonnenen Daten im Hinblick auf die Klimaanpassung ergänzen und die Perspektive der Stadtplanung lebensweltlich erweitern. Instrumente dafür wären bspw. Climatewalks (Santucci und Chokhachian 2019) oder CTwalk Maps (Milias et al. o. J.).

Bei Climatewalks oder Klima-Spaziergängen mit den Anwohner*innen werden durch tragbare Messgeräte mikroklimatische, hochaufgelöste Daten gesammelt. Mit diesen Daten lassen sich auf der Ebene von Wohngebieten und sogar einzelnen Plätzen und Straßen Lage, Ausmaß und Merkmale von thermisch prekären Zonen darstellen. In Verbindung mit dem zusätzlich qualitativ erhobenen subjektiven Empfinden der Bewohner*innen zur Belastung an den verschiedenen Orten lassen sich solche Orte genau kennzeichnen, die ein hohes Maß an Benachteiligung mit einem hohen Maß an Hitzeexposition aufweisen. Dabei können unterschiedliche Bevölkerungsgruppen einbezogen werden, um verschiedene Lebenswelten abzubilden. Die Ergebnisse können direkt in die Klimaanpassungspläne eingepflegt oder für partizipative Entwicklungsprozesse der Klimaanpassung im Stadt- oder Wohngebiete genutzt werden (Santucci und Chokhachian 2019).

Die CTwalk Map ist ein Web-Tool, das in den Niederlanden entwickelt wurde und die Zugänglichkeit und Begehbarkeit von Städten bis auf die Ebene von Straßen abbildet. Hier werden hoch aufgelöste vorhandene Daten zur Bevölkerung, zu Standorten und zu Fußgänger*innenbewegungen in eine Stadtkarte eingepflegt und von den Nutzer*innen mit subjektiven Eindrücken ergänzt. So lässt sich die mögliche Mobilität verschiedener Bevölkerungsgruppen im Stadtgebiet milieubezogen ermitteln, Behinderungen und Engstellen identifizieren und wenn möglich beseitigen. Das ist relevant für die Zugänglichkeit der Stadt für alle Bevölkerungsgruppen und für klimagerechte Mobilitätskonzepte, die auf mehr Fußgänger*innen- und Radverkehr abzielen (Milias et al. o. J.).

Ein anderes Beispiel für die partizipative Umgestaltung in einem Wohngebiet (nicht nur) zur Begrünung ist das Urban Gardening (bspw. Müller 2012). »Der Begriff Urban Gardening vereint verschiedene Ansätze und Initiativen, die eine selbsttätige und gemeinschaftliche Gestaltung städtischer Grünflächen zum Ziel haben« (Metzger 2022, S. 377). Die Umsetzung ist gleichwohl sehr unterschiedlich. Es kann bspw. um eine kostengünstige Erweiterung der Ernährungsmöglichkeiten im Sinne von Subsistenzwirtschaft gehen oder um den bewussten ökologischen Anbau und eine gesunde Ernährung. Dabei werden öffentliche Räume begrünt oder Flächen umgewidmet. Das können Brachflächen, ungenutzte Wiesen zwischen Mehrfamilienhäusern, aber auch Teile von Parkanlagen sein, die entweder dieser Nutzung zugänglich gemacht oder sich angeeignet werden (ebd.). Die gemeinschaftliche (Um-)Nutzung solcher Flächen bietet nicht nur große Potentiale hinsichtlich von Partizipation und Integration der Anwohner*innen, sondern stellt zugleich auch eine Klimaanpassung des Wohngebiets dar. Die Gärten bereichern das Wohngebiet mit zahlreichen Pflanzen und der Boden kann mehr Niederschläge aufnehmen. Projekte des Urban Gardening zu unterstützen oder zu initiieren, ist deshalb für die Soziale Arbeit interessant. Sie kann damit zugleich sehr konkret einen Teil zu einer klimagerechten Stadt beitragen, in der öffentliche und Freiräume Funktionen übernehmen zur

> »Retention und Entwässerung, Frischluftzufuhr, Kühlung – auch bei Extremwetterereignissen. Diese Räume sind so zu gestalten, dass sie parallel hierzu als biodiverse Stadtnatur, Feucht- oder Trockenbiotope, Freiraum, Spielraum, Grünraum oder auch produktivere Freiräume fungieren können« (Schneider et al. 2022, S. 171).

Solche Projekte des Gärtnerns werden in der Sozialen Arbeit schon lange vielfach z. B. im Zusammenhang mit Programmen der sozialen Stadtentwicklung realisiert.

Allerdings sollte die Soziale Arbeit diese Projekte auch als Teil der notwendigen Anpassung der Kommunen an den Klimawandel einordnen. Die Soziale Arbeit kann und soll die Folgen des Klimawandels für die Menschen in den verschiedenen Wohngebieten in den Blick nehmen, partizipativ bearbeiten und die Perspektive der Betroffenen in die Entwicklung kommunaler Anpassungsstrategien einbringen.

4.4 Soziale Arbeit und digitalisiert wohnen

Digitalisierung ist längst im Alltag angekommen. Medien sind zur Unterhaltung und zum Austausch mit anderen allgegenwärtig, Applikationen auf dem Smartphone helfen bei der Navigation, dem Bezahlen im Supermarkt, dem Ticketkauf im Öffentlichen Personennahverkehr oder der Suche nach Informationen. In der Arbeitswelt werden Prozesse weiter automatisiert und die Flexibilität mit Homeoffice und Videokonferenzsystemen ausgebaut. Städte wollen smarte Cities sein und auch in der Wohnung können sich Geräte vernetzen und per Smartphone gesteuert werden. Fraglos verändern sich im Zuge des digitalen Wandels auch die Lebenswelten (Tillmann 2020). Allerdings haben an diesem Prozess nicht alle Menschen gleichermaßen teil. Konstatiert werden vielmehr »Digitale Spaltung (Digital Divide/first-level digital divide) und [...] Digitale Ungleichheit (Digital Inequality/second-level digital divide)« (Kutscher und Iske 2020, S. 115).

Digitale Spaltung und Digitale Ungleichheit

Die Digitale Spaltung bezieht sich auf die unterschiedlichen Zugangsmöglichkeiten zur Digitalisierung, die stark gebunden sind an materielle Ressourcen. Digitale Ungleichheit hängt damit zusammen, hebt aber auf die Möglichkeiten und die (vermittelten) Kompetenzen zur Nutzung dieser Möglichkeiten ab. »Im Kontext der gesellschaftlichen Metaprozesse von Digitalisierung, Mediatisierung, Monopolisierung und Kommerzialisierung sind Spaltungen und Ungleichheiten des Zugangs zum Internet und im Kontext der Nutzung digital vernetzter Medien klar erkennbar. Deutlich wird auch die Reproduktion bestehender sozial-struktureller Ungleichheiten im digitalen Raum« (ebd., S. 125).

Soziale Arbeit ist also gefordert, sich mit dem digitalen Wandel als gesellschaftlichem Wandel zu beschäftigen, der mit der Reproduktion und Beschleunigung sozialer Ungleichheit im Raum weit hinausgeht über die bisherigen Versuche einzelner Einrichtungen, in den sozialen Medien präsenter zu sein (bspw. in dieser Buchreihe Bertsche und Como-Zipfel 2023, S. 132). So nennt etwa die Sozialarbeiterin und Erziehungswissenschaftlerin Nadia Kutscher »die Datafizierung von Einschätzungs- und Entscheidungsprozessen« (Kutscher 2019, S. 41) in der Beratungspraxis (mit der möglichen Diskriminierung durch Algorithmen), aber auch »die Verschränkung privater und beruflicher Zusammenhänge und damit verbundene moralische Verantwortungsfragen« (ebd.) als drängende Themen der Profession Soziale Arbeit.

Auf der Ebene des Gemeinwesens bietet die digitale Partizipation neue und niedrigschwellige Chancen der Teilnahme und der Teilhabe. Im aktuellen Forschungsprojekt »Smart Inklusion« für wohnungslose Menschen zeigt sich zwar eine kritische Perspektive auf Digitalisierung, mit der »eine punitive und kontrollierende Gesellschaft imaginiert wird, die sich die digitalisierten Daten zu eigen macht, um Überwachung, Strafverfolgung und Vertreibung von wohnungslosen Menschen zu forcieren« (Heinzelmann et al. 2021, S. 143). Gleichzeitig haben wohnungslose Menschen in der Studie aber auch verdeutlicht, inwiefern sie selbst mit digitaler Kommunikation »Utopien einer besseren Gesellschaft, in der sie nicht als Wohnungslose stigmatisiert werden«, verbinden (ebd.). Sie erwarten eine »Kommunikation auf Augenhöhe unter Menschen«, die in Aussicht stellt, dass eine Autonomie möglich wird (ebd.; dazu auch Studeny 2020). Digitalisierung bietet also auch Möglichkeiten gesellschaftlicher Partizipation und Integration. Zugleich werden die Schwierigkeiten des digital geführten Diskurses immer deutlicher:

»Gefährdungen durch systematische Desinformation, Verbreitung von Hetzbotschaften und Problematiken digital gestützter Beteiligungspraxen stehen Potenzialen der Online-Deliberation und -Partizipation sowie der Bildung von Gegenöffentlichkeiten im Internet gegenüber« (Steiner 2020, S. 145).

Auf der Ebene der Städte wird Digitalisierung vor allem mit Blick auf Effizienz und ein in der Folge besseres Leben in der Stadt unter dem Begriff Smart City diskutiert: »Smart City steht für ein Programm der Stadtentwicklung, bei dem mit Hilfe digitaler Technik Energie-, Verkehrs-, Güter-, aber auch Menschenströme effizienter koordiniert werden sollen« (Becker 2022, S. 179). Wie Bauriedl und Strüver ausführen, sind damit

4.4 Soziale Arbeit und digitalisiert wohnen

»vielfältige Versprechen auf eine verbesserte urbane Lebensqualität verbunden: effizientere Mobilitätsangebote, leichter steuerbare und zugängliche öffentliche Verwaltungssysteme, schnellere Informationsflüsse, vielfältigere soziale Kommunikation, reduzierter Ressourcenverbrauch, erhöhte Sicherheit im öffentlichen Raum, komfortableres Wohnen und viele Dinge mehr, die der Befriedigung der sogenannten Grunddaseinsfunktionen dienen« (Bauriedl und Strüver 2018, S. 18).

Allerdings kritisieren sie auch, dass diese Versprechen nicht gebunden sind an zentrale städtische Probleme oder die ihrer Bürger*innen: »Ausgangspunkt der Smart City sind nicht die sozialen, ökonomischen oder ökologischen Krisen von und in Städten, sondern die technologischen Möglichkeiten der Digitalisierung« (ebd.).

Zentral für die Smart City sind also die technischen Möglichkeiten bzw. die damit verbundene Idee einer mittels Datenerhebung und -nutzung gesteuerten effizient laufenden Stadtmaschine. Es verwundert deshalb nicht, dass große Technologiekonzerne im Diskurs um Smart City sehr aktiv sind. Die kommunalen Verwaltungen, die eigentlich in der Stadtentwicklung steuern müssten, verfügen dagegen kaum noch »über die organisatorischen, personellen und Wissensressourcen, digitale Anwendungen zur Steuerung von urbanen Prozessen selbst zu entwickeln. Stadtverwaltungen machen sich damit oft in solchen Kooperationen von Technologiekonzernen abhängig« (Becker 2022, S. 181). Gleichwohl ist das Label »Smart City« ebenso wie das der »klimagerechten Stadt« ein angestrebtes Markenzeichen im Wettbewerb der Städte um Investitionen und suggeriert Progressivität (ebd. S. 180). Damit wird deutlich, wer im Diskurs über die Probleme und die Entwicklung der Stadt besonders mächtig ist (Bauriedl und Strüver 2018, S. 13 ff.).

Die Möglichkeiten der digitalen Partizipation, die auf der Ebene des Gemeinwesens vielversprechend sind, bleiben in der Smart City bisher ungenutzt. Im Gegenteil, die Bürger*innen der Stadt sind zunächst »zu steuernde Elemente von Verkehrs- oder Menschenströmen« (Becker 2022, S. 181), die nur durch ihre Nutzung und Generierung von Daten zur Smart City beitragen, »indem sie z. B. durch Bewertungsportale im Internet, durch Staumeldungsapps oder sogar durch selbstgebaute Sensoren die digitale Repräsentation der Stadt produzieren« (ebd.). Das ist auch deshalb problematisch, weil die Smart City zunächst nur in solchen Stadtteilen realisiert wird, die im Wettbewerb der Städte relevant sind – während die Kosten dafür von der gesamten Kommune getragen werden und die entsprechenden Mittel an anderen Stellen fehlen. Diese Umverteilungen »können dadurch Ungerechtigkeiten eher multiplizieren als reduzieren (bspw. im Wohnungs- und Gesundheitswesen sowie im Bildungsbereich)« (Bauriedl und Strüver 2018, S. 24 f.). Hier zeigt sich nochmals die digitale Ungleichheit als

> »Folge von Einkommensungleichheiten, da die Kosten für smarte Haushaltsgeräte oder Stromzähler durch Privathaushalte finanziert werden müssen. […] D. h. smarte Technologien gerade im Haushalt sind etwas für Besserverdienende; sie verschärfen bereits existierende Ungleichheiten sowie in der soziokulturellen und sozioökonomischen Integration« (ebd., S. 25).

Auch die Auseinandersetzungen um solche »Smart Homes« und Wohnwelten, in denen »Mensch-Maschine-Schnittstellen« den Alltag erleichtern, werden bisher vor allem in technischen Diskursen verhandelt. Wohnende kommen allenfalls als Nutzer*innen einzelner technischer ›Devices‹ vor, deren Handhabbarkeit sie testen können. Die Sozialgeografin Nadine Marquardt sieht, dass »der Wohnraum zu einem wichtigen Schauplatz des Experimentierens mit so genannten ›natürlichen‹ Schnittstellen (Touchpads, Sprach- und Bewegungssteuerungen) avanciert, die das alltägliche Management des Haushalts unterstützen sollen« (Marquardt 2018, S. 287). Interessanterweise sind es weniger die jüngeren, besserverdienenden und technikaffinen Zeitgenoss*innen, die hier experimentieren sollen, sondern gerade die jetzt und bald älteren und alten Menschen sind in den Blick der Digitalisierung geraten: Verschiedene gesellschaftliche Phänomene haben diese Entwicklungen befeuert. Erstens möchte nahezu jede*r Mensch im Alter so lange wie irgendwie möglich in der vertrauten Wohnumgebung bleiben; zweitens wären auch gar nicht genug Wohn- und Pflegeeinrichtungen für die immer älter werdenden Kohorten vorhanden, um ihnen etwas anderes zum Wohnen anzubieten, und drittens ist die Krise der Pflege angesichts des demografischen Wandels weiterhin nicht bewältigt und die Suche nach Lösungen geht in alle Richtungen (u. a. BMFSFJ 2017).

Auch die Idee der »Smart Homes« scheint eine Antwort auf diese Problematik zu versprechen:

»Sie stellen älteren und pflegebedürftigen Menschen ein längeres und gefahrenfreies Leben im eigenen Wohnraum in Aussicht. Intelligente Wohnumgebungen sollen mit den Wohnenden interagieren, ihre Routinen kennen, Abweichungen registrieren und sich situationsspezifisch an Bedürfnisse anpassen. Die Assistenztechnologien der smart Homes sollen den Alltag erleichtern, indem sie sensorische, kognitive und motorische Einschränkungen der Wohnenden kompensieren« (Marquardt 2018, S. 288).

Gleichzeitig haben die Sachverständigen des Achten Altersberichtes feststellen müssen, dass »so plausibel die positiven Auswirkungen von Smart Home und technischen Assistenzsystemen auf Sicherheit, Selbstständigkeit und einen längeren Verbleib in der Wohnung sind« (BMFSFJ 2019, S. 70), es bisher keine tragfähigen Nachweise dafür gebe, »dass technische Assistenzsysteme das selbstständige Wohnen zuhause fördern und eine Übersiedlung in ein Pflegeheim verzögern« (ebd.).

Marquardt sieht hier ein ungelöstes Spannungsverhältnis im »digital assistierten Wohnalltag im smart home« zwischen »Care, Kontrolle und vernetzter Selbstermächtigung« (Marquardt 2018, S. 285). Sie thematisiert auch, dass Fragen der Veränderung von Familienmodellen und Sozialbeziehungen und die damit einhergehenden Vorstellungen von einem »gelungenen Wohnen im Alter« bisher kaum mitdiskutiert werden. Vollkommen ausgeblendet und aus einer Perspektive der Sozialen Arbeit hoch relevant bleiben sämtliche Fragen sozialer Ungleichheit und sozialer Gerechtigkeit. Gerade das Beispiel technisch-digitaler Assistenzsysteme für das Wohnen im Alter zeigt, dass diese für ältere Menschen mit relativ geringen Einkommen wohl kaum je zum Alltag gehören werden. Nicht nur, weil das eigene Einkommen nicht ausreicht, sondern auch, weil solche technischen Alltagsunterstützungen in der Regel eine Genehmigung der Vermieter*in erfordern: »Die Wohnungswirtschaft ist also gesamtgesellschaftlich gesehen der wichtigste Akteur bei der Bereitstellung von digitalem oder smartem Wohnraum in Deutschland – für ältere und jüngere Menschen gleichermaßen« (BMFSFJ 2019, S. 70). Es gibt inzwischen durchaus Wohnraumanbieter*innen, die hier eine Innovationsstrategie entwickelt haben. Diese Strategien verbinden

»die smarte Ausstattung von Wohnungen bzw. den Einbau technischer Assistenzsysteme mit der Modernisierung von Bestandswohnungen in Richtung Barrierefreiheit/-armut, der Gestaltung des Wohnumfeldes und der Investition in die sozialen Bezüge im Quartier durch Beschäftigung von ›Kümmerern‹, die im Auftrag der Wohnungsgenossenschaft auf die älteren Menschen im Quartier zugehen« (ebd., S. 71).

Andere Beispiele zeigen, inwiefern Vorteile digitaler oder smarter Wohnweisen zusammen mit Mehrgenerationen-Wohnkonzepten verknüpft werden (z. B. https://future-living-berlin.com/).

Die Expert*innen des Achten Altersberichts kommen im Jahr 2019 zu dem Schluss, »dass für die Wohnungswirtschaft die Smart-Ausstattung ihrer Bestände nur sehr bedingt Priorität hat. Vielmehr steht sie aktuell vor der schwierigen Aufgabe, Wohnungen gleichzeitig energetisch zu optimieren, barrierefrei und smart auszustatten und bezahlbar zu halten« (BMFSFJ 2019, S. 72).

Smart Homes, die wirklich dabei unterstützen, dass Menschen im Alter in ihrer vertrauten Wohnung bleiben können, stehen bei den Wohnungsunternehmen weit unten auf der Agenda. Die Interessen von älteren (aber auch jüngeren) Menschen mit einem niedrigen sozio-ökonomischen Status, die in den Randlagen der Klein-, Mittel- und Großstädte leben und deren Wohngebäude nur ein geringes Verwertungsinteresse bei den Eigentümer*innen hervorrufen, sind praktisch gar nicht im Blick dieser Entwicklungen.

Festzuhalten ist außerdem, dass in den Diskussionen um die gesellschaftlichen Auswirkungen der Digitalisierung das Wohnen an sich kaum eine Rolle spielt (Marquardt 2018, S. 293). Marquardt sieht dies auch in der Bedeutung der Wohnung als Zuhause und als Ort der Privatheit begründet. Allerdings werden in der feministischen Technologie-Forschung, den Disability Studies und der Gesundheitssoziologie Stimmen laut, hier die Forschung und das Handeln zu intensivieren, denn es gilt, »den Wohnraum als Schauplatz vielfältiger sozio-technischer Interaktionen wie auch als Arena gesellschaftlicher Konflikte sichtbar« zu erkennen (ebd.).

4.5 Zusammenfassung

Wohnen als soziale Frage und die Profession sowie die Organisationen Sozialer Arbeit als Akteurinnen eines Prozesses zu verstehen, in dem versucht wird, die konkreten Wohnverhältnisse auf lokaler Ebene irgendwie sozialer mitzugestalten, reicht nicht aus. Wir gehen vielmehr davon aus, dass sich Soziale Arbeit der Bedeutung von Wohnzusammenhängen in ihrer Praxis deutlich bewusster werden muss und sich dieser kritisch anzunehmen hat. Dazu hat sie die Wohnzusammenhänge »in Relation zu den gesellschaftlichen Rahmungen zu setzen und zur Diskussion zu stellen« (Beck 2021, S. 283), denn in den von sozialer Ungleichheit und Ungerechtigkeit (Verteilung von und Zugang zu Wohnraum) geprägten Wohnverhältnissen spiegeln sich auch »große soziale Fragen« der Gesellschaftsordnung im Verhältnis von Produktion, Reproduktion, sozialer Sicherung und Teilhabe und daran angelehnte Raumordnungen, Institutionalisierungen, Zeitpolitiken usw.« (ebd.). Darin zeigt sich auch, dass die große Frage der Wohnraumversorgung als immer »wiederkehrende Wohnungsfrage« (Holm 2019) gar »nicht getrennt von (sozialen) Fragen veränderter (Lebens- und) Wohnweisen in spätmodernen Rahmungen zu sehen« ist (Beck 2021, S. 383).

Deshalb haben wir in diesem Kapitel die Herausforderungen Sozialer Arbeit bewusst in Relation zu solchen Fragen veränderter und auch zu verändernder Lebens- und Wohnweisen gesetzt. Dabei ist der Blick auf die Bedeutung und die Möglichkeiten wohnungspolitischer Bewegungen naheliegend, um sich mit der Einflussnahme auf das unbalancierte Verhältnis von Wohnen als Ware einerseits und Wohnen als Zuhause und als Menschenrecht andererseits zu befassen. Hier allerdings sind die Institutionen Sozialer Arbeit bisher allenfalls Zuschauerinnen. Das mag auch damit zusammenhängen, dass die wesentlichen Instrumente einer kritischen Wohnpolitik, wie sie von wohnungspolitischen Bewegungen verfolgt werden, auf die Eigentumsverhältnisse auf den Märkten der Ware Wohnraum abzielen, während Soziale Arbeit sich eher als Mandatsträgerin der Wohnraumnachfragenden identifiziert.

Als Instrumente einer Dekommodifizierung der Wohnraumversorgung, also der Befreiung des Wohnraums aus der Funktion als Ware, werden neue Formen von Genossenschaften, die Wohnungsgemeinnützigkeit, wie sie bis 1990 über Jahrzehnte bestanden hatte und bezahlbaren Wohnraum ermöglicht hat, und eine Stärkung des kommunalen Wohnungsbaus als soziale Infrastruktur diskutiert und mit konkreten Kampagnen forciert. An diese wohnungspolitischen Bewegungen kann Soziale Arbeit anschließen, um die auf die Wohnverhältnisse bezogenen Interessen der Gruppen ihrer jeweiligen Adressat*innen zur Artikulation zu verhelfen und deren Positionen in die entsprechenden Debatten einzubringen. Die Versorgung mit Wohnraum wie die Versorgung mit Strom und Wasser als Infrastruktur zu verstehen, die im Rahmen der Daseinsvorsorge vorgehalten wird, wäre für die Adressat*innen der Sozialen Arbeit bedeutsam und würde ihre Wohnsituation aus den sozialpolitischen Versuchen einer »Notversorgung« (u. a. mit Wohngeld) herausholen.

Letztlich als Teil oder Konkretisierung der Forderung, die Eigentumsverhältnisse im Wohnen drastisch zu verändern, kann auch die Bewegung um Formen gemeinschaftlichen Wohnens verstanden werden. Hier wird seit Jahren meist in konkreten Wohnprojekten als Bottom-up-Initiativen oder als Ergebnis eines Top-Down-Modells kommunalen Engagements versucht, Wohnformen auch jenseits der Architektur für die Kleinfamilie zu realisieren. Gemeinschaftliches Wohnen gerät unter den Druck einer Debatte, in der die Anzahl bestehender Wohngemeinschaften für zu gering gehalten wird, um von einem Trend zu sprechen, und in der gleichzeitig eine Notwendigkeit erkannt wird, auch bisher nicht für solche alternativen Wohnformen affine soziale Milieus für entsprechende Wohnformen zu erschließen, weil sich hier eine nachhaltigere Wohnweise abzeichnet.

Um Nachhaltigkeit, d. h. auch eine gerechte Wohnraumversorgung, ging es in der Auseinandersetzung mit der Positionierung Sozialer Arbeit zu den Klimafolgen im segregierten Raum. Kommunen müssen sich an den Klimawandel anpassen. Die Folgen des Klimawandels verstärken bereits jetzt soziale Ungleichheit und sozialräumliche Segregation. Es sind gerade solche Wohngebiete besonders betroffen, in denen Menschen leben, die sich die Mieten in anderen Stadtteilen nicht mehr leisten können. Diese Wohngebiete sind in der Regel sehr dicht bebaut, schlecht belüftet und in zunehmenden Hitzesommern besonders heiß. Zugleich leben hier besonders viele Kinder, alte und kranke Menschen, die aufgrund ihrer körperlichen Konstitution Hitzeperioden schlecht aushalten können.

4.5 Zusammenfassung

Hinzu kommt, dass die Menschen in diesen Wohngebieten aufgrund ihrer ökonomischen Situation individuelle Maßnahmen zur Anpassung der eigenen Wohnung an die Folgen des Klimawandels nicht vornehmen können – die aber auch von den Immobiliengesellschaften und Hausbesitzer*innen allenfalls im Zuge von Sanierungen umgesetzt werden, die mit einer deutlich erhöhten Miete einhergehen. In segregierten Städten ist es die Aufgabe Sozialer Arbeit, die Folgen des Klimawandels für die betroffenen sozialen Gruppen auf der Ebene des Wohnquartiers in die Diskussion um die Anpassung der Kommune einzubringen und pragmatische Maßnahmen zu forcieren.

Die sozialräumlichen Ungleichheiten werden auch durch Prozesse der Digitalisierung des Wohnens getrieben. Neben der sich rasant entwickelnden Digitalisierung des Alltags werden unter dem Begriff der Smart Cities zwar ebenfalls Ziele nachhaltiger Stadtentwicklungsprozesse verfolgt, jedoch um den Preis des »Digital Divide« als Spaltung der Gesellschaft, die Ungerechtigkeit in Bezug auf die Zugangsmöglichkeiten zu digitaler Infrastruktur und die Kompetenzen, die es braucht, um sich die Möglichkeiten der Digitalisierung zu erschließen, verstärkt. Wir sehen auch hier die Soziale Arbeit gefordert, sich verstärkt nicht nur mit dem digitalen Wandel an sich, sondern mit dem daran geknüpften gesellschaftlichen Wandel auseinanderzusetzen. Es muss den Professionellen Sozialer Arbeit bewusst sein, dass den Möglichkeiten, digital mehr Partizipation zu erreichen, immer auch die Gefahr von mehr Überwachung und auch (Straf-)Verfolgung einhergehen kann, wie am Beispiel der Wohnungslosigkeit gezeigt werden konnte.

Das mit der Idee der Smart Cities einhergehende Versprechen von mehr Lebensqualität, die durch alle Lebensbereiche betreffende digitale Entwicklungen erreicht werden soll, folgt keineswegs den identifizierten Wohnproblemen, die durch wirtschaftliche, ökologische oder politische Krisen entstanden und verstärkt wurden, sondern nahezu ausschließlich den technologischen Möglichkeiten der Digitalisierung (Bauriedl und Strüver 2018). Dies gilt auch für die Verheißungen des Smart Home, dessen Vorteile besonders im Zusammenhang mit der älter werdenden Bevölkerung ins Spiel gebracht werden, ohne dass eine Verbesserung der Lebensqualität, z. B. durch den gewünschten langen Verbleib in der eigenen Wohnung, wirklich nachweisbar wäre. Hier konnte auch gezeigt werden, dass digitale Tools im Smart Home auch eine Frage des Geldes sind, und zwar des Geldes der Wohnungsanbietenden, die aufgrund der großen Nachfrage nach jeder Art von Wohnraum kaum einen Anreiz haben, sich mit der digitalen Ausstattung von Wohnungen zu befassen. Auch hier hat sich Soziale Arbeit hörbar einzumischen.

Schlussbemerkungen

Wenn es um den Zusammenhang von Wohnen und Sozialer Arbeit geht, liegen das Problem von Wohnungslosigkeit und das Handlungsfeld der Wohnungslosenhilfe nahe. Mit diesem Band wollten wir vor allem deutlich machen, dass Wohnen sehr viel mehr bedeutet als die Frage, ob jemand eine Wohnung hat oder nicht. Wohnen bedeutet Schutz, Sicherheit, ein Zuhause in einer Nachbarschaft, eine Basis für die Aneignung der Welt, denn: Wohnen ist ein Menschenrecht.

Deshalb ist schon ein in irgendeiner Weise unangemessenes, eingeschränktes oder bedrohtes Wohnen ein Problem, und zwar kein individuelles. Auch und gerade die gesellschaftlichen Bedingungen des Wohnens sind zu problematisieren: Wohnen ist eine soziale Frage, solange es für Teile der Bevölkerung als Grundrecht infrage gestellt wird! So kritisiert aktuell die Menschenrechtskommissarin des Europarats im Länderreport Deutschland hinsichtlich des Zugangs zu sozialen Rechten und fordert insbesondere mehr Schutz vor Armut und die bessere Umsetzung des Rechts auf angemessenen Wohnraum (Council of Europe, Commissioner for Human Rights 2024).

Die Verknüpfung von Wohnen und einer sozialräumlichen Perspektive ist uns deshalb wichtig und sie ist notwendig. Nur so lassen sich einerseits die Dimensionen des Wohnens in ihrer Bedeutung für die Menschen sozialarbeiterisch begreifen und andererseits die Herausforderungen fassen, die darin für die Soziale Arbeit liegen. Eine solche durch die Sozialraumforschung und Sozialraumarbeit informierte Perspektive bietet die Chance, ebenso Ursachen wie Folgen gesellschaftlicher, politischer und wirtschaftlicher Prozesse in den Blick zu nehmen, die bestimmen, was Wohnen bedeutet – gerade für die Adressat*innen Sozialer Arbeit!

Gemeinschaftliches Wohnen und wohnungspolitische Bewegungen haben wir zuletzt herausgehoben als Herausforderungen für Soziale Arbeit und für Sozialarbeitende, sich einzumischen. Die Folgen des Klimawandels und die Digitalisierung markieren sehr weitreichende Entwicklungen, die die Zukunft des Wohnens radikal verändern werden. Sie sind derzeit noch stark von sozialen Ungerechtigkeiten geprägt, gegen die sich gerade die Profession Sozialer Arbeit engagiert einsetzen sollte.

Wir haben Wohnen als soziale Frage so aufzubereiten versucht, dass ausreichend Grundlagen- und Orientierungswissen bereitsteht, um eine professionelle Haltung, vor allem aber eine Position zum Wohnen als Aufgabe und Thema Sozialer Arbeit zu entwickeln. Soziale Arbeit mischt sich bisher im interdisziplinären Diskurs zum Wohnen ebenso wenig ein wie in die wohnungspolitische Debatte.

Angesichts der drängenden Probleme im Zusammenhang des Wohnens erscheint uns diese Einmischung aber geboten und wir möchten dazu ermuntern, Wohnen und Soziale Arbeit weit über die Wohnungslosenhilfe hinaus zu denken hin zu einer Wohnpolitik insbesondere für die Adressat*innengruppen Sozialer Arbeit.

Literatur

Alinsky, Saul D. (1973): Leidenschaft für den Nächsten. Gelnhausen: Burckhardthaus.

Alinsky, Saul. D. (1974): Die Stunde der Radikalen. Gelnhausen: Burckhardthaus.

Alinsky, Saul D. (1999): Anleitung zum Mächtigsein. Göttingen: Lamuv.

Alisch, Monika (2007): Empowerment und Governance: Interdisziplinäre Gestaltung in der sozialen Stadtentwicklung. In: Baum, Detlef (Hrsg.): Die Stadt in der Sozialen Arbeit. Ein Handbuch für soziale und planende Berufe. Wiesbaden: Springer VS, S. 305–315.

Alisch, Monika (2008): Von der Gemeinde zur Großstadt und zurück: Methodologische und systematische Tradition der Analyse sozialer Räume. In: May, Michael; Alisch, Monika (Hrsg.): Praxisforschung im Sozialraum. Beiträge zur Sozialraumforschung, Bd. 2. Opladen et al.: Budrich, S. 21–44.

Alisch, Monika (2010): Sozialraummodelle im arbeitsmarktpolitischen Kontext – Ein unvollständiger Überblick über die sozialwissenschaftlichen Diskussion(en) zum Sozialraumbegriff. Bildung, Arbeit und Sozialraumorientierung. In: Bundesamt für Bauwesen und Raumordnung (Hrsg.): Informationen zur Raumentwicklung (2/3), S. 103–110.

Alisch, Monika (2012): Sozialräume im Stadtquartier: Analyse und Praxis von Prozessen der Sozialraumorganisation. In: ILS & Kulturgeographie (RWTH Aachen) (Hrsg.): Das Quartier – Forschung aus raumstruktureller, sozialer, symbolischer und ökonomischer Perspektive.

Alisch, Monika (2022): Durchmischtes Wohnen – eine Erweiterung. In: Hannemann, Christine; Hilti, Nikola; Reutlinger, Christian (Hrsg.): Wohnen. Zwölf Schlüsselthemen sozialräumlicher Wohnforschung. Stuttgart: Fraunhofer IRB, S. 292–296.

Alisch, Monika (2023): Sozialräumliche Segregation. Ursachen und Folgen. In: Huster, Ernst-Ulrich; Boeckh, Jürgen (Hrsg.): Handbuch Armut und Soziale Ausgrenzung. 3., überarb. u. erw. Aufl. Wiesbaden: Springer VS, S. 503–522.

Alisch, Monika; Kümpers, Susanne (2018): Gesundes Altern angesichts von Ungleichheit? Kommunale und sozialräumliche Aufgaben. In: Jahrbuch kritische Medizin und Gesundheitswissenschaft: Die Kommune als Ort der Gesundheitsproduktion. Hamburg: Argument, S. 42–59.

Alisch, Monika; May, Michael (Hrsg.) (2017): Methoden der Praxisforschung im Sozialraum. Beiträge zur Sozialraumforschung, Bd. 15. Opladen et al.: Budrich.

Alisch, Monika; May, Michael (2021): Einleitung: Wohnen im Kontext von Sozialraumentwicklung. In: Alisch, Monika; May, Michael (Hrsg.): Ein Dach über dem Kopf – Wohnen als Herausforderung von Sozialraumentwicklung. Beiträge zur Sozialraumforschung, Bd. 24. Opladen et al.: Budrich, S. 7–29.

Alisch, Monika; May, Michael (2022): Management. In: Kessl, Fabian; Reutlinger, Christian (Hrsg.): Sozialraum, eine grundlegende Einführung. Sozialraumforschung und Sozialraumarbeit, Bd. 20. Wiesbaden: Springer VS, S. 265–276.

Alisch, Monika; Ritter, Martina (2021): Von der »Flüchtlingsunterkunft« zum Gemeinwesen – Wohnen als Prozess und soziale Praktik. In: Alisch, Monika; May, Michael (Hrsg.): Ein Dach über dem Kopf – Wohnen als Herausforderung von Sozialraumentwicklung. Beiträge zur Sozialraumforschung, Bd. 24, Opladen et al.: Budrich, S. 71–90.

Alisch, Monika; Schwarz, Silvia (2024): Netzwerkarbeit, Governance und sozialräumliche Perspektiven. Basistext im B.A.-Studienprogramm »Soziale Sicherung und Sozialverwaltungswirtschaft« der Hochschule Fulda.

Allport, Gordon Willard (1954): The Nature of Prejudice. Cambridge: Addison-Wesley.

Arnold, Helmut; Höllmüller, Hubert (Hrsg.) (2017): Niederschwelligkeit in der Sozialen Arbeit. Weinheim, Basel: Beltz Juventa.

BAG Soziale Stadtentwicklung und Gemeinwesenarbeit e. V.; Stiftung Mitarbeit (Hrsg.) (2010): Zivilgesellschaftliche Netzwerke in der sozialen Stadt stärken! Gemeinwesenarbeit und lokale Entwicklungspartnerschaften. Unter Mitarbeit von Petra Potz. Bonn: Stiftung Mitarbeit (Mitarbeiten.skript, 06).

Barloschky, Joachim; Schreier, Maren (2016): Soziale Arbeit als Akteurin sozialer Stadtpolitik: Wohnungspolitische Perspektiven. In: Oehler, Patrick; Janett, Sandra; Guhl, Jutta; Fabian, Carlo; Michon, Bruno (Hrsg.): Marginalisierung, Stadt und Soziale Arbeit. Soziale Arbeit im Spannungsfeld von Politik, Quartierbevölkerung und professionellem Selbstverständnis. Wiesbaden: Springer VS, S. 89–107.

Bartelheimer, Peter (1998): Durchmischen oder stabilisieren? Plädoyer für eine Wohnungspolitik diesseits der »sozialen Durchmischung«. Soziale Mischung – als Ziel zu ehrgeizig und zu dürftig. In Widersprüche. Abseits fallen – Abstieg bis zum Ausschluß? Online verfügbar unter http://www.widersprueche-zeitschrift.de/article824.html. Letzter Zugriff: 20.09.2023.

Baurriedl, Sybille (2022): Klimapolitik. In: Belina, Bernd; Naumann, Matthias; Strüver, Anke (Hrsg.): Handbuch kritische Stadtgeographie. 5. Aufl. Münster: Westfälisches Dampfboot, S. 263–268.

Baurriedl, Sybille; Strüver, Anke (2018): Raumproduktionen in der digitalisierten Stadt. In: Baurriedl, Sybille (Hrsg.): Smart City – Kritische Perspektiven auf die Digitalisierung in Städten. Unter Mitarbeit von Anke Strüver. Bielefeld: Transcript (Urban Studies), S. 11–30.

Literatur

Beck, Sylvia (2012): Gemeinschaftliches Wohnen. Zwischen gelebter Sozialutopie, pragmatischer alltäglicher Lebensführung und instrumentalisierter Vergemeinschaftung. In: Widersprüche. Zeitschrift für sozialistische Politik im Bildungs-, Gesundheits- und Sozialbereich 32 (124), Nr. 2, S. 33–53.

Beck, Sylvia (2021): Wohnen als sozialräumliche Praxis. Zur subjektiven Bedeutung von Gemeinschaftlichem Wohnen im Kontext sozialen Wandels. Sozialraumforschung und Sozialraumarbeit, Bd. 21. Wiesbaden: Springer VS.

Beck, Sylvia; Reutlinger, Christian (2019): Wohnen und Soziale Arbeit: notwendige (Neu-)Positionierung – Desiderata und Ausblick. In: Sylvia Beck; Christian Reutlinger (Hrsg.): Die Wiederkehr der Wohnungsfrage. Historische Bezüge und aktuelle Herausforderungen für die Soziale Arbeit. Zürich; Seismo. S. 142–150.

Becker, Martin (Hrsg.) (2020): Handbuch Sozialraumorientierung. Stuttgart: Kohlhammer.

Becker, Sören (2022): Smart City. In: Belina, Bernd; Naumann, Matthias; Strüver, Anke (Hrsg.): Handbuch kritische Stadtgeographie. 5. Aufl. Münster: Westfälisches Dampfboot, S. 179–184.

Bernard, Paul; Charafeddine, Rana; Frohlich, Katherine. L.; Daniel, Mark; Kestens, Yan; Potvin, Louse (2007): Health Inequalities and Place: A Theoretical Conception of Neighbourhood. Social Science & Medicine 65 (9), 1839–1852.

Bertsche, Oliver; Como-Zipfel, Frank (2023): Digitalisierung. Herausforderungen und Handlungsansätze für die Soziale Arbeit. Stuttgart: Kohlhammer (Soziale Arbeit in der Gesellschaft).

Bescherer, Peter (2021): Wohnungskrise – Demokratieverluste – Nachbarschaftssolidarität. Begleitforschung einer Mietergemeinschaft in Leipzig. In: Alisch, Monika; May, Michael (Hrsg.): Ein Dach über dem Kopf: Wohnen als Herausforderung von Sozialraumentwicklung. Opladen et al.: Budrich, S. 91–107.

Blandow, Rolf; Knabe, Judith; Ottersbach, Markus (Hrsg.) (2012): Die Zukunft der Gemeinwesenarbeit. Von der Revolte zur Steuerung und zurück? Wiesbaden: Springer VS.

Bollig, Christiane (Hrsg.) (2020): Praxishandbuch Mobile Jugendarbeit. Landesarbeitsgemeinschaft Mobile Jugendarbeit/Streetwork Baden-Württemberg. Berlin: Frank & Timme.

Bollnow, Otto Friedrich (1963): Mensch und Raum. Stuttgart: Kohlhammer.

Breckner, Ingrid (2022): Wohnen und Flucht. Eine Grundlegung. In: Hannemann, Christine; Hilti, Nicola; Reutlinger, Christian (Hrsg.): Wohnen. Zwölf Schlüsselthemen sozialräumlicher Wohnforschung. Stuttgart: Fraunhofer IRB, S. 248–262.

Breckner, Ingrid (2023): Wiederkehrende Wohnungsnot und kritische wie konstruktive Beiträge sozialer Bewegungen. FJSB 36 (1), S. 18–29.

Breckner, Ingrid; Sinning, Heidi (2022): Integration besonders benachteiligter Bevölkerungsgruppen in den Wohnungsmarkt und in städtische Quartiere – Herausforderungen für die Stadtforschung. In: Breckner, Ingrid; Sinning, Heidi (Hrsg.): Wohnen nach der Flucht. Wiesbaden: Springer VS, S. 1–21.

Bundesarbeitsgemeinschaft Wohnungslosenhilfe e. V. (2011): Wohnungsnotfalldefinition. Bielefeld. Online verfügbar unter https://www.bagw.de/fileadmin/bagw/media/Doc/POS/POS_10_BAGW_Wohnungsnotfalldefintion.pdf. Letzter Zugriff: 02.01.2024.

Bundesministerium für Arbeit und Soziales (BMAS) (Hrsg.) (2022): Ausmaß und Struktur von Wohnungslosigkeit: Der Wohnungslosenbericht 2022 des Bundesministeriums für Arbeit und Soziales.

Bundesministerium für Familie, Senioren, Frauen und Jugend (BMFSFJ) (Hrsg.) (2017): Siebter Altenbericht. Sorge und Mitverantwortung in der Kommune – Aufbau und Sicherung zukunftsfähiger Gemeinschaften. 2. Aufl. Berlin. Online verfügbar unter https://www.bmfsfj.de/resource/blob/120144/2a5de459ec4984cb2f83739785c908d6/7-altenbericht-bundestagsdrucksache-data.pdf. Letzter Zugriff: 03.01.2024.

Bundesministerium für Familie, Senioren, Frauen und Jugend (BMFSFJ) (Hrsg.) (2019): Achter Altersbericht. Ältere Menschen und Digitalisierung. Berlin.

Bundesministerium für Verkehr, Bau und Stadtentwicklung (BMVBS) (Hrsg.) (2011): Klimawandelgerechte Stadtentwicklung. Ursachen und Folgen des Klimawandels durch urbane Konzepte begegnen. Ein Projekt des Forschungsprogramms »Experimenteller Wohnungs- und Städtebau (ExWoSt)« des Bundesministeriums für Verkehr, Bau und Stadtentwicklung (BMVBS), betreut vom Bundesinstitut für Bau-, Stadt- und Raumforschung (BBSR) im Bundesamt für Bauwesen und Raumordnung (BBR). Bonn. Online verfügbar unter http://nbn-resolving.de/urn:nbn:de:101:1-201109087107. Letzter Zugriff: 19.03.2024.

Bundesregierung (2008): Deutsche Anpassungsstrategie an den Klimawandel. Berlin. Online verfügbar unter https://www.bmuv.de/fileadmin/Daten_BMU/Download_PDF/Klimaanpassung/das_gesamt_bf.pdf. Letzter Zugriff: 20.02.2024.

Bundesregierung (2020): Zweiter Fortschrittsbericht zur Deutschen Anpassungsstrategie an den Klimawandel. Berlin. Online verfügbar unter https://www.bmuv.de/fileadmin/Daten_BMU/Download_PDF/Klimaschutz/klimawandel_das_2_fortschrittsbericht_bf.pdf. Letzter Zugriff: 20.02.2024.

Busch-Geertsema, Volker (2011): »Housing First«, ein vielversprechender Ansatz zur Überwindung von Wohnungslosigkeit. In: Widersprüche. Zeitschrift für sozialistische Politik im Bildungs-, Gesundheits- und Sozialbereich 31 (121), S. 39–54.

Busch-Geertsema, Volker (2016): »Housing First«. Synthesebericht. Hrsg. v. Europäische Kommission. Luxemburg.

Busch-Geertsema, Volker (2017): Housing First – innovativer Ansatz, gängige Praxis oder schöne Illusion? Teil 2: Was ist innovativ am Housing-First-Ansatz, ist er bereits Mainstream in Deutschland, und wenn es aber doch keine Wohnungen gibt? In: wohnungslos. Aktuelles aus Theorie und Praxis zur Armut und Wohnungslosigkeit, (2/3), S. 75–80.

Butterwegge, Christoph (2023): »Mietenwahnsinn« und Wohnungsnot als Resultat einer neoliberalen Politik für mehr Ungleichheit. In: Borstel, Dierk; Brückmann, Jennifer; Nübold, Laura; Pütter, Bastian; Sonnenberg, Tim (Hrsg.): Handbuch

Wohnungs- und Obdachlosigkeit. Wiesbaden: Springer VS. DOI: https://doi.org/10.1007/978-3-658-35279-0.

Council of Europe, Commissioner for Human Rights (2024): Report Following Her Visit to Germany from 27 November to 1 December 2023. CommHR 13. Strasbourg.

Da Kirsch-Soriano Silva, Katharina; Stoik, Christoph (2023): Die Rolle von Sozialer Arbeit beim Gestalten von Räumen für marginalisierte Gruppen in der Stadt anhand von zwei Wiener Fallbeispielen. In: Oehler, Patrick; Janett, Sandra; Guhl, Jutta; Fabian, Carlo; Michon, Bruno (Hrsg.): Marginalisierung, Stadt und Soziale Arbeit. Soziale Arbeit im Spannungsfeld von Politik, Quartierbevölkerung und professionellem Selbstverständnis. Wiesbaden: Springer VS, S. 111–125.

Dangschat, Jens S. (1998): Segregation. In: Häußermann, Hartmut (Hrsg.): Großstadt. Soziologische Stichworte. Opladen: Leske + Budrich, S. 207–219.

Dangschat, Jens S. (2014): Residentielle Segregation. In: Gans, Paul (Hrsg.): Räumliche Auswirkungen der internationalen Migration. Forschungsberichte der ARL 3, S. 63–77.

Dangschat, Jens S.; Alisch, Monika (2012): Perspektiven der soziologischen Segregationsforschung. In: May, Michael; Alisch, Monika (Hrsg.): Formen sozialräumlicher Segregationen. Opladen et al.: Budrich, S. 23–50.

Dangschat, Jens S.; Alisch, Monika (2014): Soziale Mischung. Die Lösung von Integrationsherausforderungen? In: Gans, Paul (Hrsg.): Räumliche Auswirkungen der internationalen Migration. Forschungsberichte der ARL 3, S. 200–218.

Dangschat, Jens S.; Hamedinger, Alexander (Hrsg.) (2007): Lebensstile, soziale Lagen und Siedlungsstrukturen. Akademie für Raumforschung und Landesplanung. Hannover: ARL (Forschungs- und Sitzungsberichte der ARL, 230). Online verfügbar unter http://shop.arl-net.de/media/direct/pdf/fus230.pdf. Letzter Zugriff: 19.03.2024.

Deffner, Veronika; Meisel, Ulrich (Hrsg.) (2013): StadtQuartiere. Sozialwissenschaftliche, ökonomische und städtebaulich-architektonische Perspektiven. Essen: Klartext.

Deutsches Institut für Urbanistik (Difu) (Hrsg.) (2002): Die Soziale Stadt. Eine erste Bilanz des Bund-Länder-Programms »Stadtteile mit besonderem Entwicklungsbedarf – die soziale Stadt«. Berlin.

Diebäcker, Marc; Wild, Gabriele (Hrsg.) (2020): Streetwork und Aufsuchende Soziale Arbeit im öffentlichen Raum. Wiesbaden, Heidelberg: Springer VS.

Eckardt, Frank (2018): Gentrifizierung. Forschung und Politik zu städtischen Verdrängungsprozessen. Wiesbaden: Springer VS.

Eckardt, Frank; Meier, Sabine (2021): Handbuch Wohnsoziologie. Wiesbaden: Springer VS.

Egner, Björn (2014): Wohnungspolitik seit 1945. In: Aus Politik und Zeitgeschichte 20/21, S. 13–19.

Engels, Friedrich (2020): Zur Wohnungsfrage. In: Schipper, Sebastian; Vollmer, Lisa (Hrsg.): Wohnungsforschung. Ein Reader. Interdisziplinäre Wohnungsforschung, Bd. 2. Bielefeld: Transcript, S. 197–215.

Evers, Adalbert (1990): Im intermediären Bereich – Soziale Träger und Projekte zwischen Haushalt, Staat und Markt. In Journal für Sozialforschung 30 (2), S. 189–210.

Farwick, Andreas (2012): Segregation. In: Eckardt, Frank (Hrsg.): Handbuch Stadtsoziologie. Wiesbaden: Springer VS, S. 381–420.

Faßmann, Heinz; Franz, Yvonne (2015): Soziale Mischung und soziale Durchmischung. Ein gesellschaftspolitisches Ideal zwischen Anspruch und Wirklichkeit. In: Fritz, Judith; Tomaschek, Nino (Hrsg.): Die Stadt der Zukunft. Aktuelle Trends und zukünftige Herausforderungen. University – Society – Industry, Bd. 4. Münster: Waxmann, S. 193–207.

Fedrowitz, Micha; Gailing, Ludger (2003): Zusammen wohnen. Gemeinschaftliche Wohnprojekte als Strategie sozialer und ökologischer Stadtentwicklung. Dortmund: IRPUD (Dortmunder Beiträge zur Raumplanung. Blaue Reihe, 112)

Fehren, Oliver; Martin, Edi; Schreier, Maren (2023): Gemeinwesenarbeit im deutschsprachigen Raum. Ein Forschungsbericht zu Finanzierungsformen, Trägerschaften und Vorkommen von GWA. Berlin. DOI: https://doi.org/10.58123/aliceopen-601

Fischer, Ute; Heidmeier, Katja; Stock, Lothar (2019): Community Organizing – Partizipation und Demokratie im Alltag. In: Köttig, Michaela; Röh, Dieter (Hrsg.): Theoretische Analysen, gesellschaftliche Herausforderungen und Reflexionen zur Demokratieförderung und Partizipation. Theorie, Forschung und Praxis der Sozialen Arbeit, Bd. 18. Opladen et al.: Budrich, S. 153–161.

Fischer, Ute; Stock, Lothar (2023): Community Organizing: Das Konzept von Saul Alinsky und mögliche Formen der Umsetzung im Rahmen eines Stadtteilmanagements. In: Oehler, Patrick; Janett, Sandra; Guhl, Jutta; Fabian, Carlo; Michon, Bruno (Hrsg.): Marginalisierung, Stadt und Soziale Arbeit. Soziale Arbeit im Spannungsfeld von Politik, Quartierbevölkerung und professionellem Selbstverständnis. Wiesbaden: Springer VS, S. 63–82.

Fischer-Hotzel, Andrea; Jolk, Anna-Kristin (2023): Kommune, pass dich an! Hitze und Trockenheit auf lokaler Ebene begegnen. In: Hitze, Dürre, Anpassung. Aus Politik und Zeitgeschichte, 73, S. 28–29. Online verfügbar unter https://www.bpb.de/shop/zeitschriften/apuz/hitze-duerre-anpassung-2023/522828/kommune-pass-dich-an/#footnote-target-1. Letzter Zugriff: 20.02.2024.

FOCO (Forum Community Organizing) (Hrsg.) (2003): Forwards to the Roots. Community Organizing in den USA – eine Perspektive für Deutschland? Bonn: Stiftung Mitarbeit.

Forum Community Organizing e. V. (FOCO); Stiftung Mitarbeit (Hrsg.) (2013): Handbuch Community Organizing. Arbeitshilfen für Selbsthilfe- und Bürgerinitiativen, Nr. 46.

Frank, Susanne (2020): Innere Suburbanisierung als Coping-Strategie: Die »neuen Mittelschichten« in der Stadt. In: Schipper, Sebastian; Vollmer, Lisa (Hrsg.): Wohnungsforschung. Ein Reader. Interdisziplinäre Wohnungsforschung, Bd. 2. Bielefeld: Transcript, S. 303–322.

Fraser, Nancy (1994): Widerspenstige Praktiken. Macht, Diskurs, Geschlecht (Gender Studies, Bd. 1726, Dt. Erstausgabe). Frankfurt a. M.: Suhrkamp.

Freigang, Werner (2016): Ambulante und teilstationäre Erziehungshilfen. In: Schröer, Wolfgang; Struck, Norbert; Wolff, Mechthild (Hrsg.): Handbuch Kinder- und Jugendhilfe. 2., überarb. Aufl. Weinheim: Beltz Juventa, S. 792–812.

Friedrichs, Jürgen (1983): Stadtanalyse. Soziale und räumliche Organisation der Gesellschaft, 3. Aufl. (zuerst 1977). Opladen: Westdeutscher Verlag.

Früchtel, Frank; Budde, Wolfgang; Cyprian, Gudrun (2013a): Sozialer Raum und Soziale Arbeit. Fieldbook: Methoden und Techniken. 3., überarb. Aufl. Wiesbaden: Springer VS.

Früchtel, Frank; Cyprian, Gudrun; Budde, Wolfgang (2013b): Sozialer Raum und Soziale Arbeit. Textbook: Theoretische Grundlagen. 3., überarb. Aufl. Wiesbaden: Springer VS.

Fürst, Roland; Hinte, Wolfgang (2014): Sozialraumorientierung. Ein Studienbuch zu fachlichen, institutionellen und finanziellen Aspekten. Stuttgart: UTB

Gaiser, Wolfgang; Müller, Hans-Ulrich (1996): Jugend und Wohnen – Probleme und Lösungsversuche. In: Diskurs: Studien zu Kindheit, Jugend, Familie und Gesellschaft 2, S. 49–57.

Galuske, Michael (2013): Methoden der Sozialen Arbeit. Eine Einführung. 10. Aufl. Weinheim, München: Beltz Juventa.

Gebert, Roland (2023): Vereint mit Potenzial. Ein Wegweiser für Verantwortliche in gemeinnützigen Organisationen. Wiesbaden: Springer VS.

Geißler, Karl-Heinz; Hege, Marianne (2001): Konzepte sozialpädagogischen Handelns. Ein Leitfaden für soziale Berufe. Weinheim, Basel: Beltz.

Gillich, Stefan (Hrsg.) (2002): Gemeinwesenarbeit – Eine Chance der sozialen Stadtentwicklung. Gelnhausen: Triga.

Glatter, Jan; Mießner, Michael (2021): Aktuelle Debatten in der deutschsprachigen Gentrifizierungsforschung. In: Glatter, Jan; Mießner, Michael (Hrsg.): Gentrifizierung und Verdrängung. Aktuelle theoretische, methodische und politische Herausforderungen. Interdisziplinäre Wohnungsforschung, Bd. 3. Bielefeld: Transcript, S. 9–32.

Godehardt-Bestmann, Stefan (2021): Rezension vom 25.06.2021 zu: Martin Becker: Handbuch Sozialraumorientierung. Kohlhammer (Stuttgart) 2020 (socialnet Rezensionen). Online verfügbar unter https://www.socialnet.de/rezensionen/27462.php. Letzter Zugriff: 07.02.2024.

Götze, Robert (2005): Die Nachbarschaftshäuser zwischen 1933–1945. Hrsg. v. LAG Soziale Brennpunkte Niedersachsen e. V. Online verfügbar unter https://www.stadtteilarbeit.de/lernprogramm-stadtteilarbeit/hauptseiten/die-nachbarschaftshaeuser-zwischen-1933-1945. Letzter Zugriff: 13.12.2023.

Gramsci, Antonio (1994): Gefängnishefte: Kritische Gesamtausgabe. Hamburg: Argument.

Grimm, Gaby; Hinte, Wolfgang; Litges, Gerhard (2004): Quartiermanagement. Eine kommunale Strategie für benachteiligte Wohngebiete. Berlin: Ed. Sigma (Modernisierung des öffentlichen Sektors, 23). Online verfügbar unter http://www.socialnet.de/rezensionen/isbn.php?isbn=978-3-89404-743-6. Letzter Zugriff: 19.03.2024.

Groll, Tobias; Ruttge, Janine (2021): Wohnen als Umfriedung – Wohnen in öffentlichen Räumen in Zeiten von Corona. In: Alisch, Monika; May, Michael (Hrsg.): Ein Dach über dem Kopf – Wohnen als Herausforderung von Sozialraumentwicklung. Beiträge zur Sozialraumforschung, Bd. 24. Opladen et al.: Budrich, S. 167–190.

Günther, Matthias (Pestel Institut); AG für zeitgemäßes Bauen e.V. Kiel (2022): Bauen und Wohnen in der Krise Aktuelle Entwicklungen und Rückwirkungen auf Wohnungsbau und Wohnungsmärkte im Auftrag des Verbändebündnisses SOZIALES WOHNEN. Hannover. Online verfügbar unter https://www.dgfm.de/aktuelles/artikel/studie-ermittelt-fuer-2023-rekord-wohnungsdefizit-ueber-700000-wohnungen-fehlen. Letzter Zugriff: 22.09.2023.

Hahn, Alois (2023): Das Wohnen aus philosophischer Perspektive. In: Borstel, Dierk; Brückmann, Jennifer; Nübold, Laura; Pütter, Bastian; Sonnenberg, Tim (Hrsg.): Handbuch Wohnungs- und Obdachlosigkeit. Wiesbaden: Springer VS. DOI: https://doi.org/10.1007/978-3-658-35279-0

Hamann, Ulrike: Stadtpolitiken des Willkommens. Konflikte um neuen Wohnraum für Geflüchtete. In: Luxemburg. Gesellschaftsanalyse und linke Praxis 2, S. 100–107.

Hannemann, Christine (2014): Zum Wandel des Wohnens. APuZ – Aus Politik und Zeitgeschichte. Bonn. Online verfügbar unter http://www.bpb.de/apuz/183450/zum-wandel-des-wohnens.

Hannemann, Christine (2016): Wohnen neu bedacht. Eine soziologische Einschätzung. In: BDAGr-Bund Deutscher Architekten (Hrsg.): Neue Standards. Zehn Thesen zum Wohnen. Berlin: jovis, S. 31–35.

Hannemann, Christine (2018): Wohnen. In: Handwörterbuch der Stadt- und Raumentwicklung, ARL – Akademie für Raumforschung und Landesplanung (Hrsg.): Handwörterbuch der Stadt- und Raumentwicklung. Akademie für Raumforschung und Landesplanung, S. 2917–2930.

Hannemann, Christine (2021): Heimischsein, Übernachten und Residieren – wie das Wohnen die Stadt verändert. In: Bundeszentrale für politische Bildung, 07.12.2021. Online verfügbar unter https://www.bpb.de/shop/zeitschriften/apuz/32809/heimischsein-uebernachten-und-residieren-wie-das-wohnen-die-stadt-veraendert/. Letzter Zugriff: 04.01.2024.

Harlander, Tilman; Kuhn, Gerd; Wüstenrot Stiftung (Hrsg.) (2012): Soziale Mischung in der Stadt: Case Studies – Wohnungspolitik in Europa – historische Analyse. Stuttgart: Kraemer.

Harlander, Tilmann (2018): Wohnungspolitik. In: ARL – Akademie für Raumforschung und Landesplanung (Hrsg.): Handwörterbuch der Stadt- und Raumentwicklung, S. 2953–2965

Hasse, Jürgen (2009): Unbedachtes Wohnen. Lebensformen an verdeckten Rändern der Gesellschaft. Bielefeld: Transcript.

Hasse, Jürgen (2012): Wohnen. In: Eckardt, Frank (Hrsg.): Handbuch Stadtsoziologie. Wiesbaden: Springer VS; S. 475–502.

Häußermann, Hartmut; Siebel, Walter (2004): Stadtsoziologie. Eine Einführung. Frankfurt, New York: Campus.

Häußermann, Hartmut; Siebel, Walter (2020 [1996]): Soziologie des Wohnens. Eine Einführung in Wandel und Ausdifferenzierung des Wohnens. In: Schipper, Sebastian; Vollmer, Lisa (Hrsg.): Wohnungsforschung. Ein Reader. Interdisziplinäre Wohnungsforschung, Bd. 2. Bielefeld: Transcript, S. 265–302. Zuerst: Weinheim, München: Juventa.

Heinzelmann, Frieda; Holzmeyer, Tanja; Proschek, Katrin; Sowa, Frank (2021): Digitalisierung als Projektionsfläche für Sehnsüchte und Ängste in Narrativen von wohnungslosen Menschen. In: Wunder, Maik (Hrsg.): Digitalisierung und Soziale Arbeit. Transformationen und Herausforderungen. Bad Heilbrunn: Klinkhardt, S. 143–156.

Hennessy, Kevin; Lawrence, Judy; Mackey, Brendan (2022): IPCC Sixth Assessment Report (AR6): Climate Change 2022 – Impacts, Adaptation and Vulnerability: Regional Factsheet Australasia: IPCC: Intergovernmental Panel on Climate Change. Online verfügbar unter https://policycommons.net/artifacts/2264302/ipcc_ar6_wgii_factsheet_australasia/3023355/. Letzter Zugriff: 19.03.2024.

Hessisches Landesamt für Naturschutz, Umwelt und Geologie (HLNUG) (2019): Kommunale Klimaanpassung – Hitze und Gesundheit. Ein Methodenbaukasten. Wiesbaden. Online verfügbar unter https://www.hlnug.de/fileadmin/dokumente/klima/klimprax/KLIMPRAXStadtklima2019/B-hitze_in_der_Stadt-modellbaukasten-20190820-internet.pdf. Letzter Zugriff: 19.03.2024.

Hinte, Wolfgang; Litges, Gerd; Springer, Werner (1999): Soziale Dienste. Vom Fall zum Feld : soziale Räume statt Verwaltungsbezirke. 2., unveränd. Aufl. Berlin: Ed. Sigma (Modernisierung des öffentlichen Sektors. Sonderband, 12).

Hinte, Wolfgang; Metzger-Pregizer, Gerd; Springer, Werner (1982): Stadtteilbezogene soziale Arbeit – ein Kooperationsmodell für Ausbildung und berufliche Praxis. In: Neue Praxis 12 (4), S. 345–357.

Hinte, Wolfgang; Treeß, Helga (2014): Sozialraumorientierung in der Jugendhilfe. Theoretische Grundlagen, Handlungsprinzipien und Praxisbeispiele einer kooperativen-integrativen Pädagogik. 3., überarb. Aufl. Weinheim: Beltz (Basistexte Erziehungshilfen).

Holm, Andrej (2009): Soziale Mischung. Zur Entstehung und Funktion eines Mythos. In: Forum Wissenschaft 1 (9), S. 23–26.

Holm, Andrej (2014): Wiederkehr der Wohnungsfrage. In: APuZ – Aus Politik und Zeitgeschichte 20/21. Bonn, S. 25–30.

Holm, Andrej (2015): NEUE GEMEINNÜTZIGKEIT. Gemeinwohlorientierung in der Wohnungsversorgung. Arbeitsstudie im Auftrag der Fraktion DIE LINKE im deutschen Bundestag. Online verfügbar unter https://www.sowi.hu-berlin.de/de/lehrbereiche/stadtsoz/mitarbeiterinnen/copy_of_a-z/holm/neue-gemeinnutzigkeit-gesamt-2015-09-16.pdf/view. Letzter Zugriff 15.02.2024.

Holm, Andrej (2019): Wiederkehr der Wohnungsfrage. In: Gesucht! Gefunden? Alte und neue Wohnungsfragen. Bonn: APuZ – Aus Politik und Zeitgeschichte, S. 98–113.

Holm, Andrej (2020 [2011]): Wohnung als Ware: Zur Ökonomie und Politik der Wohnungsversorgung. In: Schipper, Sebastian; Vollmer, Lisa (Hrsg.): Wohnungsforschung. Ein Reader. Bielefeld: Transcript, S. 73–84. Zuerst in: Schöner wohnen? Wohnungspolitik zwischen Markt und sozialer Daseinsvorsorge, Widersprüche. Zeitschrift für sozialistische Politik im Bildungs-, Gesundheits- und Sozialbereich 31 (121), S. 9–20.

Holm, Andrej (2022): Projekte, Instrumente und Konzepte einer alternativen Wohnungspolitik. Neue Wohnungsgemeinnützigkeit, neue Genossenschaften und Wohnen als soziale Infrastruktur. In: WSI Mitteilungen 75 (3), S. 243–250.

Holm, Andrej; Kravets, Anna; Laimer, Christoph; Steinfeld, Jana (2021): Bausteine für ein Neues Soziales Wohnen. In: Holm, Andrej; Laimer, Christoph (Hrsg.): Gemeinschaftliches Wohnen und selbstorganisiertes Bauen. Wien, S. 229–244.

Hüllemann, Ulrike; Brüschweiler, Bettina; Reutlinger, Christian (2015): Räumliche Aspekte von Nachbarschaft – eine Vergewisserung. In: Reutlinger, Christian; Stiehler, Steve; Lingg, Eva (Hrsg.) (2015): Soziale Nachbarschaften. Geschichte, Grundlagen, Perspektiven. Wiesbaden: Springer VS, S. 23–34.

Hunold, Daniela; Brauer, Eva; Dangelmaier, Tamara (Hrsg.) (2023): Stadt. Raum. Institution. Wiesbaden: Springer VS.

Hurlin, Lina; Vittu, Elodie; Vogelpohl, Anne; Vollmer, Lisa; Weikert, Marcel (2021): Organizing, Professionalisierung, Vernetzung. Aktuelle Entwicklungen der wohnungspolitischen Bewegung in Berlin, Hamburg, Jena und Leipzig. Soziale Passagen 1, S. 293–314.

Jensen, Inga (2020): Wohnraum als soziale Infrastruktur. Ansätze zur (Re-)Kommunalisierung von Wohnraum betrachtet am Beispiel Berlin. In: Schönig, Barbara; Vollmer, Lisa (Hrsg.): Wohnungsfragen ohne Ende?! Ressourcen für eine soziale Wohnraumversorgung. Bielefeld: Transcript, S. 147–162.

Kaiser, Theresa; Kind, Christian; Dudda, Leonie; Sander; Kirsten (2021): Klimawandel, Hitze und Gesundheit. Stand der gesundheitlichen Hitzevorsorge in Deutschland und Unterstützungsbedarf der Bundesländer und Kommunen. In: UMID – Umwelt + Mensch Informationsdienst (1), S. 27–37.

Kergel, David (2020): Der Ansatz der Sozialraumorientierung im digitalen Wandel. In: Kutscher, Nadia; Ley, Thomas; Seelmeyer, Udo; Siller, Friederike; Tillmann, Angela; Zorn, Isabel (Hrsg.): Handbuch Soziale Arbeit und Digitalisierung. Weinheim: Beltz, S. 229–240.

Kessl, Fabian; Reutlinger, Christian (2009): Sozialraumarbeit statt Sozialraumorientierung. In: sozialraum.de (1) Ausgabe 2. Online verfügbar unter https://www.sozialraum.de/sozialraumarbeit-statt-sozialraumorientierung.php. Letzter Zugriff: 07.02.2024.

Kessl, Fabian; Reutlinger, Christian (Hrsg.) (2022): Sozialraum. Eine elementare Einführung. Wiesbaden: Springer VS (Sozialraumforschung und Sozialraumarbeit, 20).

Konter, Astrid (2019): Niedrigschwelligkeit. Bonn (socialnet Lexikon). Online verfügbar unter https://www.socialnet.de/lexikon/4960, zuletzt aktualisiert am 20.08.2019. Letzter Zugriff: 15.02.2024.

Krafeld, Franz Josef (1996): Die Praxis Akzeptierender Jugendarbeit. Konzepte – Erfahrungen – Analysen aus der Arbeit mit rechten Jugendcliquen. Wiesbaden: Springer VS.

Krennerich, Michael (2019): Ein Recht auf menschenwürdiges Wohnen? In: Gesucht! Gefunden? Alte und neue Wohnungsfragen. Bonn: Bundeszentrale für politische Bildung, S. 22–35.

Krings-Heckemeier, Marie-Therese; Pfeiffer, Ulrich; Hunger, Bernd; Wallraf, Wolfram (1998): Überforderte Nachbarschaften. Zwei sozialwissenschaftliche Studien über Wohnquartiere in den alten und den neuen Bundesländern. 2. Aufl. Hrsg. v. GdW Bundesverband deutscher Wohnungsunternehmen e.V. (GdW Schriften, 48).

Kronauer, Martin (2007): Quartiere der Armen: Hilfe gegen soziale Ausgrenzung oder zusätzliche Benachteiligung? In: Dangschat, Jens S.; Hamedinger, Alexander (Hrsg.): Lebensstile, soziale Lagen und Siedlungsstrukturen. Braunschweig: VSB, S. 71–90.

Kronauer, Martin (2018): Gentrifizierung: Ursachen, Formen und Folgen. Verfügbar unter: https://www.bpb.de/politik/innenpolitik/stadt-und-gesellschaft/216871/gentrifizierung-ursachen-formen-und-folgen. Letzter Zugriff: 08.01.2024.

Kümpers, Susanne; Alisch, Monika (2018): Ungleichheiten des Alter(n)s in sozialräumlicher Perspektive. In: Bleck, Christian; van Rießen, Anne; Knopp, Reinhold (Hrsg.): Alter und Pflege im Sozialraum. Wiesbaden: Springer VS, S. 53–68.

Kunstreich, Timm (2014): Grundkurs Soziale Arbeit – Sieben Blicke auf Geschichte und Gegenwart Sozialer Arbeit, Bd. I: Blicke auf die Jahre 1850, 1890, 1925 und 1935. 5., durchges., inhaltlich unv. Aufl. Bielefeld, Hamburg: Kleine (Impulse – Werkstatt Fachhochschule, 6).

Kutscher, Nadia (2019): Digitalisierung der Sozialen Arbeit. In: Rietmann, Stephan; Sawatzki, Maik; Berg, Mathias (Hrsg.): Beratung und Digitalisierung. Zwischen Euphorie und Skepsis. Wiesbaden: Springer VS, S. 41–56.

Kutscher, Nadia; Iske, Stefan (2020): Digitale Ungleichheiten im Kontext Sozialer Arbeit. In: Kutscher, Nadia; Ley, Thomas; Seelmeyer, Udo; Siller, Friederike; Tillmann, Angela; Zorn, Isabel (Hrsg.): Handbuch Soziale Arbeit und Digitalisierung. Weinheim: Beltz, S. 115–128.

Landeshauptstadt München (o. J.): Freiham: Der neue Stadtteil im Münchner Westen. Online verfügbar unter https://stadt.muenchen.de/infos/neuer-stadtteil-freiham.html. Letzter Zugriff: 22.02.2024.

Landhäusser, Sandra (2009): Communityorientierung in der Sozialen Arbeit. Die Aktivierung von sozialem Kapital. Sozialraumforschung und Sozialraumarbeit, Bd. 2. Wiesbaden: Springer VS.

Lingg, Eva (2022): Durchmischtes Wohnen – eine Grundlegung. In: Hannemann, C.; Hilti, N.; Reutlinger, C. (Hrsg.): Wohnen. Zwölf Schlüsselthemen sozialräumlicher Wohnforschung. Stuttgart: Fraunhofer IRB, S. 278–291.

Litges, Gerhard; Lüttringhaus, Maria; Stoik, Christoph (2005): Quartiermanagement. In: Kessl, Fabian; Reutlinger, Christian; Maurer, Susanne; Frey, Oliver (Hrsg.): Handbuch Sozialraum, Wiesbaden: Springer VS, S. 559–576.

Lutz, Ronald; Sartorius, Wolfgang; Simon, Titus (2021): Lehrbuch der Wohnungslosenhilfe. Eine Einführung in Praxis, Positionen und Perspektiven. 4., überarb. Aufl. Weinheim, Basel: Beltz Juventa (Studienmodule Soziale Arbeit).

Maier, Jürgen; Zychlinski, Jan (2004): Gemeinwesenarbeit im Quartiermanagement – eine Annäherung. In: Gillich, Stefan (Hrsg.): Gemeinwesenarbeit: Die Saat geht auf. Grundlagen und neue sozialraumorientierte Handlungsfelder. Gelnhausen: Triga, S. 66–84.

Marquardt, Nadine (2018): Digital assistierter Wohnalltag im smart home: Zwischen Care, Kontrolle und vernetzter Selbstermächtigung. In: Bauriedl, Sybille (Hrsg.): Smart City – Kritische Perspektiven auf die Digitalisierung in Städten. Unter Mitarbeit von Anke Strüver. Bielefeld: Transcript (Urban Studies), S. 285–298.

Mattissek, Annika; Mössner, Samuel (2022): Umwelt. In: Belina, Bernd; Naumann, Matthias; Strüver, Anke (Hrsg.): Handbuch kritische Stadtgeographie. 5. Aufl. Münster: Westfälisches Dampfboot, S. 190–195.

May, Michael (2008a): Begriffsgeschichtliche Überlegungen zu Gemeinwesen und Sozialraum. In: May, Michael; Alisch, Monika (Hrsg.): Kompetenzen im Sozialraum. Beiträge zur Sozialraumforschung, Bd. 1. Opladen et al.: Budrich, S. 19–37.

May, Michael (2008b): Sozialraumbezüge Sozialer Arbeit. In: Alisch, Monika; May, Michael (Hrsg.): Kompetenzen im Sozialraum. Sozialraumentwicklung und -organisation als transdisziplinäres Projekt. Opladen et al.: Budrich, S. 61–84.

May, Michael (2018): Gemeinschaftlich Wohnen: Überlegungen zu einer angemessenen Analytik und Unterstützungspraxis Sozialer Arbeit. In: Alisch, Monika; May, Michael (Hrsg.): Ein Dach über dem Kopf – Wohnen als Herausforderung von Sozialraumentwicklung. Beiträge zur Sozialraumforschung, Bd. 24, Opladen et al.: Budrich, S. 29–52.

Mayrhofer, Hemma (2012): Niederschwelligkeit in der Sozialen Arbeit. Funktionen und Formen aus soziologischer Perspektive. Zugl.: Wien, Univ., Diss., 2012. Wiesbaden: Springer VS.

McKenzie, Roderick D. (1974 [1926]): Konzepte der Sozialökologie. In: Atteslander; Peter; Hamm, Bernd (Hrsg.): Materialien zur Siedlungssoziologie. Köln: Kiepenheuer und Witsch, S. 101–112. Zuerst als: The Scope of Human Ecology. In

Publications of the American Sociological Association, Vol. 20 (1926), S. 141–154.

Meier, Tobias; Penta, Leo; Richter, Andreas (2022): Community Organizing. Weinheim, Basel: Beltz Juventa.

Metzger, Joscha (2022): Urban Gardening. In: Belina, Bernd; Naumann, Matthias; Strüver, Anke (Hrsg.): Handbuch kritische Stadtgeographie. 5. Aufl. Münster: Westfälisches Dampfboot, S. 377–382.

Metzger, Joscha (2020): Genossenschaftliches Wohnen. In: Eckardt, Frank; Meier, Sabine (Hrsg.): Handbuch Wohnsoziologie. Wiesbaden: Springer VS, S. 521–538.

Meuth, Miriam (2017): Wohnen – Gegenstand pädagogischer Praktiken, erziehungswissenschaftlicher Forschung und Theoriebildung. In: Meuth, Miriam (Hrsg.): Wohn-Räume und pädagogische Orte. Wiesbaden: Springer VS, S. 1–36.

Michel-Schwartze, Birgitta (Hrsg.) (2008): Einführung in die Thematik: Methodenverständnis und Handlungsrationalitäten. In: Methodenbuch Soziale Arbeit. Basiswissen für die Praxis. 2., überarb. u. erw. Aufl. Wiesbaden: Springer VS, S. 9–26.

Milias, Vasileios; Psyllidis, Achilleas; Bozzon, Alessandro (o. J.): CTwalk Map. Mapping Pedestrian (co)Accessibility. Delft University of Technology. Online verfügbar unter https://miliasv.github.io/CTwalkMap/info_page/. Letzter Zugriff: 22.02.2024.

Müller, Carl Wolfgang (2004): Wie Helfen zum Beruf wurde. Eine Methodengeschichte der Sozialarbeit. 2., überarb. Neuausg. Weinheim: Beltz (Beltz-Taschenbuch Sozialarbeit, 20).

Müller, Carl Wolfgang (2013): Wie Helfen zum Beruf wurde. Eine Methodengeschichte der Sozialen Arbeit. 6. Aufl. Weinheim: Beltz (Edition Sozial).

Müller, Christa (Hrsg.) (2012): Urban Gardening. Über die Rückkehr der Gärten in die Stadt. 4. Aufl. München: oekom.

Münch, Sybille (2010): Integration durch Wohnungspolitik? Zum Umgang mit ethnischer Segregation im europäischen Vergleich. Wiesbaden: Springer VS.

Oehler, Patrick; Drilling, Matthias (2016): Soziale Arbeit, Gemeinwesenarbeit und Stadtentwicklung. In: Oehler, Patrick; Drilling, Matthias (Hrsg.): Soziale Arbeit und Stadtentwicklung. Wiesbaden: Springer VS, S. 13–41.

Oelschlägel, Dieter (2011): Zur Aktivierung bürgerschaftlichen Engagements im Rahmen von Kommunalpolitik und Kommunalverwaltung: einige Anmerkungen aus dem Blickwinkel der Gemeinwesenarbeit. In: Hinte, Wolfgang; Lüttringhaus, Maria; Oelschlägel, Dieter (Hrsg.): Grundlagen und Standards der Gemeinwesenarbeit. Ein Reader zu Entwicklungslinien und Perspektiven. 3. Aufl. Weinheim: Juventa, S. 191–208 (Reihe Votum).

Oelschlägel, Dieter (2013a): Die Soziale Arbeitsgemeinschaft Berlin-Ost. In: Stövesand, Sabine; Stoik, Christoph; Troxler, Ueli (Hrsg.): Handbuch Gemeinwesenarbeit. Traditionen und Positionen, Konzepte und Methoden. Theorie, Forschung und Praxis der Sozialen Arbeit, Bd. 4. Opladen et al.: Budrich. S. 44–47.

Oelschlägel, Dieter (2013b): Geschichte der Gemeinwesenarbeit in der Bundesrepublik Deutschland. In: Stövesand, Sabine; Stoik, Christoph; Troxler, Ueli (Hrsg.): Handbuch Gemeinwesenarbeit. Traditionen und Positionen, Konzepte und Methoden. Theorie, Forschung und Praxis der Sozialen Arbeit, Bd. 4. Opladen et al.: Budrich. S. 181–202.

Ottersbach, Markus (2018): Fluchtmigration nach Europa als Herausforderung und Chance. In: Ceylan, Rauf; Ottersbach, Markus; Wiedemann, Petra (Hrsg.): Neue Mobilitäts- und Migrationsprozesse und sozialräumliche Segregation. Wiesbaden: Springer VS, S. 33–50.

Park, Robert Ezra et al. (2010): The City. Suggestions for Investigation of Human Behavior in the Urban Environment. [Nachdr.]. The Heritage of Sociology. Chicago: Univ. of Chicago Press.

Pätzold, Ricarda (2019): Gemeinschaftliche Wohnformen. In: Bundeszentrale für politische Bildung (Hrsg.): Gesucht! Gefunden? Alte und neue Wohnungsfragen. Bonn, S. 175–187.

Penta, Leo J.; Düchting, Frank (2014): Für eine lebendige Zivilgesellschaft – Community Organizing in Bürgerplattformen. Gastbeitrag im eNewsletter Wegweiser Bürgergesellschaft 1 vom 17.01.2014.

Philippsen, Christine (2014): Soziale Netzwerke in gemeinschaftlichen Wohnprojekten. Eine empirische Analyse von Freundschaften und sozialer Unterstützung. Opladen et al.: Budrich.

Pleace, Nicholas (2016): Housing First Guide Europe. Hrsg. v. FEANTSA. Brüssel.

Pohl, Thomas (2012): Alterssegregation in der Metropolregion Hamburg. In: May, Michael; Alisch, Monika (Hrsg.): Formen sozialräumlicher Segregation. Beiträge zur Sozialraumforschung, Bd. 7. Opladen et al.: Budrich, S. 51–72.

Praum, Carsten (2024): Gemeinschaftlicher Wohnungsbau. Ein System der Stadtentwicklung und Wohnungsversorgung in München und Frankfurt. Interdisziplinäre Wohnungsforschung, Bd. 6. Bielefeld: Transcript.

Rausch, Günter (1998): Gemeinschaftliche Bewältigung von Alltagsproblemen. Gemeinwesenarbeit in einer Hochhaussiedlung. Münster: Lit (Schriftenreihe der Evangelischen Fachhochschule Freiburg, Bd. 2).

Rausch, Günther (2013): Wohnen und Gemeinwesenarbeit. In: Stövesand, Sabine; Stoik, Christoph; Troxler, Ueli (Hrsg.): Handbuch Gemeinwesenarbeit. Traditionen und Positionen, Konzepte und Methoden. Theorie, Forschung und Praxis der Sozialen Arbeit, Bd. 4. Opladen et al.: Budrich, S. 280–285.

Reutlinger, Christian (2017): Soziale Arbeit und Wohnen: Gefangen in einer funktional-industriekapitalistischen Raumordnung und darüber hinaus blind für Praktiken pädagogischer Ortsgestaltung? In: Meuth, Miriam (Hrsg.): Wohn-Räume und pädagogische Orte. Wiesbaden: Springer VS, S. 59–95.

Richter, Helmut (2000): Ökonomie, Öffentlichkeit und kommunale Identität. In: Ihmig, Harald (Hrsg.): Wochenmarkt und Weltmarkt: Kommunale Alternativen zum globalen Kapital. Bielefeld: Transcript, S. 107–115.

Riege, Marlo; Schubert, Herbert (Hrsg.) (2019): Sozialraumanalyse. Grundlagen – Methoden – Praxis. 6., unver. Aufl. Köln: Verlag Sozial Raum Management.

Röh, Dieter (2019): ›Wille first, Bedenken second?‹. In: sozialraum.de (11) Ausgabe 1. Online verfügbar unter https://www.sozialraum.de/wille-first-bedenken-second-kritische-anmerkungen-zur-bisherigen-diskussion-und-konzeptionelle-skizzierung-der-herausforderungen-moeglichkeiten-und-grenzen-von-sozialraumorientierung-in-der-eingliederungshilfe.php. Letzter Zugriff: 07.02.2024.

Ronneberger, Klaus (2021): Utopische Gemeinschaften und Siedlungsassoziationen. Zu den Anfängen der Wohnungsgenossenschaftsbewegung. In: Holm, Andrej; Laimer, Christoph (Hrsg.): Gemeinschaftliches Wohnen und selbstorganisiertes Bauen. Wien: TU Academic Press, S. 11–22.

Rössler, Beate (2001): Der Wert des Privaten. Frankfurt: Suhrkamp.

Ross, Murray George; Lappin, Ben W. (1971): Gemeinwesenarbeit. Theorie, Prinzipien, Praxis. 2. Aufl. Freiburg i. Br.: Lambertus.

Rothschuh, Michael (2013): Community Organizing im Kontext Sozialer Bewegungen. Gastbeitrag im eNewsletter Wegweiser Bürgergesellschaft 20 vom 25.10.2013. Online verfügbar unter https://www.buergergesellschaft.de/fileadmin/pdf/gastbeitrag_rothschuh_131025.pdf. Letzter Zugriff: 19.03.2024.

Rubin, Yvonne (2018): Freiwilliges Engagement in »sorgenden Gemeinschaften«. Eine geschlechterkritische Analyse ehrenamtlicher Care-Arbeit für ältere Menschen. Beiträge zur Sozialraumforschung, Bd. 19. Opladen et al.: Budrich.

Sachße, Christoph; Tennstedt, Florian (1998): Geschichte der Armenfürsorge in Deutschland. 2., verb. u. erw. Aufl. Stuttgart: Kohlhammer.

Santucci, Daniele; Chokhachian, Ata (2019): Conscious Cities Anthology 2019: Science-Informed Architecture and Urbanism. In: CCA (1). DOI: 10.33797/CCA19.01.15.

Scherr, Albert (2016): Jugenden. In: Scherr, Albert (Hrsg.): Soziologische Basics. Eine Einführung für pädagogische und soziale Berufe. 3., erw. u. akt. Aufl. Wiesbaden: Springer VS, S. 147–155.

Schipper, Sebastian (2018): Wohnraum dem Markt entziehen? Wohnungspolitik und städtische soziale Bewegungen in Frankfurt und Tel Aviv. Wiesbaden: Springer VS (Raum Gesellschaft).

Schipper, Sebastian; Vollmer, Lisa (2020): Wohnungsforschung. Einleitung zu den Schlüsselwerken und Überblickstexten. In: Schipper, Sebastian; Vollmer, Lisa (Hrsg.): Wohnungsforschung. Ein Reader. Bielefeld: Transcript, S. 9–38.

Schmitt, Gisela; Schröteler-von Brandt, Hildegard (2023): Stadterneuerung. Eine Einführung. 2. Aufl. Wiesbaden: Springer VS.

Schneider, Ute; Schmehl, Susanne; Masuch, Kathrin; Oberzaucher, Elisabeth (2022): Eine lebenswerte Stadt ist eine klimagerechte Stadt. Stadtplanung für menschliche Bedürfnisse ist klimagerecht. In: Fritz, Judith; Tomaschek, Nino (Hrsg.): Transformationsgesellschaft. Visionen und Strategien für den sozialökologischen Wandel. Münster: Waxmann, S. 165–176 (University – Society – Industry, 11).

Schnur, Olaf (2014): Quartiersforschung im Überblick: Konzepte, Definitionen und aktuelle Perspektiven. In: Schnur, Olaf (Hrsg.): Quartiersforschung. Wiesbaden: Springer VS, S. 21–56.

Schnur, Olaf (2021): Wohnen in (der) Nachbarschaft. In: Eckardt, Frank; Meier, Sabine (Hrsg.): Handbuch Wohnsoziologie. Wiesbaden: Springer VS, S. 233–253.

Schnurr, Stefan (2018): Partizipation. In: Otto, Hans-Uwe; Thiersch, Hans (Hrsg.): Handbuch Soziale Arbeit, 6. überarb. Aufl. München: Reinhardt, S. 1126–1137.

Schönig, Barbara; Vollmer, Lisa (2020): Wohnungsfrage(n) ohne Ende und überall? Sechs Thesen für eine interdisziplinäre Wohnungsforschung. In: Schönig, Barbara; Vollmer, Lisa (Hrsg.): Wohnungsfragen ohne Ende?! Ressourcen für eine soziale Wohnraumversorgung. Bielefeld: Transcript, S. 7–26.

Schönig, Werner (2012): Born to be wild? Aktuelle Varianten, Zielgruppen und Haltungen der Gemeinwesenarbeit. In: Blandow, Rolf; Knabe, Judith; Ottersbach, Markus (Hrsg.): Die Zukunft der Gemeinwesenarbeit. Von der Revolte zur Steuerung und zurück? Wiesbaden: Springer VS, S. 29–42.

Schönwälder, Karen; Söhn, Janina (2007): Siedlungsstrukturen von Migrantengruppen in Deutschland: Schwerpunkte der Ansiedlung und innerstädtische Konzentrationen. Arbeitsstelle Interkulturelle Konflikte und gesellschaftliche Integration (AKI), Wissenschaftszentrum Berlin für Sozialforschung. Berlin. (Discussion Paper, SP IV 2007-601). Online verfügbar unter https://www.ssoar.in fo/ssoar/bitstream/handle/document/11121/ssoar-2007-schonwalder_et_alsied lungsstrukturen_von_migrantengruppen_in_deutschland.pdf. Letzter Zugriff: 22.09.2023.

Schubert, Herbert (2022): Governance. In: Kessl, Fabian; Reutlinger, Christian (Hrsg.): Sozialraum, eine grundlegende Einführung. Sozialraumforschung und Sozialraumarbeit, Bd. 20. Wiesbaden: Springer VS, S. 119–129.

Schuster, Nina; Volkmann, Anne (2018): Lebenschancen im Quartier. Lebensziele von Stadtteilbewohner(inne)n, ihre Ressourcen und Strategien, sich diese zu erfüllen. In: Raumforschung und Raumordnung, 77 (4), S. 401–415.

Schwarz, Silvia (2022): Flüchtige Räume – Aneignungsstrategien von Frauen in Situationen der Wohnungslosigkeit. Leverkusen-Opladen: Budrich.

Seidenstücker, Bernd (2018): Sozialpolitik und Soziale Arbeit in der DDR. In: Otto, Hans-Uwe; Thiersch, Hans (Hrsg.): Handbuch Soziale Arbeit. 6., überarb. Aufl. München: Reinhardt.

Siebel, Walter (2010): Wohnen. In: Henckel, Dietrich; von Kuczkowski, Kester; Lau, Petra; Pahl-Weber, Elke; Stellmacher, Florian (Hrsg.): Planen – Bauen – Umwelt. Ein Handbuch. Wiesbaden: Springer VS, S. 567–570.

Socialnet GmbH (Hrsg.) (o.J.): Methodenkoffer. Darstellung von spezifischen Methoden für Sozialraumerkundungen und -analysen. Unter Mitarbeit von Ulrich Deinet (sozialraum.de). Online verfügbar unter https://www.sozialraum.de/me thodenkoffer/. Letzter Zugriff: 06.03.24.

Spiegel, Erika (2001): Soziale Stabilisierung durch soziale Mischung. In: vhw Forum Wohneigentum (2), S. 75–80.

Stadt Wien (o. J.): Aktuelle Maßnahmen gegen Hitzeinseln. Online verfügbar unter https://www.wien.gv.at/umwelt/cooleswien/massnahmen.html. Letzter Zugriff: 22.02.2024.

Statistisches Bundesamt et al. (Hrsg.) (2021): Datenreport 2021. Ein Sozialbericht für die Bundesrepublik Deutschland. Bonn: Bundeszentrale für politische Bildung. Online verfügbar unter http://www.gbv.de/dms/maecenata/1750939096.pdf. Letzter Zugriff: 19.03.2024.

Staub-Bernasconi, Silvia (2013): Integrale soziale Demokratie als gemeinwesenbezogener Lernprozess und soziale Vision. In: Stövesand, Sabine; Stoik, Christoph; Troxler, Ueli (Hrsg.): Handbuch Gemeinwesenarbeit. Traditionen und Positionen, Konzepte und Methoden. Theorie, Forschung und Praxis der Sozialen Arbeit, Bd. 4. Opladen et al.: Budrich, S. 37–43.

Steckelberg, Claudia (2023): Wohnungslosigkeit und Wohnungsnotfall – eine Einführung in ein vielschichtiges soziales Problem. In: Borstel, Dierk et al. (Hrsg.): Handbuch Wohnungs- und Obdachlosigkeit. Wiesbaden: Springer VS, S. 1–13. DOI: https://doi.org/10.1007/978-3-658-35279-0

Steiner, Olivier (2020): Demokratie und Öffentlichkeit in der digitalen Postmoderne. In: Kutscher, Nadia; Ley, Thomas; Seelmeyer, Udo; Siller, Friederike; Tillmann, Angela; Zorn, Isabel (Hrsg.): Handbuch Soziale Arbeit und Digitalisierung. Weinheim: Beltz, S. 145–155.

Steinführer, Annette (2002): Selbstbilder von Wohngebieten und ihre Projektion in die Zukunft. In: Deilmann, C. (Hrsg.): Zukunft – Wohngebiet. Entwicklungslinien für städtische Teilraume. Berlin: Verlag für Wissenschaft und Forschung, S. 3–20.

Stock, Lothar (2016): Community Organizing in Deutschland. In: Soziale Arbeit 65 (5), S. 168–176.

Stock, Mathis (2009): Polytopisches Wohnen – ein phänomenologisch-prozessorientierter Zugang. Informationen zur Raumentwicklung (1/2), S. 107–116.

Stoever, Heino; Schäffer, Dirk; Häde, Mathias; Pritszens, Nina; Schmolke, Rüdiger; Köthner, Urs; Hentschel, Axel (2021): Leitbild akzeptierende Drogenarbeit. Hrsg. Akzept Bundesverband, Deutsche Aidshilfe.

Stövesand, Sabine; Stoik, Christof (2013): Gemeinwesenarbeit als Konzept Sozialer Arbeit – eine Einleitung. In: Stövesand, Sabine; Stoik, Christoph; Troxler, Ueli (Hrsg.): Handbuch Gemeinwesenarbeit. Traditionen und Positionen, Konzepte und Methoden. Theorie, Forschung und Praxis der Sozialen Arbeit, Bd. 4. Opladen et al.: Budrich, S. 14–36.

Stövesand, Sabine (2013): Community Organization als Soziale Aktion: Saul D. Alinsky und Co. In: Stövesand, Sabine; Stoik, Christoph; Troxler, Ueli (Hrsg.): Handbuch Gemeinwesenarbeit. Traditionen und Positionen, Konzepte und Methoden. Theorie, Forschung und Praxis der Sozialen Arbeit, Bd. 4. Opladen et al.: Budrich, S. 48–52.

Studeny, Susanne (2020): Digitalisierung in der Obdachlosenhilfe. In: Kutscher, Nadia; Ley, Thomas; Seelmeyer, Udo; Siller, Friederike; Tillmann, Angela; Zorn,

Isabel (Hrsg.): Handbuch Soziale Arbeit und Digitalisierung. Weinheim: Beltz, S. 552–564.
Szynka, Peter (2006): Theoretische und empirische Grundlagen des Community Organizing bei Saul D. Alinsky (1909–1972). Akademie für Arbeit und Politik der Universität Bremen.
Tappert, Simone (2023): Nachbarschaften machen Stadt. Nachbarschaftsinitiativen und -vereine als Treiber der Quartiersentwicklung und Kooperationspartner*innen der raumbezogenen Sozialen Arbeit. In: Oehler, Patrick; Janett, Sandra; Guhl, Jutta; Fabian, Carlo; Michon, Bruno (Hrsg.): Marginalisierung, Stadt und Soziale Arbeit. Soziale Arbeit im Spannungsfeld von Politik, Quartierbevölkerung und professionellem Selbstverständnis. Wiesbaden: Springer VS, S. 41–62.
Teti, Andrea; Höpflinger, François (2021): Wohnen im höheren Lebensalter. In: Eckardt, Frank; Meier, Sabine (Hrsg.): Handbuch Wohnsoziologie. Wiesbaden: Springer VS, S. 477–501.
Theunissen, Georg; Kulig, Wolfram (2016): Wohnen von Menschen mit Behinderung in Deutschland. Bestandsaufnahme, Best Practice von Wohnprojekten für Erwachsene. In: Theunissen, Georg; Kulig, Wolfram (Hrsg.): Inklusives Wohnen. Bestandsaufnahme. Best Practice von Wohnprojekten für Erwachsene mit Behinderung in Deutschland. Stuttgart: Fraunhofer IRB, S. 7–20.
Thiersch, Hans (2015): Soziale Arbeit und Lebensweltorientierung: Konzepte und Kontexte. Gesammelte Aufsätze, Bd. 1. Weinheim: Beltz Juventa.
Tillmann, Angela (2020): Veränderte Lebenswelten im Zuge gesellschaftlicher Digitalisierungsprozesse. In: Kutscher, Nadia; Ley, Thomas; Seelmeyer, Udo; Siller, Friederike; Tillmann, Angela; Zorn, Isabel (Hrsg.): Handbuch Soziale Arbeit und Digitalisierung. Weinheim: Beltz Juventa, S. 89–100.
Trede, Wolfgang (2016): Vollzeitpflege. In: Schröer, Wolfgang; Struck, Norbert; Wolff, Mechthild (Hrsg.): Handbuch Kinder- und Jugendhilfe. 2., überarb. Aufl. Weinheim: Beltz Juventa, S. 813–831.
Trescher, Hendrik (2017): Zur bürokratischen Überformung der Subjekte. In: Meuth, Miriam (Hrsg.): Wohn-Räume und pädagogische Orte. Wiesbaden: Springer VS, S. 245–266.
Trojan, Alf; Hildebrandt, Helmut (Hrsg.) (1990): Brücken zwischen Bürgern und Behörden. Innovative Strukturen für Gesundheitsförderung. Schriftenreihe Forum Sozial- und Gesundheitspolitik, Bd. 3. Sankt Augustin: Asgard.
Tsemberis, Sam J. (2010): Housing First. The Pathways Model to End Homelessness for People with Mental Illness and Addiction. Center City, Minn: Hazelden.
Veil, Katja (2012): Entwicklung und Perspektiven im Feld des Wohnens. In: Blandow, Rolf; Knabe, Judith; Ottersbach, Markus (Hrsg.): Die Zukunft der Gemeinwesenarbeit. Wiesbaden: Springer VS, S. 91–99.
Vogelpohl, Anne; Vollmer, Lisa; Vittu, Elodie; Brecht, Norma (2017): Die Repolitisierung des Wohnens. Städtische soziale Bewegungen für ein Recht auf Wohnen und auf Stadt in Hamburg, Berlin, Jena und Leipzig. In: Schönig, Barbara;

Schipper, Sebastian; Kadi, Justin (Hrsg.): Wohnraum für alle?! Perspektiven auf Planung, Politik und Architektur. Bielefeld: Transcript, S. 105–130.

Volkmann, Anne (2012): Quartierseffekte in der Stadtforschung und in der sozialen Stadtpolitik. Die Rolle des Raumes bei der Reproduktion sozialer Ungleichheit. In: Forum Stadt- und Regionalplanung e. V. (Hrsg.): Graue Reihe des Instituts für Stadt- und Regionalplanung. TU Berlin (36).

Walther, Uwe-Jens; Güntner, Simon (2007): Soziale Stadtpolitik in Deutschland: das Programm »Soziale Stadt«. In: Baum, Detlef (Hrsg.): Die Stadt in der Sozialen Arbeit. Ein Handbuch für soziale und planende Berufe. Wiesbaden: Springer VS, S. 389–400.

Weidmann, Stefan (2018): Gemeinwesenarbeit in einer alternden Gesellschaft. In: sozialraum.de (10) Ausgabe 1. Online verfügbar unter https://www.sozialraum.de/gemeinwesenarbeit-in-einer-alternden-gesellschaft.php. Letzter Zugriff: 27.12.2023.

Weidmann, Stefan (2019): Sozialraum, Empowerment und Netzwerkarbeit. Hrsg. v. BASA-online-Verbund.

Wendt, Peter-Ulrich (2021): Lehrbuch Methoden der Sozialen Arbeit. 3., überarb. Aufl. Weinheim: Beltz Juventa.

Wendt, Wolf Rainer (1989): Gemeinwesenarbeit. Ein Kapitel zu ihrer Entwicklung und zu ihrem gegenwärtigen Stand. In: Ebbe, Kirsten; Friese, Peter (Hrsg.): Milieuarbeit. Grundlagen präventiver Sozialarbeit im lokalen Gemeinwesen. Stuttgart: Enke, S. 1–34.

Werlen, Benno; Reutlinger, Christian (2005): Sozialgeographie. In: Kessl, Fabian; Reutlinger, Christian; Maurer, Susanne; Frey, Oliver (Hrsg.): Handbuch Sozialraum, Wiesbaden: Springer VS, S. 49–66.

Werlen, Benno; Reutlinger, Christian (2019): Sozialgeographie. Eine disziplinäre Positionierung zum Sozialraum. In: Kessl, Fabian; Reutlinger, Christian (Hrsg.): Handbuch Sozialraum. Grundlagen für den Bildungs- und Sozialbereich. Wiesbaden: Springer VS, S. 23–44.

Wolf, Andreas (2018): Wohnungslosigkeit. In: Otto, Hans-Uwe; Thiersch, Hans (Hrsg.): Handbuch Soziale Arbeit, 6., überarb. Aufl. München: Reinhardt, S. 1854–1862.

Zeller, Maren (2016): Stationäre Erziehungshilfen. In: Schröer, Wolfgang; Struck, Norbert; Wolff, Mechthild (Hrsg.): Handbuch Kinder- und Jugendhilfe. 2., überarb. Aufl. Weinheim: Beltz Juventa, S. 792–812.